高等院校移动商务管理系列教材

移动商务管理

Management of Mobile Business

（第二版）

经济管理出版社
ECONOMY & MANAGEMENT PUBLISHING HOUSE

图书在版编目（CIP）数据

移动商务管理/杨学成主编. —2 版. —北京：经济管理出版社，2017.1
ISBN 978-7-5096-4827-8

Ⅰ. ①移…　Ⅱ. ①杨…　Ⅲ. ①电子商务—企业管理　Ⅳ. ①F713.36

中国版本图书馆 CIP 数据核字（2016）第 316151 号

组稿编辑：勇　生
责任编辑：勇　生　王　聪
责任印制：黄章平
责任校对：超　凡

出版发行：经济管理出版社
　　　　　（北京市海淀区北蜂窝 8 号中雅大厦 A 座 11 层　100038）
网　　址：www. E-mp. com. cn
电　　话：（010）51915602
印　　刷：玉田县昊达印刷有限公司
经　　销：新华书店
开　　本：720mm×1000mm/16
印　　张：17.75
字　　数：328 千字
版　　次：2017 年 4 月第 2 版　2017 年 4 月第 1 次印刷
书　　号：ISBN 978-7-5096-4827-8
定　　价：36.00 元

编 委 会

主　任：张世贤

副主任：杨世伟　勇　生

编委会委员（按照姓氏拼音字母排序）：

　　　　陈　飑　高　闯　洪　涛　吕廷杰　柳永坡　刘　丹

　　　　秦成德　沈志渔　王　琦　叶蜀君　勇　生　杨国平

　　　　杨学成　杨世伟　张世贤　张润彤　张　铎

专家指导委员会

主　任：杨培芳　中国信息经济学会理事长、教授级高级工程师，工业和信息化部电信经济专家委员会秘书长，工业和信息化部电信研究院副总工程师

副主任：杨学成　北京邮电大学经济管理学院副院长、教授

委　员（按照姓氏拼音字母排序）：

安　新　中国联通学院广东分院院长、培训交流中心主任

蔡亮华　北京邮电大学教授、高级工程师

陈　禹　中国信息经济学会名誉理事长，中国人民大学经济信息管理系主任、教授

陈　飚　致远协同研究院副院长，北京大学信息化与信息管理研究中心研究员

陈国青　清华大学经济管理学院常务副院长、教授、博士生导师

陈力华　上海工程技术大学副校长、教授、博士生导师

陈鹏飞　北京嘉迪正信（北京）管理咨询有限公司总经理

陈玉龙　国家行政学院电子政务研究中心专家委员会专家委员，国家信息化专家咨询委员会委员，国家信息中心研究员

董小英　北京大学光华管理学院管理科学与信息系统系副教授

方美琪　中国人民大学信息学院教授、博士生导师，经济科学实验室副主任

付虹蛟　中国人民大学信息学院副教授

龚炳铮　工业和信息化部电子六所（华北计算机系统工程研究所）研究员，教授级高级工程师

郭东强　华侨大学教授

高步文　中国移动通信集团公司辽宁有限公司总经理

郭英翔　中国移动通信集团公司辽宁有限公司董事、副总经理

何　霞　中国信息经济学会副秘书长，工业和信息化部电信研究院政策与经济研究所副总工程师，教授级高级工程师

洪　涛　北京工商大学经济学院贸易系主任、教授，商务部电子商务咨询专家

1

姜奇平　中国信息经济学会常务理事，中国社会科学院信息化研究中心秘书长，《互联网周刊》主编

赖茂生　北京大学教授、博士生导师

李　琪　西安交通大学电子商务研究所所长、教授、博士生导师

李正茂　中国移动通信集团公司副总裁

刘　丹　北京邮电大学经济管理学院副教授

刘腾红　中南财经政法大学信息与安全工程学院院长、教授

柳永坡　北京航空航天大学副教授

吕廷杰　北京邮电大学经济管理学院院长、教授、博士生导师

马费成　武汉大学信息管理学院教授、博士生导师

秦成德　西安邮电大学教授

乔建葆　中国联通集团公司广东省分公司总经理

沈志渔　中国社会科学院工业经济研究所研究员、教授、博士生导师

汪　涛　武汉大学经济与管理学院教授、博士生导师

王　琦　北京邮电大学副教授

王立新　北京邮电大学经济管理学院 MBA 课程教授，中国移动通信集团公司、中国电信集团公司高级营销顾问

王晓军　北京邮电大学继续教育学院副院长

谢　华　中国联通集团公司人力资源部人才与培训处经理

谢　康　中山大学管理学院电子商务与管理工程研究中心主任、教授

谢进城　中南财经政法大学继续教育学院院长、教授

徐二明　中国人民大学研究生院副院长、教授、博士生导师

徐升华　江西财经大学研究生部主任、教授、博士生导师

杨国平　上海工程技术大学继续教育学院副院长、教授

杨培芳　中国信息经济学会理事长、教授级高级工程师，工业和信息化部电信经济专家委员会秘书长，工业和信息化部电信研究院副总工程师

杨世伟　中国社会科学院工业经济研究所教授，中国企业管理研究会副理事长

杨学成　北京邮电大学经济管理学院副院长、教授

杨学山　工业和信息化部副部长、党组成员

叶蜀君　北京交通大学经济管理学院金融系主任、教授、博士生导师

张华容　中南财经政法大学工商管理学院副院长、教授、博士生导师

张继平　中国电信集团公司副总经理、教授级高级工程师

张润彤　北京交通大学经济管理学院信息管理系主任、教授、博士生导师

张世贤　中国社会科学院工业经济研究所研究员、教授、博士生导师

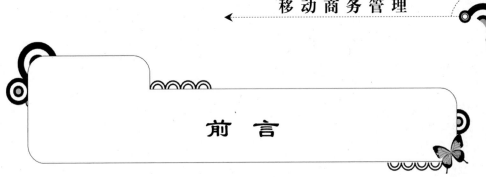

前　言

随着移动互联网的深入渗透，我们的生活、工作和娱乐的移动化趋势越来越明显，移动商务成为不可阻挡的商业潮流。尤其是"互联网+"战略正在推动数字经济与实体经济的深度融合，"大众创业，万众创新"方兴未艾，我们有理由相信，移动商务终将成为商业活动的"新常态"。

在这样的背景下，有必要组织力量普及移动商务知识，理清移动商务管理的特点，形成移动商务管理的一整套理论体系。从 2014 年开始，经济管理出版社广泛组织业内专家学者，就移动商务管理领域的重点问题、关键问题进行了多次研讨，并实地调研了用人单位的人才需求，结合移动商务管理的特点，形成了一整套移动商务管理的能力素质模型，进而从人才需求出发，围绕能力素质模型构建了完整的知识树和课程体系，最终以这套丛书的形式展现给广大读者。

本套丛书有三个特点：一是课程知识覆盖全面，本套丛书涵盖了从移动商务技术到管理再到产业的各个方面，覆盖移动商务领域各个岗位能力需求；二是突出实践能力塑造，紧紧围绕相关岗位能力需求构建知识体系，有针对性地进行实践能力培养；三是案例丰富，通过精心挑选的特色案例帮助学员理解相关理论知识并启发学员思考。

希望通过本套丛书的出版，能够为所有对移动商务管理感兴趣的人士提供一份入门级的读物，帮助大家理解移动商务的大趋势，形成全新的思维方式，为迎接移动商务浪潮做好知识储备。

本套丛书还可以作为全国各个大、专院校的教材，尤其是电子商务、工商管理、计算机等专业的本科生和专科生，相信本套丛书将对上述专业的大学生掌握本专业的知识提供非常有利地帮助，并为未来的就业和择业打下坚实的基础。除此之外，我们也期待对移动商务感兴趣的广大实践人士能够阅读本套丛书，相信你们丰富的实践经验必能与本套丛书的知识体系产生共鸣，帮助实践人士更好地总结实践经验并提升自身的实践能力。这是一个全新的时代，希望本套丛书的出版能够为中国的移动商务发展贡献绵薄之力，期待移动商务更加蓬勃的发展！

目 录

第一章

移动商务管理基础

学习目的

知识要求 通过本章的学习，掌握：

● 移动商务的基本概念

● 移动商务的特点

● 移动商务的发展趋势

● 移动商务在中国的发展状况

技能要求 通过本章的学习，能够：

● 了解移动商务的内涵及特点

● 了解移动商务的产生与发展趋势

● 了解移动商务在中国的发展概况

● 了解移动商务管理的性质

学习指导

1. 本章内容包括：移动商务的概念；移动商务的内容；移动商务的特点；移动商务的分类；移动商务的价值链；移动商务系统的机理。

2. 学习方法：结合案例与实际应用了解移动商务的概念、特点、分类、发展趋势及在中国的发展状况。

3. 建议学时：4 学时。

引导案例

3G 大幕拉开为移动商务带来发展机遇

2008 年底，3G 牌照的颁发，标志着我国移动通信正式进入 3G 时代。移动商务领域也伴随 3G 牌照的发放步入加速发展的阶段。

对有着全球最大用户规模即 6 亿手机用户、8000 万手机网民的中国移动互联网市场来说，移动商务的腾飞有着良好的市场基础。用友软件高级副总裁、用友移动常务董事杨祉雄表示："3G 网络意味着更高的带宽和更高的消费性价比，在此基础上，会产生更多的应用和商业模式。对消费者而言，就有了更多类型的应用选择，以及更好的应用体验，比如说网络的稳定性、速度、服务实用性等。随着应用和服务的丰富及移动资费的不断下调，将会有更多的消费者迅速加入到移动商务应用行列中来，这个增长的速度一定是数倍于以前速度的。"

事实上，早在中国 3G 市场蓄势之际，已经有一些厂商开始在移动商务领域布局。用友移动的核心业务平台移动商街（hapigo.cn），一个面向 3G 时代构建的移动商业中心，在去年取得了飞速发展。入驻商家数量达到了 52 万家，会员数超过了 560 万人，在线商品超过了 1600 万件。最近，用友移动商务公司发布了 2009 年整体发展战略，从产品、营销、市场三方面作出部署，聚焦移动商务应用发展，以期获得 3G 先发竞争优势。

对商家和企业来说，移动互联网消费者的快速增长，使得商家和企业对移动商务更加重视，从而产生更多的移动商务应用需求。把握好商家和企业的这些需求，并围绕需求，规划产品与应用，是移动商务产业的机会，同时更是挑战。

移动商务经历了概念期、平台期，2009 年跨入应用期。例如，用友移动的产品发展将紧紧围绕"一个中心，两个基本点"，即移动营销应用这个中心，商家、会员这两个基本点来发展移动营销服务。公司将结合移动互联网的特性和商家需求，运用新的移动技术，重点强化实名导航、广告猎狗、折扣券卡、商铺社区、商圈社区等面向 3G 的应用，为商家、企业提供针对消费者的精准、互动营销服务；同时适时发展基于位置的服务产品，为商家提供精准化、个性化的 3G 特色营销服务。其营销在 2009 年将重点放在渠道发展上，将布局华东、中南、北方、西部四个大区，发展各级代理商、经销商共计 200 家，覆盖全国重点一级城市和部分重点二级、三级城市。市场合作方面，公司将强化与 3G 产业链各方的战略合作，继续深入开展"移商工程"，帮助更多的中小企业实现转型升级。

商业向移动平台迁移是大势所趋，移动互联网在现代商业中正扮演着越来越重要的角色。中国移动商务的发展，有着深厚的产业基础和良好的文化土壤，在移动商务领域将可能诞生有着全球卓越影响力的大企业。另外，经过30年的快速发展，众多中国企业正面临着转型与升级发展的挑战。而这正为移动电子商务这种新兴的技术应用提供了广阔的发展空间。企业转型升级意味着由要素驱动转为效率驱动，由价值链低端向价值链中高端转变，企业由劳动力密集型向技术密集型转变。而移动商务高效、便捷、灵活、经济等特点，恰恰可以提高经营和管理的效率，减少营销和管理成本，扩大销售渠道，增加销售量，提高服务质量，是企业转型升级的必然之选。

当前，由于全球金融危机的影响，企业尤其是中小企业对运用移动商务、促进企业转型升级迎接挑战有着更为迫切的需求。这都为移动商务的应用和发展提供了契机。

资料来源：人民邮电，2009-01-13.

➡ **问题：**

1. 移动商务将会为企业带来怎样的价值？
2. 移动商务具备哪些特点？

第一节 移动商务的概念与特点

近年来，电子商务的迅速发展，在线购物等商务模式以其高效性和便捷性，正不断影响和改变着人们的生活方式和思想观念。互联网技术的日益提升，使得电子商务模式日趋成熟，而随着移动终端的日益普及和无线网络设施的不断完善，一种新兴的电子商务模式将电子商务与移动技术紧密地结合起来，移动商务应运而生。

与电子商务相比，移动商务的特点更加鲜明。它不受时间和地理位置的限制，依托于体积较小、携带方便的移动终端，为用户提供更加个性化的服务，受到了越来越多用户的青睐。而随着相关技术的快速发展，一些专家甚至断言，移动商务将成为未来商务时代的主流，它将主宰所有电子商务工具及其衍生产品。但与此同时，由于起步较晚，移动商务技术以及商务模式还尚未成熟，企业如何把握迅速变化的市场中稍纵即逝的商机，看清当今世界移动商务发展的现状及趋势，充分整合和利用企业内外部的资源，从而推动这一崭新的商业模式的发展，是摆在移动商务企业管理者面前的挑战。

一、移动商务的定义

移动商务（Mobile Business）是指通过移动通信网络进行数据传输，并利用手机、PDA等移动终端开展B2B、B2C或C2C商业经营活动的一种新兴的商业模式。移动商务是对电子商务的延伸，它融合了互联网、移动通信技术及其他技术，使得用户脱离设备网络环境，在任何时间、任何地点进行各种商贸活动，实现即时获取商务信息、随时随地地线上线下购物、在线支付、电子交易、金融活动等一系列综合服务活动。

目前，对于移动商务的定义侧重不同的角度。一些机构给出的定义是"通过无线手持设备进行商品或服务的购买或销售"，偏向于移动交易。另一些定义则将移动商务的范畴拓展到人们通过移动终端可以随时随地获得的一切服务，包括移动信息、商业广告、移动支付等。国内学者黄伟等将移动商务定义为电子商务的一个子集，是指通过手机、个人数字助理（PDA）等移动通信设备与互联网有机结合所进行的电子商务活动的总称。本书则将移动商务定义为对电子商务的延伸，主要是通过无线通信网络和互联网，基于手机、PDA等移动终端实现的商业模式。

二、移动商务的分类

（一）按技术分类

1. 移动通信网络

无线通信技术起源于20世纪80年代，第一代无线通信技术（1G）主要基于语音传输，但由于受到带宽的限制，通话质量不高，保密性差且费用较高，无法支持数据业务。第二代无线通信技术（2G）采用数字时分多址（TDMA）和码分多址（CDMA）技术，提供了数字化的语音业务和低速数据业务，通话质量和保密性大大提高，在全球范围内得到了广泛的应用。移动商务也随着2G技术的普及得到了一定的发展，信息服务、天气预报、交通工具定位等进入了亿万用户的生活，潜移默化地影响着人们的生活方式。随着手机上网用户的增多以及用户需求的多样化，对于更快捷、更安全无线通信技术的要求也更加强烈，第三代无线通信技术（3G）随之产生。

第三代无线通信将无线通信与国际互联网等多媒体通信相结合，提供了高通话质量和高安全性的语音业务，在本地采用2Mb/s的高速率接入，在广域网采用384kb/s的接入速率，能够最大限度地利用带宽，支持电话会议、视频通话等业务，也为移动商务的发展提供了有力的技术支持。用户将更快地获取天气预报、旅游信息，更流畅地进行在线游戏、视频播放等。此外，安全性的提高也使得电子支付、移动购物等市场规模不断扩大，使得用户随时、随地地进行商务活动成为可能。

2. 无线网络

随着技术的进步以及人们需求的提高，短距离无线通信正在人们的生活中扮演越来越重要的角色，企业内部的无线网部署、商场的无线网覆盖、家庭无线网络已经渗透到人们生活的方方面面。最初的无线网络只是作为有线网络的延伸，无线局域网（Wireless Local Area Network，WLAN）使得用户可以在一定的范围内体验到高移动性、便捷的无线接入，因此得到众多企业、学校等机构的广泛采用。例如，星巴克努力将其经营的咖啡店打造成为家庭与职场外的"第三空间"，免费提供的无线网接入在吸引了众多消费者到店中喝咖啡的同时，可以与国外的家人和朋友等进行视频聊天、上网休闲娱乐等。目前的无线网络已经逐步向公共服务转型，国际上正在提出新的无线技术标准，即WiMAX（Worldwide Interoperablity for Microwave Access），其全名为微波存取全球互通。它是一种更大范围内的无线网络，可以为用户提供更高速率、更高移动性的无线接入。

除此之外，蓝牙技术、无线个域网（WPAN）支持小范围的无线传输和互联，但因受覆盖空间限制，尚未得到普遍的应用，其商业价值还没有完全显现。

3. 其他技术

除以上提到的各种技术外，卫星通信、卫星定位等技术的不断完善也在一定程度上推动着移动商务的发展。卫星通信，就是利用通信卫星作为中继站来转发无线电波，实现两个或多个地球站之间的通信，为用户提供全球范围的大容量、远距离、稳定性强、商业化的卫星通信服务。卫星定位系统，是地面物体通过无线电和卫星沟通，计算出自己在地球上的位置，并根据位置坐标及其他变化的信息判断自己航向的卫星服务。许多国家均在研制自己的卫星定位系统，其中应用最广泛的是美国的 GPS（Global Positioning System）全球定位系统。GPS 与移动通信技术相结合，为手机用户提供掌上地图、旅游信息查询等服务，目前，一种基于移动位置服务（Location Based Service，LBS）正在兴起，用户通过移动手持设备在所在位置签到，可以自动获取周围一定范围内的提供餐饮、娱乐服务等的商家信息。

(二) 按应用内容分类

1. 移动信息服务

它基于移动通信网络，以文本信息和多媒体信息为主，价格低廉，用户通

5

过订阅即可获得相关的信息，如天气预报、手机新闻、生活常识等。此外，通过短信推送的广告、短信邮件提醒等都逐渐融入了人们的生活。

2. 在线交易

移动商务具有即时性、便捷性的特点，非常适用于股票等商业交易。通过移动手持设备，用户可以获取快速变化的商业信息和财务新闻，其安全性又保证了股票交易的账户安全。

3. 银行业务

移动商务使用户能够随时随地对个人财务信息进行在线查询和管理，用户可以使用移动手持设备对银行账户、支付账单、接收款通知等，即时获取账户变动等信息。例如，大多数银行都提供了账户变动提示，如果用户的账户金额发生变动，将会通过手机短信即时通知，进一步确保了账户的安全。

4. 移动购物

借助移动商务的发展，用户能够通过移动通信设备进行随时随地地在线购物。用户可以在线浏览商品信息，并通过手机等移动手持设备下订单。例如，一些传统的电子商务网站淘宝网、当当网等也纷纷开发了手机和平板电脑的客户端，为用户提供了移动商务服务。此外，"电子钱包"、"手机银行"等也为人们的生活带来极大的便利，用户可以使用一部手机就完成整个交易流程，这种安全、快捷的支付方式也受到越来越多用户的青睐。

5. 移动娱乐

移动娱乐为移动商务带来了丰厚的利润来源，用户可以通过移动设备收听音乐，或通过订购的方式下载特定的曲目，还可以在线与朋友们玩交互式游戏，通过手机聊天软件与他人进行即时的沟通，在线观看视频和手机电视等。此外，手机铃声、屏保等的下载也为移动商务带来了一定的利润。

6. 掌上订票

通过互联网预订机票、车票或入场券已经发展成为移动商务的一项主要业务，其规模还在继续扩大。互联网有助于核查票证的有无，并进行购票和确认。移动商务使用户能在票价优惠或航班取消时立即得到通知，也可支付票费或在旅行途中临时更改航班或车次。借助移动设备，用户可以浏览电影剪辑、阅读影评，然后定购邻近电影院的电影票等。

7. 无线医疗

医疗产业的显著特点是每一秒钟对病人都非常关键，在这一行业十分适合于移动商务的开展。在紧急情况下，借助无线技术，紧急医疗援助服务中心能够不间断地获取救护车上安装的仪器设备记录下来的数据，并实时地跟踪病人的情况，通知医院其他部门做好接应的准备。在无线医疗的商业模式中，病人、医院方、保险公司都从中获益，不但可以为病人和医院争取到宝贵的救助时间，也蕴藏着巨大的商业潜力。

8. 基于位置的移动服务

它通过无线技术随时确定移动用户或移动设备的准确地理位置，在紧急呼叫救助、车辆导航等方面已经得到了广泛的应用。此外，近年来出现的"街旁网"、"嘀咕网"等提供地理定位服务的网站让用户可以与好友随时随地分享自己在哪儿在做些什么，并可以获取所在位置周边的商业信息。

三、移动商务的特点

（一）移动商务的一般特征

1. 不受时空限制

与传统的电子商务相比，移动商务最大的特点就是让用户能够随时随地地获取商务信息、接受在线服务、体验在线娱乐等。借助于移动手持设备的移动商务，用户的商务活动将不仅仅局限在电脑前、办公室内，而且可以充分地利用空闲时间，随时在线浏览新闻、在线选购商品、查看和回复电子邮件进行商务沟通，或者在旅行的途中搜寻交通或食宿信息等。

2. 个性化服务

与传统的电脑接入不同的是，移动商务借助的移动手持设备与使用主体是统一的。移动商务内容和服务提供商，可以根据用户的个人信息、消费经历、使用习惯等信息，为用户推荐个性化的服务内容，提高用户的产品和服务体验。一些商家也可以根据用户的偏好或者地理位置等，有针对性地向用户发送广告进行宣传，以降低营销成本，提高营销的准确性。

3. 便携性

移动手持设备的外形小巧、携带方便，使移动商务相比于传统的电子商务有更强的竞争力。用户可以不受时间和地理位置的限制，根据自身的需求获取相关的信息和服务。例如，用户可以通过导航系统了解实时路况信息，以便选择车流量较小的路段避免拥堵，可以在排队等候时通过手机等移动终端处理日常事务，还可以通过拍摄图片即时地记录产品形状等信息。

4. 位置相关性

尽管移动商务不受地理位置的限制，但地理位置识别同样是移动商务的独特之处。全球定位系统的不断完善使得与位置相关的各种移动服务得到了迅速的发展，通过 GPS 定位技术，可以准确地定位并识别用户所在的位置，企业可以利用这一技术为指定地点范围内的用户提供个性化的服务或广告推送，用户也可以根据自己所在的地理位置，来获取周边的商业信息或者路况信息等。此外，移动商务在汽车导航、旅游向导、掌上地图等方面也有着诸多应用。

（二）移动商务的本质特征

1. 移动商务用户的移动性

移动商务区别于传统电子商务最本质的特征就是移动性。随着通信技术在近些年的快速发展，移动通信变得越来越快，安全性能不断提高，资费也越来越低，这些都使得用户在任何时间、任何地点获取信息成为可能。同时，移动通信设备已经成了人们日常生活必不可少的一部分，手机用户数量已经大大超过互联网用户数量，移动性的优势得以明显的体现，用户对于随时随地与外界信息、商务动态保持联系的需求也越来越高，这种需求驱使传统的电子商务向移动商务发展。

2. 移动终端与使用主体的统一性

移动商务区别于传统电子商务另外一个本质的特征就是，移动终端由手机号码与使用主体存在着对应关系。PC 机是匿名存在的，企业只能通过 PC 机的物理地址了解设备的网络位置，而无法将之与具体使用的用户对应。而移动终端则可以将手机号码与用户"绑定"，通过用户的个人信息、使用习惯、消费行为等，为用户提供定制的、个性化的服务，这种特性也为移动商务带来了巨大的商业潜力。

3. 获取信息的及时性

在快速变化的市场环境中，商业机会有时稍纵即逝。因此，在第一时间获取商务信息，把握市场动态，从而采取迅速的反应和决策，对于企业和商务人士的价值是非常高的。移动商务赋予用户这样的能力，使得个人用户可以随时随地地处理商务信息，企业用户可以了解市场的动态变化，以便做出快速的应对，提高企业在快速变化的市场中的竞争能力。

（三）移动商务与电子商务

1. 电子商务是移动商务的基础

电子商务是指各种具有商业活动能力的实体（生产企业、商贸企业、金融机构、政府机构、个人消费者等）利用网络和先进的数字化传媒技术进行的各项商务贸易活动。电子商务是商务模式的一次革命性的变化，将传统的线下商务活动转移到线上完成。它是以个人计算机（PC）为主要界面，被认为是"有线的电子商务"。移动商务则是基于电子商务的发展，延伸出来的一种新型的商业模式。一些学者将移动商务定义为移动的电子商务，认为移动商务是在互联网电子商务基础上，基于移动设备和无线技术对于电子商务进行的扩展。

电子商务的发展为移动商务模式的探索提供了较为成熟的市场环境和应用

平台，企业基于已经相对稳定的电子商务模式向移动商务过渡，以满足用户对于移动商务服务更高的需求。此外，电子商务的法律环境也受到了越来越密切的关注，各国的电子商务立法体系也在不断完善和建立，这为移动商务的安全提供了法律保障，使得移动商务更具规范性，尽可能减少与互联网相关的知识产权、隐私保护纠纷，为企业和个人消费者提供更加透明的商业环境。

2. 移动商务是电子商务的未来

数据显示，2010年末，我国互联网电脑网民达到4.69亿人，随着互联网不断向移动互联网渗透，电子商务不断向移动商务延伸，手机网民的数量已达到3.26亿。预计到2013年，中国手机网民将超过7亿人，手机网民占中国人口比例将超过一半，届时将超越电脑网民总数，移动互联网市场将迅速发展。

移动商务为传统的电子商务提出了更多更有应用前景的商务模式。当电子商务的概念逐渐普及，企业部署电子商务的基础架构已经基本完成，接下来的一拨必然是移动商务。在整个互联网经济发展的过程中，从最初基于Web的简单应用，到电子交易系统的建立，再到电子商务的完全成形，最后到移动商务的应用，已经经历了四个阶段。移动商务结合了移动通信的优势，是电子商务发展的一个必然延伸。

但与此同时，移动商务的发展也受到了诸多方面的限制，中国的移动商务仍在起步阶段，用户认知度还比较低，对于成熟的商业模式还有待进一步的探索。此外，诚信缺失在虚拟的商务环境中更加凸显，短信诈骗、虚假广告等诚信问题对移动商务的发展提出了新的考验。

第二节　移动商务的发展趋势

一、移动商务的发展历程

(一) 移动商务的快速兴起

互联网的发展推动了传统商务向电子商务的一场革命性转型，电子商务的发展也随着互联网技术的不断成熟，从最初的萌芽和探索阶段，走向了如今高速发展的态势，电子商务活动日益丰富。与此同时，无线网络技术的快速发展使得消费者难以满足传统的固定的电子商务模式，出于商务发展和个人需要，对于能够随时随地获取信息、进行沟通的需求日益强烈。而移动手持设备的普及和快速更新换代更是催生了这种转型的需要，人们越来越多地利用手机、

PDA 等移动设备收发邮件、了解股市行情，利用手机地图进行位置导航等，一些企业也看到其中蕴涵的巨大商机，纷纷投身移动商务市场，开展移动商务的广告宣传，开发移动商务产品和应用服务，建设移动商务平台等，以便能够在激烈竞争的市场中，更快地捕获商机，更迅速地做出反应。

(二) 移动商务技术的发展

随着移动通信技术和计算机的发展，移动商务的发展已经经历了三个阶段。

1. 以短讯为基础的访问技术

第一代移动商务系统是以短讯为基础的访问技术，这种技术存在着许多严重的缺陷，其中最严重的问题是实时性较差，查询请求不会立即得到回答。此外，由于短讯信息长度的限制也使得一些查询无法得到一个完整的答案，难以满足用户的需求，用户体验较差。

2. 基于 WAP 技术

第二代移动商务系统采用基于 WAP 技术的方式，主要通过用手机浏览器来访问 WAP 网页，以实现信息的查询，这在一定程度上解决了第一代移动访问技术的存在的问题。但是，第二代的移动访问也存在一定的技术缺陷，主要表现在 WAP 网页访问的交互能力较差，因此极大地限制了移动商务系统的灵活性和便捷性。此外，由于 WAP 使用的加密认证 WTLS 协议建立的安全通道必须在 WAP 网关上终止，形成了一定的安全隐患，所以 WAP 网页访问对于对安全性要求极为严格的移动支付等业务来说也是一个严重的问题。这些问题也使得第二代移动商务技术难以满足用户的需求。

3. 基于 SOA 架构的 Webservice、智能移动终端和移动 VPN 技术

新一代的移动商务系统采用了基于 SOA 架构的 Webservice、智能移动终端和移动 VPN 技术相结合的第三代移动访问和处理技术，使得系统的安全性和交互能力有了极大的提高。第三代移动商务系统同时融合了 3G 移动技术、智能移动终端、VPN、数据库同步、身份认证及 Webservice 等多种移动通信、信息处理和计算机网络的最新的前沿技术，以专网和无线通信技术为依托，为电子商务人员提供了一种安全、快速的现代化移动商务办公机制。数码星辰的移动商务软件是新一代移动商务系统的典型代表。它采用了先进的自适应结构可以灵活地适应用户的数据环境，并可以适应于包括移动办公、移动 CRM、移动物流、移动银行、移动销售、移动房地产等所有的商务应用，具有现场零编程、高安全、部署快、使用方便、响应速度快的优点。该系统支持 GPRS、CDMA、EDGE 所有制式的 3G 网络。

二、移动商务的发展现状

(一) 移动商务在美国的发展现状

在美国，主要的移动运营商包括 T-Mobile USA、AT&T、Verizon Wireless 和 Sprint Nextel，用户数量均超过了 3000 万。现在美国市场上 CDMA 制式占主导地位，占 57%；近年来 GSM 也有较大的发展，市场份额达到了 43%。几大运营商中，Verizon 公司于 2003 年率先开始提供 3G 宽带服务，随后一直致力于改进 3G 网络，到 2008 年底美国 3G 网络已经覆盖近 260 个主要地区。Sprint 公司于 2006 年开始对其移动宽带网进行改造，全面采用速度更快的 3G 技术，其网络目前已经覆盖美国近 220 个主要地区。为了给独家运营的 3G 版 iPhone 手机上市做准备，AT&T 公司也在积极扩大其 3G 网络覆盖面，2008 年，其网络已经覆盖美国约 350 个主要地区。3G 网络覆盖范围的日益提高为移动商务的发展提供了必要的硬件条件，使得美国移动商务得以快速的发展。

近年来，随着技术和应用服务的发展，手机用户的网络服务趋于多样化。用手机收发电子邮件、手机上网、手机电视、导航定位等都取得了较大的进展。根据美国知名研究机构 ComScore 数据显示，从 2008 年 2 月到 2009 年 2 月，美国通过移动设备在移动互联网上搜索新闻和信息的用户增长率超过 200%。此外，美国的 Wi-Fi 覆盖率增长迅速，为手机上网提供了便利的条件。具有 Wi-Fi 功能的手机，在 Wi-Fi 热点附近自动切换成 Wi-Fi 模式，使用 UMA（非授权移动接入）标准上网、打电话、收发数据。一些移动终端设备商则通过配备相关软件，方便用户的移动沟通与应用。例如，诺基亚 770 手机配有 Google Talk 软件、诺基亚 N 系列手机配有 Yahoo Gofor Mobile 软件，IOS 与 Android 平台的推出更是推动了移动终端应用软件的迅速发展。

(二) 移动商务在欧洲的发展现状

由于欧洲在 GSM 移动通信领域的领先地位，移动电子商务发展速度很快。欧洲是全球最早开展移动电子商务的区域，欧洲手机制造商领导着世界无线技术的潮流，欧洲主要的革新是 SMS（短信息服务）。SMS 用户在 2000 年底就达到了 5000 万户，每个月 SMS 消息的数目超过了 10 亿。欧洲移动商务市场规模从 1998 年的 3.28 亿美元增长到 2003 年的 233 亿美元，年均增长率高达 235%。2004 年欧洲移动电子商务贸易额达到了 380 亿美元。在欧洲移动电子商务的引导下，2002 年，全球有 5740 万移动用户在移动商务领域带来了 23 亿美元的收入，所有的移动数据用户中有 17% 使用了移动商务。至 2004 年底，全球电子支付与移动商务市场规模达到了 2000 亿美元，每年有 1 亿消费者进行了 140 亿次交易，移动电子商务市场的收入也在 2005 年底达到了 200 亿美元。

芬兰是移动商务兴起的地方，欧洲也一直处于移动商务发展的领先地位，掌握着移动商务和移动互联网的最新技术。欧洲移动商务企业在将服务推向市场时，在技术研发和标准制定上花费了巨大的精力。此外，据统计，由于欧洲的许多国家中，有大量的公司职员的工作地点和住址之间的路程比较远，对于上下班的交通和一天的天气情况很关注。因此，有关天气和交通等移动商务信息和应用服务在欧洲非常受青睐，欧洲移动商务个人应用消费情况，如图 1-1 所示。

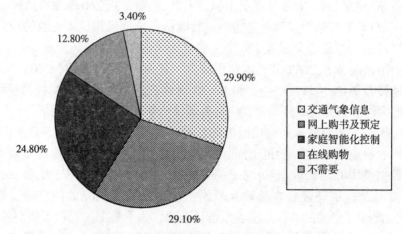

图 1-1　欧洲移动商务个人应用消费状况
资料来源：iResearch Inc. 2006（5）.

（三）移动商务在亚洲的发展现状

1. 日本

日本移动商务的发展一直处于领先地位，已经进入建立在宽带基础上的第三代移动通信（3G）时代了。日本的移动通信市场有三家公司在提供 3G 业务，它们是 NTT DoCoMo（3G 业务品牌命名为 FOMA）公司、KDDI（3G 业务品牌 AU）公司和 Vodafone KK（3G 业务品牌为 VGS）公司。日本的三家 3G 运营商都拥有各自的特色并占据了一定的市场份额。

其中，NTT DoCoMo 公司是日本移动通信行业的领导者，拥有覆盖全国的移动通信网络，为 5000 多万用户提供各种先进移动多媒体服务，其 1999 年投放市场的 I-Mode 是全球最受欢迎的移动商务服务，为用户提供了电子邮件和互联网访问功能。截至目前，已经有超过 3200 万的用户使用，通过 I-Mode 网络，用户手机可以永远在线，可以访问超过 7000 家网站，可以通过网络银行购买股票，查阅交通地图，与朋友交换照片，购买火车票和更多业务，

I-Mode凭借其丰富的内容、先进的技术以及良好的用户体验在全世界得到了广泛的应用。

2. 韩国

韩国政府一贯大力支持信息产业的发展,其良好的市场环境、产业链上下各方的紧密合作使其移动商务产业得以快速发展。2007年,韩国移动数据业务市场规模达到了38870亿韩元,平均年复合增长率达到20%。占据韩国移动电子商务领导地位的是SKT、KTF和LGT三家公司。无线技术主要采用CDMA2000制式,其业务主要在CDMA2000 1X和CDMA2000EVDO上开展。为了配合移动商务的普及和发展,韩国普遍采取定制手机的策略,三星、3COM、LG、SKTelech等终端厂商,按照运营商的要求,提供各种功能强大、针对性强的终端设备,推动移动商务的快速发展。

2001年,韩国SK集团建立的首个无线网络服务网站NATE诞生,NATE是通过个人电脑、手机、PDA等移动终端,随时随地连接网络进行个人化服务的网络服务。其服务内容涵盖了信息服务(如新闻、金融、票务等)、沟通服务(如电子邮件、文字短信等)、娱乐服务(如电影、音乐广播、照片、游戏等)、社区服务(如俱乐部、聊天、博客等)、购物(如NATE商城、团购)等产品和服务,为韩国人提供了一个不受时空限制、自由使用所需信息和内容的平台,该网站也是一个便于交流的通道和一个了解世界的窗口。

三、移动商务的发展前景

(一) 移动终端将得到改善

最初的手机只能支持语音通话和短信两种业务,屏幕狭小且分辨率较低,输入法十分烦琐,而传统的PDA也面临着定位不明确、电池续航能力较低的窘境,难以在广大的消费者中普及。随着用户对于多元化业务的需求,尤其是视频通话、手机电视等业务的需求不断提升,移动终端也面临着不断升级进化的要求,并不断完善智能输入法,提升用户的产品体验。目前,智能手机市场的竞争态势日益激烈,苹果、HTC、黑莓、诺基亚等移动终端运营商不断在技术上创新,力争在智能手机市场占据有利地位,一些移动终端运营商也开始提供相应的应用程序下载平台,以开发更好的应用来吸引更多的用户使用。近几年,随着苹果iPad的横空出世,另一种新型的移动终端——平板电脑——一直处于热销状态,三星以及国内的一些电子设备运营商也纷纷进军平板电脑市场,对电池续航能力、设备的轻便性、处理速度等进行不断的探索和完善。手机、平板电脑等移动终端的不断更新和升级,为移动商务得以快速发展提供了良好的硬件基础。

（二）移动商务安全将得到广泛重视

在网络安全威胁日益严重的今天，移动商务系统的安全是一个不容忽视的重要问题。实现移动商务最重要的一个问题就是如何保证政府和企业网络和信息的安全。由于移动商务要经过运营商的移动网络，这就有可能发生信息泄密或引起黑客攻击的问题。所以移动商务应用必须首先解决好移动接入的安全问题。移动商务的安全主要包括移动接入安全和移动商务系统的安全。比如，数码星辰公司为移动应用的安全提供防火墙+隔离网闸+VPN+CA认证+病毒防护的解决方案，在数据完整性、信息的保密性、网络的安全性以及信息处理的每一个步骤均作了周密的设计，既可以保证移动商务应用的移动安全，又可以保护移动商务系统自身的信息和设备安全。

（三）基于位置服务的移动商务的快速发展

随着GPS全球定位技术的不断完善，移动通信3G时代的刚刚开启，基于位置的服务已经受到越来越多人的关注。人们通过车载导航系统可以了解实时的路况信息，从而选择最优的路径，也可以在紧急情况下使用紧急救助呼叫，急救中心可以根据定位系统的显示，锁定事故发生的地点，第一时间开展救援工作。此外，目前新兴的移动互联网下的移动定位服务正在风靡全球。比如，用户在指定的地点"签到"，即可获得一定的打折优惠或者虚拟勋章奖励。移动商务特有的优势之一就是与使用主体一一对应，商家即可通过用户的使用情况、消费习惯等的数据分析和处理，为用户提供情景化的推荐。在推崇个性化的移动商务市场中，这无疑为移动商务的发展带来了巨大的商机。目前，不仅是以移动位置服务起家的街旁网、嘀咕网等商家提供了情景化的推荐服务，新浪微博也相继推出了"微领地"等相似的业务，其他SNS社交网站也在不断探索这一模式下的发展。

第三节　中国移动商务的发展概况

根据艾媒咨询（Iimedia Research）的分析报告，随着各大PC电子商务巨头和各大运营商布局移动商务领域，2011年中国移动商务市场规模将达到65.3亿元，环比增长195.5%；随着移动商务商业模式的逐步成熟，2012年中国移动商务市场规模将保持快速增长，整体实物交易市场规模将有望突破180亿元，达到188.6亿元，增长率保持在188.8%左右。这表明，中国移动商务快速发展的时代即将到来。

一、中国移动通信市场格局

2008年，中国电信运营商进行改组，中国电信收购了中国联通CDMA网络，中国联通向中国网通提出以协议安排方式对两家公司实施合并，中国移动则并购了中国铁通。从此，中国移动通信市场呈现出了中国移动、中国联通、中国电信三家运营商三足鼎立之势。2009年1月，工业和信息化部将3G牌照发放给三家运营商，中国移动获得TD-SCDMA牌照，中国联通获得WCDMA牌照，中国电信获得CDMA2000牌照。截至2010年10月底，中国3G用户累计达到3864万户，环比增长10.4%，同比增长近3倍，比2009年底增长2538万户。三大电信运营商的3G用户数均过千万，依次为中国移动1698万户、中国联通1166万户、中国电信1000万户。

3G牌照发放后的2010年是移动通信市场全业务竞争元年，也被称为"激烈竞争"的一年。中国电信凭借天翼品牌的成功塑造，采用宽带、固话、手机联合捆绑策略，以低价切入市场，成功扭转CDMA市场低迷的状况，用户数量快速增长，2010年底已突破9000万户。中国联通则搭乘iPhone热销的东风，吸引大量的高端用户，相比之下，中国移动在手机通信领域的垄断格局正在被逐渐打破。

对于移动通信行业而言，有了规模才能降低用户的运营成本，有了规模才能有效开展用户在网黏性的各项营销。所以，有了规模才会有核心竞争力。作为行业后来者的中国电信，用户基础较为薄弱。因此，为了保证手机用户的顺利扩张，中国电信采用宽带和固话的收入进行补贴，利用"天翼"品牌，大力拓展各类新型社会渠道，在移动业务用户规模的基础上充分做足工夫，全面吸引其他网的高端、中端、低端用户。

在2010年，联通借势iPhone，不但吸引了大量的高端优质客户，而且还赚足了媒体的眼球。但是由于WCDMA制式的终端十分丰富，iPhone一家独占风头的格局会有所改观，一大批优秀的WCDMA手机将投放市场，联通可选择合作的空间也将大大拓宽。但是中国联通在发展的过程中也面临着一定的问题，要想在3G全业务市场中取得竞争优势，品牌是急需突破的关键环节。在过去的市场经营中，联通在用户心目中的印象分偏低，一方面是网络口碑不佳，另一方面是联通长久以来用低价策略吸引着大批低端用户，而诸多高端用户出于形象和身份象征的需求都采用了中国移动的全球通。因此，如何重新树立起品牌形象，是中国联通未来需要应对的重要挑战。

在三家运营商中，中国移动在移动通信市场的收益最大，2010年年收入超过4000亿元，利润比中国电信和中国联通的总和还高几倍。重组后的全业务

15

市场，中国移动不仅要面对移动通信市场的激烈竞争，还要承担 TD-SCDMA 国家标准的建设。在这样的情况下，2G 补贴 3G 是一个必然选择。保障 2G 用户的稳定，逐步推动 TD 网络的成熟是一个稳妥之举。目前，在 TD 网络无法提供最佳用户体验的情况下，2G 扩容仍将是中国移动未来的工作重点之一。

二、中国移动商务的特点

（一）广泛的用户基础

中国互联网络信息中心（CNNIC）于 2011 年 7 月 19 日发布了《第 28 次中国互联网络发展状况统计报告》（简称"报告"）。报告显示，截至 2011 年 6 月底，我国网民规模达 4.85 亿人，增长率为 6.1%。我国手机网民规模已达 3.81 亿人，较 2010 年底增加 1496 万人。CNNIC 分析师认为，随着 3G 业务的持续开展，手机和笔记本电脑作为网民上网终端的使用率迅速攀升，互联网随身化、便携化的趋势日益明显，手机上网将成为刺激我国互联网用户增长的新增长点。

（二）无线终端快速发展

无线终端的快速和多样化的发展趋势，也为移动商务的发展提供了良好的硬件支撑。智能终端领域，市场调查公司 Canalys 数据显示，全球智能手机出货量在 2010 年第三季度超过了 8000 万部，同比增长 95%，环比增长 30%。此外，Gartner 预测，智能手机在手机市场的份额在 2014 年将达到 45%，而在 2009 年，这一数字还仅为 16%，而以中国为代表的新兴经济体也将继续保持对智能终端的大量需求。

2010 年，中兴通讯的终端类产品销量继续保持快速增长，终端销量同比实现 50%的增长；华为公司也做出预测，2010 年其终端发货量预计超过 1.2 亿台，同比增长 30%以上。与终端厂商的快速发展相呼应的是，芯片提供商的出货量也在迅速增长——据 ABI 预测，2010 年手机半导体出货总收入将增长约 5.5%，并有望在今后三年延续这一增长势头，到 2013 年实现总收入累计增长 12%。该机构同时表示，凭借强大的知识产权库和几乎覆盖全部产品类别的领先技术，高通目前继续保持该市场领先地位，并极有可能在未来几年继续稳坐头把交椅。最新消息显示，高通公司宣布将在 2011 财年推出其首款基于 28 纳米工艺的 3G/4G 多模集成 Snapdragon 芯片组 MSM 8960，该芯片组主要针对高端智能手机和平板电脑等移动计算终端，其性能将是第一代 Snapdragon 芯片的 5 倍左右，同时功耗降低 75%。

（三）3G 业务的兴起

2009 年 1 月 7 日，中国移动、中国联通和中国电信分别获得工业和信息化部发放的三张 3G 牌照，这标志着我国移动通信正式进入 3G 时代。根据艾瑞咨询发布的《2009~2010 年中国移动互联网行业发展报告》指出，2009 年全年 3G 直接投资达到 1609 亿元，三大电信运营商共计完成 3G 基站建设 32.5 万个。2011 年 4 月发布的中国首个《移动互联网产业发展白皮书》中指出，2010 年全球移动互联网用户规模达到 8.65 亿，增长率为 13.5%，中国 3G 用户超过 4700 万户，预计 2011 年将超过 1.2 亿户，这将达到欧美、日本等发达国家经历过的 3G 高速增长的临界点。

3G 技术将会为企业和最终消费者带来更丰富的技术。例如，流媒体应用技术将应用于企业的视频监控、物流的视频采集等。3G 还将带来基于位置的服务，例如 LBS 服务和移动定位技术等，将应用于公共安全服务、智能交通管理、物流配送等领域。此外，移动识别技术，如用照相手机识别二维条码、手机 RFID 的识别、手机上的指纹识别，也随着 3G 的到来为企业和消费者带来更加丰富的应用体验。此外，WAP 应用也将以更快捷的方式将各种互联网应用平移到手机上，将过去用 PC、互联网访问改为通过 WAP、手机访问原有电子商务系统，不需要再开发任何手机插件，企业可以节省大量投资。

三、中国移动商务的发展及应用

（一）发展现状

我国移动互联网发展势头迅猛，目前移动商务在我国已经开始有广泛的应用。中国移动通信集团公司在北京、天津、广州、杭州、深圳等六大城市同时推出"全球通"WAP 商用试验网，WAP 手机用户可在这六大城市中使用漫游业务。上海移动通信公司还同步推出了 WAP 门户站点 wap.sh.chnmobire.net，并成功地为梅林正广和、华印科技等电子商务企业建立了移动商务系统。电商网、ToeCom.com.cn、搜狐、阿里巴巴等都已经或准备推出移动商务服务，中国的搜狐和诺基亚公司宣布联手推出无线互联网服务。

中国移动确定的每分钟 0.15 元的 WAP 上网费用标准以及正式启动的"移动梦网"（Monternet，Mobile + Internet）计划将有助于中国移动电子商务的进一步发展。因为前者打消了用户对 WAP 收费的疑虑，后者则借鉴日本移动运营商 NTT DoCoMo 的成功经验，为国内的内容提供商（ICP）开放短消息（SMS）及移动应用 WAP 平台，共同开发移动互联网服务，实行收益共享的合作方式。这样，一方面为收入模式单一的 ICP 扩大了收入来源，中国移动通过它庞大的收费系统，帮助 ICP 收取费用（中国移动同 ICP 收取 15% 的佣金）；另一方面也会促进中国移动公司移动互联网服务水平的提高。资费政策的进一步明确和服务内容的丰富，无疑将会进一步推动移动商务的发展。

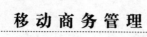

（二）中国移动商务迅速发展的原因

1. 手机网民的逐渐增加

据 CNNIC 发布的《第 28 次中国互联网络发展状况统计报告》显示，截至 2011 年 6 月底，我国手机网民达 3.18 亿人，较 2010 年底增加 1496 万人。中国的手机网民规模经历了 2008~2010 年三年的高速增长期，尤其是 2008 年下半年至 2010 年上半年，短短两年间手机网民数量净增达 2.04 亿。而从 2010 年下半年开始，中国手机网民的增长呈现疲软，手机网民规模发展进入了平台期。2011 年上半年，手机网民规模发展延续了这一趋势。有关专家预测，在没有应用、资费等方面的较大变化之前，我国手机网民规模将保持在一个平稳的增长水平。

2. 内容和服务的多样化

随着移动终端水平的不断提高，基于手机、PDA、平板电脑等终端的移动商务的内容和服务也逐渐呈多元化的趋势发展。除了传统的气象预报、交通信息、新闻报道和导航服务等，又不断涌现出了基于位置的服务、移动购物、手机团购、无线医疗等新兴的内容和服务，移动商务内容和服务的提供商也更加关注用户的需求，注重内容和服务质量的提升。

3. 国家政策支持

移动商务被列入了 2006 年 3 月颁布的《国民经济和社会发展信息化"十一五"规划》。2007 年 6 月，发展和改革委与原国务院信息办又专门出台了《电子商务发展"十一五"规划》，其中移动商务试点工程作为六大重点引导工程之一。规划中明确指出"鼓励基础电信运营商、电信增值业务服务商、内容服务提供商和金融服务机构相互协作，建设移动商务服务平台"、"发展小额支付服务、便民服务和商务信息服务，探索面向不同层次消费者的新型服务模式"，并确定了转变经济发展方式、方便百姓生活和带动战略产业发展的三大目标，三大目标正在逐步实现，初步显现了移动商务巨大的效益和潜力。

（三）移动商务应用日益丰富

1. 消费者应用

通过移动终端，用户可以查询天气、交通、金融等信息，可以利用 GPS 全球定位系统进行导航，也可以随时随地查看和回复电子邮件，并快速、便捷地进行商务沟通。此外，移动商务还为用户提供了一系列的娱乐服务。用户不仅可以通过移动终端收听音乐，还可以订购和下载指定的曲目、在线阅读小说、下载电子书、与朋友一起在线游戏等。随着移动支付和信息安全的不断完善，移动交易也得到了快速的发展，用户可以随时随地地购票和购物等。

2. 商业应用

由于移动商务的便携性和移动性，使得企业可以利用直接面向用户进行营销，并借助移动商务平台对用户信息和消费习惯进行更有针对性的管理，与用户进行长期和有效的沟通，提高顾客的满意度和品牌忠诚度。此外，企业还可以借助移动商务的灵活性特点，建立企业内部的移动办公系统，将智能手机、无线网络、OA 系统三者有机结合，实现任何办公地点和办公时间的无缝接入，帮助企业内部的员工摆脱时间和空间的限制，随时随地地处理办公事务，提高企业的工作效率，增强员工和部门之间的协作。

四、中国移动商务发展面临的问题

（一）移动商务市场尚不成熟

1. 消费者的移动购物习惯尚未形成

移动商务前期市场培育是艰难的，用户需要一个长期的转换消费习惯的过程。但是移动商务要想长期健康发展，需要对用户的消费方式的转变予以一定的引导。一部分消费者固有的观念还比较传统，对于新兴的移动商务理念了解不够充分，对于移动商务信息安全、隐私保护等方面的问题存在诸多的担忧，缺少了解和使用移动商务产品及服务的主动性。

在这样的背景下，移动商务企业应该注重以用户为导向，而非以产品为导向的发展策略，利用数据挖掘技术分析出用户的个性化需求，对用户的偏好信息进行关联分析，找到甚至连用户自身都没有意识到的潜在偏好，并引导用户移动购物习惯的形成。在了解用户需求的基础上，移动商务企业可以依据数据分析的结果为用户主动推荐相关的产品和服务，并提高用户的使用体验，以增加用户对于产品和服务的黏性。同时，在个人数据的保护上做好充分的规划和部署，提高产品和服务的安全性。

2. 商业模式有待完善

移动商务商业模式的建立涉及无线网络运营商、网络设备供应商、终端制造商以及互联网内容提供商等。目前，我国虽然已经形成了以运营商为主导的商业模式，但互联网内容提供商和终端提供商的实力还相对薄弱。内容提供商也仅限于几家门户网站或运营商本身的业务开发部门，广大中小型企业还没有足够的热情参与其中，还没有形成良好的公平竞争局面。终端供应商也缺少像苹果、HTC 等具有较强市场竞争力的厂商，随着智能终端市场竞争日趋激烈，"终端+应用"的模式势在必行。

在阻碍企业移动商务应用发展的因素调查中，用户需求不明确和缺乏可行的商业模式是主要的阻碍因素。目前用户对移动商务应用的了解较少，因此移动商务企业必须加强市场细分中用户的培育，创建可行的商业模式也是产业链发展必须解决的问题。企业可以根据产品、目标客户、系统集成及销售渠道的不同特点以及价值链成员所起的作用来构建不同的商业模式。与此同时，移动运营商应当在形成企业移动商务应用的业界生态环境方面发挥积极的主导作用，以激发市场需求。

（二）移动商务发展依赖的基础设施尚不完备

1. 终端硬件限制

手机等移动终端的缺点在于使用的 CPU 频率低、内存较小、电力供应受限、显示屏幕较小等，这对手机用户长时间上网是一个很大的障碍。目前，尽管移动终端企业专注于电池续航能力的提升，并不断将用户的真实需求纳入终端的设计之中，但受限于移动终端的体积和处理能力等问题，其实际应用尚存在较大的提升空间。

2. 无线信道资源有限

目前，无线信道资源相对短缺，而且费用比较高。与有线技术相比，对无线频谱和功率的限制使其带宽较小、成本较高。这意味着移动商务的后台支持以及相关投入将花费巨额费用，比如运营商的设备投入、配套设备投入、系统的建立等，这些都将加大移动商务的运营成本和风险。

（三）移动商务发展的动态管理

由于移动商务刚刚兴起，相当多的移动商务产品和服务还停留在较为表面的层次，缺少对用户需求进行深入的探索，尚未挖掘出移动商务的真正价值，这一点在目前的团购市场体现得格外明显。团购从线上到线下的模式从兴起至今，规模迅速扩张，但由于没有深入挖掘这一商业模式的内涵和应用前景，目前已经出现了发展的"瓶颈"，表现出低利润率和高运营成本的弊端。因此，移动商务的长远发展需要企业不断开发和利用移动资源，创造新的价值，同时将有效的管理方法应用到移动商务的动态运营管理中。

本章案例

汉王布局移动商务领域

在中国 IT 业为数不多的拥有核心技术的企业中，汉王科技 12 年来，从手写识别技术到光学字符识别（OCR）技术，从笔迹输入技术到嵌入式软硬件技术，坚持以自主创新为基础，不断攀登科技高峰。

当文化创意产业的蜂起成为"中国创造"这个重要突破口，汉王科技敏锐地把握住文化创意产业发展的先机，积极开发民族自主知识产权的核心技术。在潜心钻研和开发两年之后，2008年汉王电纸书抢先进入市场。在短短两年的时间，汉王电纸书已推出20余款产品，从5英寸到8英寸，从Wi-Fi到3G，从全键盘到手写，从LCD到EPD，从单屏到多屏，满足不同用户需求。汉王特有的电磁笔更是方便用户批注、修改、摘录等功能，实现了能读能写全方位电子阅读体验。2010年汉王科技电纸书在国内市场占有率达到70%以上，稳居行业榜首。

根据全球知名权威资讯机构IDC预测，到2010年底，全球移动办公人员数量将达到10亿，而2012年将增至12亿，占全球员工总数1/3以上。到2013年，美国、西欧和亚洲移动办公人数将分别占其办公总人数的75.5%、50.3%和37.4%。面对如此巨大的市场发展，汉王科技的布局不仅抢占先机，更是为电纸书产品的差异化生存开辟捷径。汉王科技董事长刘迎建表示未来汉王电纸书将全线配备Wi-Fi以及3G无线网络，帮助用户随时随地接入高速无线网络，从而增加电纸书的商务性与实时性，方便用户办公与实时下载阅读，增加电纸书的商务办公体验。今后汉王电纸书将加强研发核心技术，实现市场拓展步伐，打破外国厂商的垄断，将民族文化传承开来，开拓出国人移动办公的崭新领域。

为了保持行业领先，汉王电纸书不仅从硬件平台入手打造终端产品，更是以积极的姿态整合国内的出版内容供应商，快速搭建书报刊资源运营平台——汉王书城，读者可通过具有Wi-Fi或者3G无线上网功能的汉王电纸书登录书城，在支付小额费用后，即可下载最新书报刊。而这种聚沙成塔的微支付收费模式，将成为汉王科技未来成长的核心力量。刘迎建指出，"这种细水长流的支付模式，将成高利润商业模式，也将带动中国书报刊产业快速转型，使得中国数字化出版业站在世界的巅峰。"

无独有偶，在2009年5月，传媒大亨默多克也加入到微支付的队伍里，号称旗下所有报纸的网站都将实行微支付。业内人士指出，微支付因为小额而持续的支付方式不会让买家感到太大的压力，并且有很强的即兴消费的特点，这也正是网络媒体和传统报业都尤其看重它的原因。

更为重要的是，秉承让利80%给版权方的分成原则，在短短的两年多时间里，汉王书城已经与160多家出版集团和出版社、100多家报社、300多家期刊建立了良好的合作关系，截至目前汉王书城已经拥有藏书量13万册，用户近10万人，累计下载量200万次，单月下载超过10万次。

此外，汉王还积极地进行版权引进与输出工作，已经与日本出版机构CREEK & RIVER Co., Ltd签署战略合作协议，汉王引进日本漫画作品的数字版权，并通过其内容平台——汉王书城进行发布。

随着数字出版的发展，以电子阅读器为载体的文化产品，将成为文化交流，移动办公的新方式。目前，经国家新闻出版总署批准，汉王科技已正式获准从事互联网出版业务，并率先获得了电子出版物经营许可及复制经营许可。

在国内市场取得傲人成绩的汉王电纸书也并没有因此停下脚步，秉承企业"走出去"的发展战略，汉王科技在美国、德国等国家设立了分支机构，重点推广电纸书产品，这些产品不仅可以成为中国文化"走出去"的重要渠道，还让整个企业获得更为强大的加速引擎。据刘迎建透露，汉王科技已经成为元太彩色 E-ink 电子墨水屏首家合作伙伴，汉王也将成为全球第一家彩屏 E-ink 电纸书提供商。这也为汉王进军全球市场增加了更多的筹码。

在高交会一鸣惊人的汉王科技正秉承不断创新、精益求精的企业理念，渐渐进入企业发展的快车道。在全球普及电纸书产品，让中国制造与中国文化借助科技的手段再度名扬海外。

资料来源：布局移动商务领域 汉王铸造创新产业巅峰传奇 [N]. 华夏时报，2010-11-22.

问题讨论：

1. 移动商务为企业提供了怎样的发展机遇？
2. 结合案例谈谈，汉王移动商务的成功取决于哪些因素？

本章小结

移动商务是通过移动通信网络进行数据传输，并利用手机、PDA 等移动终端开展 B2B、B2C 或 C2C 商业经营活动的一种新兴的商业模式。移动商务是对电子商务的延伸，它融合了互联网、移动通信技术及其他技术，使得用户脱离设备网络环境，在任何时间、任何地点进行各种商贸活动，实现即时获取商务信息、随时随地地线上线下购物、在线支付和电子交易和金融活动等一系列综合服务活动。

移动商务可以按技术和应用内容两个层次来分类。按技术分类，可以分为移动通信技术、无线技术以及其他技术类型；按应用内容分类，则可以分为移动信息服务、在线交易、基于位置的服务等八个类型。

移动商务是对电子商务的延伸。与电子商务相比，移动商务具备不受时空限制、个性化服务、便携性、位置相关性等特点，这是由移动商务用户的移动性、移动终端与使用主体的统一性以及移动商务获取信息的及时性等本质特征所引起的。

移动商务在国外已经有了较长时间的发展，欧洲各国、日本、韩国等国家在移动商务的发展过程中一直处于领先地位，提出了一些可供中国借鉴的移动商务模式。中国移动商务在2008年3G牌照发放后也取得了较快的发展，随着手机用户的不断增多、内容和服务多样化以及国家政策的大力支持，移动商务在中国进入了高速发展时期。但是在发展过程中也面临着市场不成熟、基础设施不完善以及缺乏动态管理等一些问题，需要在发展中不断探索适合于中国商业和技术发展现状的移动商务模式。

本章复习题

1. 简要阐述移动商务的概念。
2. 列举移动商务的主要特点。
3. 列举移动商务的本质特征。
4. 论述移动商务和电子商务的关系。
5. 简要阐述移动商务的分类方式。
6. 简要阐述移动商务的发展阶段。
7. 简单列举各国移动商务的发展现状。
8. 简述移动商务在中国的发展现状。
9. 简单列举中国移动商务快速发展的原因。
10. 简述中国移动商务发展面临的问题。

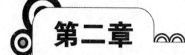
第二章
移动商务价值链

学习目的

知识要求 通过本章的学习，掌握：

- 价值创造的方式
- 移动商务企业的价值来源
- 移动商务价值链的构成
- 价值链理论
- 移动商务价值链的管理方式

技能要求 通过本章的学习，能够：

- 了解价值的创造方式
- 理解价值链的含义
- 了解移动商务价值链的构成
- 掌握移动商务价值链的管理方式

学习指导

1. 本章内容包括：价值的创造方式；移动商务企业的价值来源；移动商务价值链的构成；价值链理论；移动商务价值链的管理方式。

2. 学习方法：了解价值链的创造方式和移动商务企业的价值来源，结合案例理解移动商务价值链的构成和移动商务价值链的管理方式。

3. 建议学时：4学时。

引导案例

苹果 App Store 的创新模式

App Store 是一个由苹果公司为 iPhone、iPod Touch、iPad 和 Mac 创建的应用服务平台，允许用户从 iTunes Store 或 Mac App Store 浏览和下载一些为了 iPhone SDK 或 mac 开发的应用程序。用户可以购买或免费试用，直接将应用程序下载到终端使用。这些应用包含：游戏、日历、翻译程序、图库以及许多实用的软件等。这是苹果公司开创的一个让网络与手机相互融合的新型经营模式，开拓了移动互联网的全新商业模式。自 2008 年 7 月 10 日正式上线开始，仅仅 5 个月就实现了 3 亿次下载量、单月销售收入几千万美元的辉煌业绩。截至 2011 年 1 月，App Store 的全球下载量已经突破 100 亿次大关。

App Store 不是一个简单的应用商店，而是为服务提供商提供了一个整合产业链合作伙伴资源的平台，它以互联网、无线网络等形式搭建手机增值业务交易平台，为客户购买手机应用产品、手机在线应用服务、运营商业务、增值业务等各种手机数字产品及服务提供了一站式的交易服务。App Store 在《连线杂志》的评选中位居 2008 年十大科技突破的榜首，在评选理由中，《连线杂志》说："过去的手机应用开发者往往只能通过和运营商合作才能将软件发布到消费者手中，而现在，苹果应用程序商店的出现改变了这一切。"

在 App Store 模式出现之前，让一款手机软件流行的最佳途径就是通过说服运营商在手机中预装这种软件的单一方式进行，而苹果 App Store 所带来的，不仅是苹果优良的销售收入，更重要的是它带来了一种新的模式——App Store 模式。它彻底改变了人们使用手机的方式，使手机可以变成可定制的并拥有各种工具的随身设备；而对于整个手机行业的经营者来说，它改变了这一行业原有的经营概念和方向，实现了手机行业从封闭到开放的根本性转变。App Store 的商业模式主要有以下五个特征：

（1）App Store 拥有大批不同领域、不同专长的服务提供商。这里的服务提供商并不一定是苹果、诺基亚这样的手机制造厂商或微软这样的操作系统服务商，还可以是中国移动这样的运营商以及 Handango、Getjar 这样的互联网公司，也可以是拥有销售渠道资源的企业，核心业务重点是提供围绕手机数字产品的一站式电子商务交易平台。

（2）App Store 的产业链整合能力强大，每个环节都拥有众多合作伙伴，其中涉及手机操作系统供应商、手机制造商、App Store 服务提供商、电信运营商、广告商、CP/SP、电子支付提供商、开发人员、用户等不同的利益体。一

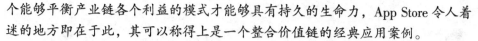

个能够平衡产业链各个利益的模式才能够具有持久的生命力，App Store 令人着迷的地方即在于此，其可以称得上是一个整合价值链的经典应用案例。

（3）App Store 具有多通路的整合营销渠道。服务提供的通路形式可以是诸如 Web、WAP、手机客户端、短信、IVR、终端店面等各种通路形式，并不一定要局限于纯粹的互联网通路形式，核心在于各种资源通路为数字产品的交易来服务，谁能够实现多通路的整合营销，谁就具有整合产业链中更核心的价值。

（4）App Store 成功定位于为手机增值业务的交易平台。App Store 最本质的服务就是交易，因此，App Store 的交易平台首先应是一种典型的电子商务平台。App Store 可以算是目前无线电子商务最为经典的成功应用案例，在模式上可以是 B2B、B2C、C2C，基于 B 和 C 可以衍生出多种的运营形式。其次 App Store 需要解决小额支付问题，基于手机的特质，除了借助互联网模式下的第三方电子支付形式外，还可以融合手机支付、电话支付、CP 通道支付等众多与手机相关的多样化支付形式；App Store 模式下的产品和服务并不都是收费资源，相反，App Store 提供了一种在互联网模式下实现免费加收费的组合形式来提高用户对交易平台的黏性，从而促成更多交易。

（5）以尊重和满足客户需求作为发展动力和发展目标。苹果 App Store 模式的成功与其说是创新商业模式的成功，不如说是"以客户为中心"、"为客户提供一站式服务"的成功。反观诺基亚、微软等 IT 巨头，它们缺少的不是一个售卖产品的 App Store，缺少的是对客户需求的持续关注和尽力满足。App Store 平台的客户群体主要是智能手机的使用者，智能手机不单纯只是一个打电话、发短信的工具，而是一个集娱乐、商务等功能于一体的终端。App Store 的模式挖掘了大部分用户对于智能手机的需求，激发了这个市场中已存在但很零散的购买需求。

资料来源：华澜咨询. App Store 的成功创新、商业模式和未来走向 [J/OL]. 移动互联网观察，2009（1）.

➡ **问题：**

1. 在 App Store 的价值链中，有哪些参与者？它们分别扮演怎样的角色？

2. App Store 的成功给移动商务的发展带来哪些启示？

第一节 价值创造

一、价值创造的内涵

对于企业来说，只有为顾客创造比竞争对手更多的价值才有机会获得更多的收益。下面，我们就从以下几个方面理解价值和价值创造的内涵。

从经济学的角度看，经济价值等于消费者剩余和生产者剩余之和，价值创造是指消费者从给定的商品中得到的收益与企业为生产商品所花费的成本之差。从竞争的角度看，产品价值是买方愿意为企业提供给他们的产品所支付的价格，企业的价值用总收入来衡量。价值创造就是要提高企业的总收入，同时为买方创造出大于成本的价值。从发展的角度看，企业价值是企业现有的获利能力价值与潜在的获利机会价值之和，价值创造就是要把潜在的获利机会转变为现实的能力。从客户的角度看，客户价值是企业为客户所提供产品和服务的价值。迈克尔·波特说："竞争优势归根结底产生于企业所能为客户创造的价值。"

二、价值创造的驱动力

(一) 企业间关系的协调

由于机会主义行为、信息不对称等因素，导致企业间交易成本、协调成本产生，如何降低企业间的各种交易成本和协调成本，就需要对企业间关系进行协调，以期获得协同效应，构建发展合理的价值创造系统。在这一过程中，需要企业正确选择、处理、调整和改善与利害者关系集团以及相关社会组织及个人之间的关系，为企业的生存和发展创造良好的社会关系，并提高自身协调企业间关系的能力，提升企业自身的素质，完善企业的内部管理，树立良好的企业形象，增强竞争能力，提高经济效益。

(二) 企业核心要素的打造

核心企业是在价值链中处于最顶端的企业，它通过自身的绝对支配力对产品价值链所有环节的企业拥有控制权。对核心企业来讲，重点应该关注其技术标准、品牌、声誉、客户关系、市场地位等核心要素的巩固和发展，非核心企业则应关注资源、劳动力、资本等核心要素的打造。因此，非核心企业的优势需要同核心企业的优势结合起来，才能够获得更多的生产者剩余。核心企业则需要通过外包、价值链重构等手段将资源集中在自己的核心要素打造上，巩固自己的市场地位，提供更优质的产品和服务。

（三）顾客的沟通

顾客的感受和评价决定着产品的价值，也决定着企业为顾客创造的价值的多少。顾客的需求是多元化的，因此，企业需要将产品的研发和生产同顾客的需求紧密结合起来，努力为顾客创造更多的价值，提高顾客的满意度。这需要企业与顾客进行良好的沟通，深入了解顾客的需求，并根据顾客的需求，在研发和设计的过程中，将这些需求考虑进来，同时与顾客保持紧密的沟通，对方案进行不断的修改和完善，更好地满足顾客的个性化需求。

（四）快速高效的信息系统

当今的市场竞争，对企业的信息沟通速度有着很高的要求，需要企业借助信息系统对企业进行更好的管理，提高企业内部信息传递的速度。快速高效的信息系统应该具备两个基本特点，一是尽可能的信息对称，二是信息的快速传递，充分有效的信息可以降低企业的选择成本和物流成本。然而，信息系统的建立需要大量的资金，对于处于非核心地位的中小企业而言成本巨大，所以核心企业需要发挥主导作用，出资建立一套信息系统，负责信息的发布和系统的维护，非核心企业为系统支付使用费，通过这种方式可以减轻中小企业的负担。

三、移动商务企业的价值来源

移动商务通过利用无线通信技术、计算机及互联网技术，为企业和客户创造了新的价值，这种价值从何而来？我们可以从以下几个方面来考虑。

在信息技术快速发展的今天，注意力成了一种稀缺的"资源"，特别是对于信息的供给。面对纷繁复杂的信息来源，如何使顾客的注意力聚焦到某种产品或服务上，是每个企业都面临的问题和必须攻克的难题。移动商务利用信息的优化整合功能，将各种渠道的信息汇集在统一的平台之上，通过吸引注意力而产生移动商务价值。

此外，移动商务将商务链中的大部分中间环节都取消了，缩短了生产者与消费者的距离，这不仅使经营成本下降了，而且更有效地拓展了商务活动的时间和空间，使得生产企业能够更好地了解顾客的真实需求，从而在生产制造的过程中，将顾客的需求考虑进来，为顾客提供更高的价值。

与此同时，移动商务本身具备的移动性、便捷性的特征，提供了六种改善客户服务的能力：交互式的个性化的客户沟通、迅速而精确、增强的跟踪和测量能力、全天候沟通、客户驱动的商务模式以及及时的客户沟通。这不仅使客户的满意度大幅度提高，而且将客户服务这一传统企业的"包袱"变成了移动商务企业价值的新来源。

更重要的是，通过向移动商务的转型，企业的延展性得到了充分的增强。延展性是指企业在新市场中连接潜在客户的能力。在移动商务的帮助下，企业的影响范围可以扩大到全球市场，通过网络化媒体和更加准确的营销手段，可以使企业更好更快地推广自身的品牌，也可使企业在多个不同的行业中利用其现有的品牌优势。

第二节　移动商务价值链的构成

自 20 世纪 80 年代中期移动技术出现以来，移动技术主要经历了三次重要的变革——模拟技术、数字技术和无线网络高速数据传输技术。相应的，移动商务的价值链也经历了三个主要发展阶段：由无线服务提供商、终端设备制造商、中间服务提供商和最终用户构成的第一代价值链；由内容服务提供商、无线服务提供商、基础设施服务提供商、终端平台、应用程序提供商和最终端用户构成的第二代价值链；由内容和应用服务提供商、门户和接入服务提供商、无线网络运营商、支持性服务提供商、终端平台和应用程序提供商以及最终用户构成的第三代价值链。

一、无线网络运营商

（一）无线基础设施运营商

无线基础设施运营商主要是负责网络基础设施建设和维护，通过整合无线网络硬件设备和软件程序，构建无线信号的传递通道，以保障在线交流的顺利进行，是构建和运营无线传输网络的经济实体。

目前，中国两大主要无线基础设施运营商是中国移动和中国联通，其中，中国移动拥有全国 2/3 以上的移动用户。他们从无线基础设施制造商那里购买基站、交换机、数字微波设备等无线网络传输设备，并从应用程序开发商手中购买网络传输应用程序，搭建成无线传输网络，网络的质量根据用户接入网络的时间、信号质量以及丢失频率等方面来综合评价。无线基础设施运营商需要将大量的资金投入到无线网络设施的建设中，然而在整个价值链中，他们获得的利润却并不多，因此一些无线基础设施运营商也逐步向提供内容服务的方向发展，努力为顾客创造更多的价值，以提高顾客的忠诚度。

此外，无线基础设施运营商也有其自身的优势。众所周知，无线网络建设的费用是相当昂贵的，需要企业有非常雄厚的资金实力。同时，无线网络的搭建需要政府的许可，这就为无线基础设施运营商提供了很高的市场进入壁垒。

(二) 无线服务提供商

无线服务提供商通过从无线网络运营商租用或购买移动网络通信能力以为移动用户提供各种服务而获得利润。其目的是为用户提供高速的网络连接和清晰恰当的内容。

随着技术的不断发展，云计算正在为无线服务提供商带来新的市场机遇。云计算是一种便利的按需提供的服务，用户通过云计算可以购买第三方提供的各种应用或存储空间。无线服务提供商不仅拥有令人信任的品牌，而且已经涉足企业领域，提供电话服务与网络连接支持等。但提供基于网络的应用和虚拟存储服务，以及得到增强的数据安全与紧急备份计划，可能进一步增强无线服务提供商的服务。

二、终端平台和应用程序提供商

终端平台和应用程序提供商主要是为用户提供功能更加完备、性能更加完善、使用更加方便的终端设备。目前，随着 3G 的日益普及，终端设备之争越发激烈，为了满足用户对移动终端的多元化需求，终端设备提供商正在不断升级配置，并辅以丰富的应用程序支持，努力为顾客创造更高的价值。终端平台和应用程序提供商包括三个部分：终端设备提供商、终端平台提供商和应用程序提供商。

(一) 终端设备提供商

终端设备提供商负责提供移动终端设备，对于用户来讲，在选择终端设备时，重点关注的是终端设备能否满足自身的个性化需求。随着智能终端的日益普及，国内外的各大终端设备提供商在终端设备市场激烈角逐，如何能为顾客提供持续的顾客满意度是摆在每个终端设备提供商面前的难题，这需要厂商不仅要提高其硬件设备的质量，同时还要在配套的应用程序上为用户提供更高质量的服务。目前，终端设备的更新换代速度非常快，这也为终端设备提供商带来了良好的发展机遇。

(二) 终端平台提供商

终端平台提供商负责提供终端设备上的操作系统、微型浏览器等系统程序。目前，移动终端设备上的操作系统主要由苹果和 Symbian 公司提供。这些操作系统还存在很多不尽如人意的地方，如平台的安全问题等。但是随着技术的成熟和终端设备性能的提高，将会有更好满足用户需求的操作系统出现。微型浏览器的功能和用于浏览互联网的 Netscape 和 Internet Explorer 具有相似的功能，只不过是专门应用于终端移动设备的。目前有 Phone.com 的 Upbrower、用于 I-Mode 平台的 Compact Net Fornt 等。随着技术标准化的实现，微型浏览器也会得到标准化，而且有实现通用性的可能。

（三）应用程序提供商

应用程序提供商主要为终端设备商提供应用程序，其中不仅包含提供终端设备与网络断开时使用的应用程序，还有移动终端上使用的应用程序。目前，终端平台也相继推出了各自的应用程序下载平台，如苹果的 App Store 等。与此同时，基于不同操作平台的应用程序的开发促进了这些平台之间的互通性，I-Mode 模式中使用的是 HTML（Hyper Text Markup Language）技术，而 WAP 以 WML（Wireless Markup Language）作为显示网页的形式，且 WML 是基于 XML（Extensible Markup Language）技术的。所以在大部分情况下，都要将应用 HTML 技术表达的内容转化为应用 XML 技术来表达，这无形中增加了实现平台之间互通的难度。

三、内容和应用服务提供商

内容和应用服务提供商主要包括互联网、移动服务内容、内容制作商和内容集成商四个部分，通过他们之间的相互配合，共同为用户提供各种形式的内容和服务，如腾讯、新浪等为用户提供简单的新闻、天气预报和移动互联网络游戏，在形式上、内容上、针对的顾客群体各方面，都有很大的不同。目前，内容和应用服务提供商也在努力创新其内容和提供内容的方式，其平台也不再像从前那样封闭，而是允许内容的跨平台共享，这也为移动商务带来了更多的发展空间。

（一）互联网

这里所说的"互联网"是指那些运营网络主机或进行信息传输的企业。运营网络主机的企业能够将网页中的信息存储在主机中，并进行适当的维护；进行信息传输的企业能够将信息在网络服务器之间进行传输。这些存储信息也是移动商务内容的来源之一。网络主机上的本文信息、图片信息、音频和视频信息等都可以成为移动商务产品提供给终端用户。

（二）移动服务内容

移动服务内容可以分为文本、音频、图片和视频四种类型。文本内容主要有新闻、股票价格、产品描述、文字广告、酒店地址等；音频内容主要有声音、无线网络广播和音乐文件等；图片内容主要是各种格式图片文件；视频内容主要有动画、无线电视、视频文件等。

移动传输技术和移动终端设备的特性，决定了移动商务服务内容在许多方面有着自己的特性。第一，由于移动终端设备与使用主体是一一对应的，因此，移动商务企业也可以依据这样的特性，为用户提供更有针对性和个性化程度更高的应用服务。第二，移动商务能为用户提供随时随地的接入服务，使得用户能够实时地获取相关信息，例如，新闻资讯、股票价格、天气预报等，也可以在出差、旅行的途中及时收发电子邮件、传递商务信息等。第三，虽然移动终端的传输和处理能力有限，但是移动商务内容提供商等将信息更好地整合了，不是将互联网上的信息全部推送，而是根据不同的内容和需求，用户可以自行订阅相关的信息。

（三）内容制作商

由于移动设备具有容量有限、屏幕较小等特点，因此移动商务的内容不能是互联网上信息的简单复制，而必定是根据用户的需求定制的个性化内容。因此，内容制作商不仅要负责原始数据的收集，制作大量的、具体的移动服务内容，还要对信息进行加工和优化，最终提供给终端用户。例如，一些传统报纸、杂志商目前提供了相应的移动终端客户端，用户可以根据自己感兴趣的内容进行有针对性的订阅。

（四）内容集成商

内容集成商是指将各种移动服务内容集成转化为顾客所需要的形式的企业，他们把数据重新打包，再发布给移动终端，其价值体现在可以为用户提供最合适的信息。移动商务服务内容的特点决定了一般的电子内容不能直接作为移动商务的产品进行出售，而需要由内容集成商负责对信息进行加工处理，包括信息聚集、信息包装等，通过重新组织信息产生更能贴近用户需求的、有新意的内容。例如 Olympic Worldlink 公司已经开发出一种叫做移动期货（Mobile Futures）的解决方案，它不仅能够提供金融市场、政治和其他方面的新闻，还能提供实时的期货和期权市场信息。另外一家英国公司 Digitallook.com 能够提供 BBC、CNN、AFX 的新闻以及股票信息，以提供给终端用户下载。

四、门户网站运营商和互联网服务提供商

门户和接入服务提供商分为门户网站运营商和互联网服务提供商，为内容和服务提供商提供了接入无线网络的接口，是连通内容和服务提供商与无线网络运营商之间的桥梁。

（一）门户网站运营商

门户网站运营商由各种集成的应用和内容组成，是用户最主要的网上信息

来源之一。移动门户与通常的门户不同，最主要的特点是个性化和本地化，因为移动商务成功的关键就是在于便捷化和定制化的信息服务。移动门户为用户提供无线网络接入点，让用户更方便地获得各种移动产品和服务以及相关信息。目前，能够提供接入服务的门户网站很多，数量和规模还在不断扩张，其中比较有竞争力的门户网站有雅虎、新浪、搜狐等，主要提供时事新闻、股票、娱乐、订票等信息。

（二）互联网服务提供商

互联网服务提供商（Internet Service Provider，ISP）是指向广大用户综合提供互联网接入业务、信息业务和增值业务的运营商，覆盖的业务包括将网络硬件和应用程序整合在一起，还包括主机托管（Colocation）、电子邮件（E-mail）、网页寄存（Web Hosting）等服务。ISP 是经国家主管部门批准的正式运营企业，受国家法律保护。

用户在选择网络服务提供商时，主要看其服务质量，如接入网络的能力、网络传输速度、计费结构等。随着无线技术的发展和无线网络服务提供商的出现，无线网络运营商开始通过手机等移动终端设备向用户提供无线网络接入服务，各种固定的终端设备也可以通过无线网络运营商访问互联网。传统的网络服务提供商不仅面临激烈的竞争，而且有消亡的危险。一些既提供网络接入服务，又提供内容服务的网络服务提供商，凭借其双重职能而得以存活，但发展方向将发生转变，从传统的以接入服务为主，转变为把内容服务作为主要的功能。

第三节　价值链管理

一、价值链的定义

价值链一词是 1985 年由迈克尔·波特在《竞争优势》一书中提出的，他认为，"每一个企业都是在设计、生产、销售、发送和辅助其产品的过程中进行种种活动的集合体。所有这些活动可以用一个价值链来表明。"企业的价值创造是通过一系列活动构成的，这些活动可分为基本活动和辅助活动两类，基本活动包括内部后勤、生产作业、外部后勤、市场和销售、服务等；而辅助活动则包括采购、技术开发、人力资源管理和企业基础设施等。这些互不相同但又相互关联的生产经营活动，构成了一个创造价值的动态过程，即价值链（见图

2-1)。价值链在经济活动中是无处不在的，上下游关联的企业与企业之间存在行业价值链，企业内部各单元的联系构成了企业的价值链，企业内部各业务单元之间也存在着价值链连接。价值链上的每一项价值活动都会对企业最终能够实现多大的价值造成影响。

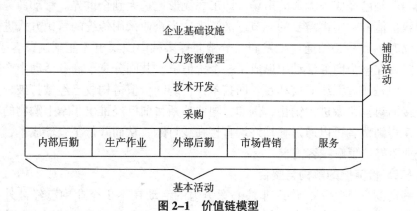

图 2-1　价值链模型

　　波特的价值链理论表明，企业与企业的竞争，不只是某个环节的竞争，而是整个价值链的竞争，而整个价值链的综合竞争力决定企业的竞争力。用波特的话来说："消费者心目中的价值由一连串企业内部物质与技术上的具体活动与利润所构成，当你和其他企业竞争时，其实是内部多项活动在进行竞争，而不是某一项活动的竞争。"

　　上述价值链不能作为分析任何企业的通用标准，企业应该根据自己的实际情况与特定目标来建立自己的价值链。每个企业价值链中各项的活动在整个价值链中是相互联系的，因此整个价值链的协调比其中各项活动之和更重要，有效地协调价值链可给企业带来持续发展。

　　国内外一些学者对价值链也有不同的诠释，我国张继焦博士是国内第一个系统地阐述价值链管理体系的人，他认为价值链就是从供应链开始，直到顾客价值实现的一系列价值增值活动和相应的流程。从拓扑结构来看，价值链是一个由企业实体构成的网络；从运行机制来看，价值链是一个过程，其目标在于5R（时间、地点、数量、物料、交易对象）。

　　马丁·克里斯多弗认为，"市场上只有供应价值链而没有企业"，"真正的竞争不是企业与企业之间的竞争，而是供应链与供应链之间的竞争"，这预示着21世纪的市场竞争将从企业之间的竞争上升到更高层次的"扩展的企业"——供应价值链之间的竞争，推动经济全球化向纵深方向发展。

二、移动商务对价值链的影响

(一) 缩短企业价值链环节

移动商务使得买卖双方可以更紧密地结合在一起，市场不再是传统有形的市场，而是已经成为无形的市场，即市场无形地扩大到全世界。移动商务的发展导致价值链中不再需要的环节逐渐消失。当企业采用传统的营销方式进行商务活动时，商品必须通过批发商、分销商等多种中间渠道才能到达顾客手中，这一过程在整个商务活动中形成了一个价值链，共同分享了商务活动中产生的利润。但是通过无线通信和互联网技术，传统的价值链构成已经被打破，企业将直接面对消费者进行销售，例如，阿迪达斯目前已经推出了掌上购物的客户端，使得消费者可以通过移动终端直接在线订购，从而降低了仓储成本，也便于企业更好地了解顾客需求。

(二) 价值链的解构与整合

移动商务环境下，许多非核心竞争力的活动在不少企业中已经被外包出去，例如索尼公司在日本进行产品设计，但它的产品加工和装配则外包给像中国这样劳动力价格低廉的国家，这类活动就属于价值链的解构。由于价值链的解构现象，市场上出现了相对独立的具有一定比较优势的增值环节，这些增值环节一旦独立出来，就未必只对应于某个特定的价值链，于是，企业可以通过设计一条新的价值链，将市场中最优的环节联结起来，创造出新的价值链，这就是价值链的整合。

价值链的解构与整合已成为企业价值链管理的必然趋势。几家不同领域的企业存在于一个完整的价值链中，各自选取能发挥自己最大优势的环节，并肩合作，完成价值链的全过程，从而实现最高的增值效益。企业经营的目的就是用最小的投入换取最大的利益，价值链的分解与整合能够帮助企业做到这一点。

移动商务企业在实施价值链解构与整合的过程中，关键和难点在于围绕顾客和市场需求进行业务流程重组，这需要打破原先的组织和利益分配格局。随着信息技术的发展，企业内部原先以职能部门为载体的物资流逐渐被信息流所取代，因此，移动商务企业要对业务流、信息流等进行梳理，确定价值增值环节，并对其进行有效整合。

(三) 价值链的聚合

在移动商务的推动下，不同行业间的价值链联结到一起的现象称为价值链的聚合，例如，过去 MP4 等移动多媒体设备无法顺利接收电视广播信号，但现在随着 CMMB 技术的推广，许多电视节目均可在移动多媒体设备上进行收看。

聚合技术使企业管理发生了根本的变化，这就要求企业既要重视传统的价值链，也要留意相邻的和平行的价值链。在未来的许多行业中，将会看到各种各样的相互联结的价值链。因此，移动商务企业要在竞争的同时，把握住合作的良机，在同价值链参与者互动的过程中寻找自身发展的良机，同时承担起企业自身在价值链中的责任，与价值链中其他角色进行有效的协作，同时为彼此提供帮助和服务，谋求共赢。

三、移动商务企业的价值链管理

（一）运用媒体技术进行管理

现代企业的利益是与客户、供应商及合作伙伴紧密联系在一起的、企业通过提供产品和服务与社会交换，从而实现其自身的价值。随着移动商务的到来，客户和供应商及其伙伴关系，更加深入地渗透到企业"价值链"中，企业的许多决策更大程度上取决于供应链上其他伙伴的参与。从最终用户那里获得的信息也会更加有用，通过对最终用户需求的了解，使得产品更具实用性和创新性。例如，一些软件开发公司在产品发行之前先发行其试用版软件，让用户添加修改其中不必要的和错误的内容后再发行其正式版本，这样使得公司产品的实用性增强；一些涉及产品设计的公司，也会让客户参与到设计的过程中，充分了解他们的需求，并根据客户的个性化需求不断调整方案，提升顾客满意度。此外，移动商务消除了地理范围局限性，使得地区性公司无须将组织机构扩展到全国就可以向区域外的客户服务。Foursquare 等提供移动位置服务的公司正是得益于无线网络、互联网等技术打破了地理上的限制，才得以迅速发展的。

（二）虚拟价值链管理

虚拟价值链（Virtual Value Chain）的概念最早是由哈佛商学院的杰弗里·F.雷鲍特（Jeffrey F.Rayport）和约翰·J.斯维奥克拉（John J.Sviokla）这两位学者于 1995 年在《开发虚拟价值链》一文中首次提出的。他们提出进入信息经济时代的企业需要在两个方面竞争：一个是管理者可以看到、触及到的由资源组成的物质世界，称为市场场所；另一个则是由信息所组成的虚拟世界，称为市场空间。对许多有志于在市场空间中竞争的企业来说，构建虚拟价值链无疑是十分必要的。传统的价值链中尽管也包含有信息的内容，但只将其视为价值增值过程的辅助成分而非源泉。而虚拟价值链却并不仅仅包括信息的价值增值活动，更重要的是，它还是一种为顾客重新创造价值的活动。在虚拟价值链的管理中，关键一步是超越对实体过程的简单理解，通过寻找信息取代实体过程而不仅仅是记录实体过程，从而逐步改变企业的经营方式。这些信息不仅有益于理解或者改变实体世界，还可以超越实体世界，提供生产新产品、新服务和开拓新市场的机会。

企业可以遵循以下三个步骤来构建有效的虚拟价值链：

第一步，利用信息技术来完善传统价值链。传统价值链是虚拟价值链的基础，因此只有在其完善的前提下才能构建出完备的虚拟价值链。在这一阶段，企业可以通过采用大规模信息技术系统来协调它们在传统价值链中的活动，并为虚拟价值链打下基础。

第二步，利用传统价值链构造虚拟价值链。企业对传统价值链每一环节活动中的信息进行收集、组织、挑选、合成和分配，将加工后的信息增值活动作为虚拟价值链上的组成环节。

第三步，利用虚拟价值链来构筑新的伙伴关系，更好地为伙伴提供信息增值服务，为伙伴创造新的价值。企业通过构建虚拟价值链，可以超越传统竞争中对物质资源的争夺，代之以对信息的加工与利用，从而将竞争推向更高的层次。

（三）价值链的协同管理

协同效应，是指企业在战略管理的支配下，企业内部实现整体协调后，由企业内部各活动的功能耦合而成的企业整体性功能。企业整体协调后所产生的整体功能的增强，即为协同效应。价值链管理的核心是使企业形成竞争优势，而竞争优势的来源是企业内部的协同效应。

随着现代企业的联系越来越紧密，产业价值链的构成和协同方式也发生了重大变化。企业不但数量大幅增加，而且更为专业化；协同方式过去仅仅基于产品或服务的利益交易，逐渐发展成为以战略联盟、优势互补、资源共享、流程对接和文化融合等为特征的深度合作。具体来说，企业基于产业价值链的协同来建立竞争优势时可以选择以下四种模式：

1. 优化企业内部价值链，获得专业化优势

企业集中于产业链的一个或几个环节，不断优化内部价值链，获得专业化优势和核心竞争力，同时以多种方式与产业链中其他环节的专业性企业进行高度协同和紧密合作。这样可以极大地提高整个产业链的运作效率，也使企业获得以低成本快速满足客户个性化需求的能力，从而击败原有占据绝对优势的寡头企业。

2. 深化与产业价值链上、下游协同关系，整体快速响应市场

企业通过投资、协同、合作等战略手段，深化与产业价值链上、下环节企业的关系，在开发、生产和营销等环节上进行密切的协同和合作，使自身的产品和服务进一步融入到客户企业的价值链运营当中。在此过程中，企业得以结

构化地提升存在价值，使其市场竞争优势得到巩固和加强，同时也符合产业链的控制权和利润区向末端转移的产业演进趋势，必然使企业获得较高的利润回报和竞争优势。

3. 强化产业价值链的薄弱环节，释放整体效能

企业注意强化产业价值链中的薄弱环节，主动帮助和改善制约自身价值链效率的上、下游企业的运作效率，从而提高整个产业链的运作效能，获得相对于其他链条上竞争对手的优势。具体的做法是，可以通过强势的高效率企业对低效企业进行控制和强制，也可以通过建立战略合作伙伴的方法进行解决，最后还可以通过产业链主导环节的领袖企业对产业链的系统整合来实现。

4. 把握关键环节，重新组织产业价值链

企业必须识别和发现所在产业链的核心价值环节，即高利润区，并将企业资源集中于此环节，发育核心能力，构建集中的竞争优势；然后借助这种关键环节的竞争优势获得对其他环节协同的主动性和资源整合的杠杆效益，这样使得企业可以成为产业链的主导，获得其他环节的利润或价值的转移，构建起基于产业链协同的竞争优势。

基于产业链整体协同效应构建竞争优势的战略模式对国内企业也有特别的指导意义。首先，由于大部分企业受原来计划经济影响，在企业资源配置方面普遍存在"大而全、小而全"的问题，资源分散，经济效益低下，没有突出优势环节和加强核心能力的培养；其次，产业发展的不平衡，产业链瓶颈现象严重；最后，面临竞争规则的变化，国内企业急需改善内部价值链的运作水平，加强与其他环节的联系。然而，目前我国企业对通过产业价值链的协同竞争来实现优势互补还缺乏充分认识，所以，中国企业应尽早建立基于产业链整体协同竞争的思想，掌握产业链竞争模式，来应对更高层次的企业竞争，建立持续的竞争优势。

在协同效应下公司的整体价值大于各部分的价值之和，正是这种隐性的、不易被识别的价值增值，为企业带来了竞争优势。海尔总裁张瑞敏把海尔的管理经验总结为"海尔管理模式＝日本管理（团队精神和吃苦精神）＋美国管理（个性发展和创新）＋中国传统文化中的管理精髓"，然而海尔的管理绝对不是这三者的简单相加，而三者各占多大比例以及怎样融合在一起是很难被量化的，这就是协同的魅力所在。企业核心能力来源于企业价值链管理的协同效应及企业价值系统的整合协调管理，它们的培养应来自企业内部整体资源的协同和企业利益相关者的创造，只有它们之间相互协调，步调一致，才能使成本不断降低，创新不断出现，使企业处于长期竞争优势。

Zara 的价值链分析

Zara 是西班牙服装制造和零售商集团 Inditex 集团的下属公司，拥有零售和制造两部分业务。在 Interbrand 发布的全球最佳品牌排行榜上，在服装类的品牌中，Zara 的品牌价值位居第二（2006 年），该公司每年的销售收入增长速度超过 10%，在全球多个国家和地区设立了门店。目前这家公司已经进入我国的上海和北京等地，成为当地时尚青年的首选。那么 Zara 是如何在不到 40 年的时间内迅速成为全球服装行业的佼佼者呢？它是如何获得竞争优势的呢？

迈克尔·波特指出，企业要获得竞争优势首先需要选择有吸引力的行业，其次企业可以通过自身的活动来改变和影响行业环境。波特认为企业有三种方式获得竞争优势：低成本战略，差异化战略和集中化战略。尽管服装行业有像范思哲、LV 这样的可以获得很高边际收益的奢侈品企业，但对于大多数的企业来说，服装行业的边际利润是相当薄的。Zara 之所以获得今天的成功并不是因为选择了一个有吸引力的行业，而更多是通过清晰的战略定位，并围绕着这个战略组织企业活动，形成了系统性的企业运营。在 Zara 的价值链中，主要包含以下三个重要环节。

一、设计

设计师们平均年龄只有 25 岁。为了避免设计师们天马行空般的设计给企业带来生产周期的延长和制造成本的上升，Zara 要求设计师与买家和制造经理一起工作。一方面，买家通常会去全球旅行，因此更能把握潮流，避免设计出来的产品不被市场接受，从而造成成本增加。另一方面，制造经理从生产成本的角度把关，保证设计师尽量挑选容易制造和采购的面料和原材料，从而缩短产品生产周期。

二、营销

营销的核心是满足客户的需求。科特勒认为，营销满足客户的需求的工具是通过营销组合。营销组合包括目标市场和"4P"。公司的目标客户是那些城市的时尚青年。那么，Zara 如何通过"4P"来满足客户需求呢？

如果将产品质量定义为持久性，Zara 的服装并不是高质量的产品。有人指出 Zara 的产品是只能穿 10 次的服装。但由于时尚产品往往流行周期短暂，Zara 的目标客户不会关心衣服可以穿多久，而更关心是否跟得上潮流。这是 Zara 不重视耐久性最重要的原因。因而 Zara 可以减少在原材料、制造方面的投入，在为客户提供低价格产品的同时，帮助自己降低成本。

从价格方面来看，Zara 的产品往往由总部确定，而门店没有定价的权利。这保证了对价格的控制，减少了门店之间因为竞争而降价，从而伤害产品形象的情况发生。除了每年两次的促销活动外，Zara 几乎从不对产品降价。当企业将产品价格下调的时候，客户会购买更多产品，但客户的真实需求并没有增加，而是提前释放。这种提前释放，可能导致现有的制造能力、物流设施（如仓库、运输）无法满足订单的局面。企业不得不选择加班生产，临时租用物流设施或者其他工厂的产能，甚至决定投资新建工厂。而当客户的需求回归正常后，出现存货成本增加，生产设施和物流设施闲置。Zara 稳定价格的做法帮助企业减少了生产和存货成本。

由于时尚的短暂性，Zara 深知无法通过广告来影响客户，因此在广告方面投入少，广告费用只占收入的 0.3%，而行业的平均水平为 3%~4%。Zara 通过在顾客当中制造紧张情绪来进行促销。大约 75% 的产品会在平均 3~4 周更新一次，各门店同一款式的产品数量往往只有 1~2 件。喜欢 Zara 的客户会发现，如果不迅速下手，他们可能永远无法获得想买的服装。这也同时帮助企业加速了存货的周转。

三、配送

Zara 选择自己控制营销渠道，构建自己的门店系统。88% 的门店由公司直营。通过组建自己的渠道，Zara 不但可以更好地控制价格、服务水平，也能够更好地了解终端客户的需求。然而，准确地预测时尚产品的需求非常困难。研究者们发现，只要获得 20% 的终端需求信息，预测的正确度就可以大大提高。通过要求门店每周下两次订单，Zara 能够更迅速和准确地把握消费者的真实需求，减少由于批量订购给公司带来的成本。即便一旦出现了预测与需求不匹配，由于订货量由各门店经理自己把握，那么仅仅只有少量门店受到影响。

资料来源：赖静雯. Zara 竞争优势分析 [J]. 中国商贸，2010（10）.

问题讨论：

1. Zara 的价值链管理方式是怎样的？
2. 从 Zara 的成功案例中我们能够获得怎样的启示？

本章小结

价值创造对于企业而言至关重要，只有为顾客创造比竞争对手更多的价值才有机会获得更多的收益。迈克尔·波特将企业的竞争优势的本质总结为企业所能为客户创造的价值。价值创造来自企业间关系的协调、企业核心要素的打造、顾客的沟通以及快速高效的信息系统等多个方面。

移动商务将商务链的大部分中间环节都取消了，缩短了生产者与消费者的距离，这不仅使经营成本下降了，而且更有效地拓展了商务活动的时间和空间，使得生产企业能够更好地了解顾客的真实需求，从而在生产制造的过程中，将顾客的需求考虑进来，为顾客提供更高的价值。

移动商务价值链是由无线网络运营商、终端平台和应用程序提供商、内容和应用服务提供商、门户网站运营商和互联网服务提供商等几大方面构成。其中无线网络运营商又包括无线基础设施运营商和无线服务提供商，终端平台和应用程序提供商包括终端设备提供商、终端平台提供商和应用程序提供商，内容和应用服务提供商包括互联网、移动服务内容、内容制作商和内容集成商，门户网站运营商和互联网服务提供商包括门户网站运营商以及互联网服务提供商两个主要部分。移动商务企业只有有效协调价值链的各个环节，才能为客户创造更多的价值。

企业的价值创造是通过一系列活动构成的，这些活动可分为基本活动和辅助活动两类，基本活动包括内部后勤、生产作业、外部后勤、市场和销售、服务等，而辅助活动则包括采购、技术开发、人力资源管理和企业基础设施等。这些互不相同但又相互关联的生产经营活动，构成了一个创造价值的动态过程，即价值链。

移动商务企业需要通过媒体技术进行管理，利用虚拟价值链的管理方式以及价值链的协同管理，提高企业核心能力，充分整合企业内部整体资源和企业利益相关者的价值创造，才能不断地降低成本，提高企业的创新能力，从而使企业处于长期的竞争优势。

本章复习题

1. 简要阐述价值创造的内涵。
2. 简要阐述移动商务价值创造的特点。
3. 简要阐述企业价值链的含义。
4. 举例说明移动商务价值链的各个环节。
5. 论述移动商务对价值链的影响。
6. 论述移动商务价值链管理的方法。

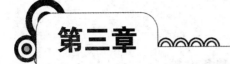

第三章 移动商务的商业模式

学习目的

知识要求 通过本章的学习，掌握：

- 商业模式的基本理论和定义
- 商业模式的发展过程
- 移动商务商业模式的内涵
- 移动商务商业模式的划分方法
- 移动商务商业模式的特点

技能要求 通过本章的学习，能够：

- 了解商业模式的基本理论
- 掌握移动商务商业模式的内涵
- 掌握移动商务商业模式的划分方法
- 理解移动商务商业模式的特点

学习指导

1. 本章内容包括：商业模式的理论；商业模式的定义；商业模式的发展历程；移动商务商业模式的内涵；移动商务商业模式的分类；移动商务商业模式的特点。

2. 学习方法：结合案例理解商业模式的内涵并了解商业模式的发展历程，理解移动商务商业模式的内涵、分类以及特点。

3. 建议学时：4 学时。

移动商务管理

空中网的移动商务模式

空中网于 2002 年由创办 China Ren 校友录的周云帆和杨宁创建，得到了美国硅谷及中国香港风险投资基金的支持。空中网致力于以 MMS（彩信）、WAP（手机上网）、Jave（手机游戏）等 2.5G、3G 为主要开发平台，以领先的技术水平和对用户的深入理解来提供广受欢迎的娱乐产品和完善的服务。空中网与中国移动、中国联通、中国电信、中国网通结成合作伙伴关系，为国内手机用户和固定电话用户提供电信增值服务。2004 年 7 月在纳斯达克上市，并成功募集了 1 亿美元，创始人杨宁和周云帆个人持股率各为 19.8%。从而成为我国继掌上灵通后第二个在纳斯达克上市的移动服务提供商。空中网的收入主要来自无线增值服务、手机游戏以及手机广告业务。根据《空中网 2009 财年第一季度未经审计财报》，空中网 2009 年第一季度总营业收入为 2958.6 万美元，比上一季度增长 11%，同比增长 38%，净利润为 373 万美元。空中网网站首页，如图 3-1 所示。

图 3-1　空中网网站首页

空中网是中国领先的无线互联网公司，致力于为中国手机用户提供多元化的无线娱乐服务，倡导年轻时尚人群的手机化生活方式。空中网旗下有四大业务主线：无线增值业务、手机游戏业务、无线娱乐互动门户 Kong.net、互联网游戏，为广大手机用户打造手机音乐、图铃下载、社区交友、手机游戏等无线互动产品，提供新闻、娱乐、体育、财经、阅读等多种无线娱乐内容，同时为广大的互联网游戏用户提供高品质的在线游戏服务。

在无线增值业务中，空中网在与各运营商保持紧密合作的同时，还拥有包括手机终端厂商、电视、电台、平面媒体、互联网等在内的众多商务渠道，以及 NBA 中国、新华社、体坛传媒集团、华谊兄弟、时尚传媒等众多知名内容合作伙伴。自 2003 年空中网无线增值业务实现盈利以来，各类业务收入一直处于行业领先地位。

在手机游戏业务中，涵盖手机网络游戏、单机游戏、WAP 页面游戏，旗下拥有中国领先的手机游戏开发商天津猛犸和厦门新热力。凭借强大的自主研发能力和多元化的渠道与运营模式，空中网手机游戏收入长期处于业内领先位置，也是空中网新的营收增长点。

在无线互联网业务中，拥有中国领先的无线互联网门户 Kong.net，以"媒体+社区"为核心应用，为全国手机用户提供多样化的无线媒体、手机游戏（ko.cn）、空中小说（ct.cn）及手机社区服务。无线媒体服务分为主版、锋版、MM 版三大版块，新闻、体育、娱乐、财经、女性、时尚、健康等数十个频道，并为广告主提供全方位的无线互动营销服务；手机社区服务提供好友关系、个人空间、个人秀、博客、论坛及聊天室等多种应用服务。Kong.net 同时运营着NBA 手机官网、手机央视网两大著名无线网站，利用出色的整合营销能力为广大用户提供高质量的内容服务。

空中网的商业模式注重对价值链的整合，实现多方共赢；保证品质，精细运营，采用先进的管理方法，准确把握市场动态。正如其企业使命所表述的，空中网是为全球手机用户提供最人性化的服务，推崇便捷时尚的手机化生活方式，方便人们随时随地获取信息、沟通和娱乐。

资料来源：http://www.kongzhong.com.

问题：

1. 空中网主要提供哪几种业务？
2. 空中网的商业模式有哪些成功之处？

45

第一节 商业模式基础

一、商业模式的理论

商业模式理论是在 20 世纪 90 年代后期流行起来的，它的出现与信息技术和通信行业的价格迅速下降有着密不可分的关系。由于在战略单元中加工、储存和共享信息的价格越来越低，使得公司在经营方式上有了更多的选择，例如价值链被分拆重组，众多新型产品和服务出现，新的分销渠道的出现以及更广泛的顾客群体。这最终导致了全球化的出现并带来了更加激烈的竞争，同时也为企业带来了许多新的经营方式。

商业模式是一个整体的、系统的概念，而不仅仅是一个单一的组成因素。如收入模式（广告收入、注册费、服务费等）、向客户提供的价值（在价格上竞争、在质量上竞争）、组织架构（自成体系的业务单元、整合的网络能力）等，这些都是商业模式的重要组成部分，但并非全部。此外，商业模式的组成部分之间必须有内在联系，这个内在联系把各组成部分有机地联系起来，使它们互相支持，共同作用，形成一个良性的循环。

二、商业模式的定义

从目前来看，商业模式在国外已经受到企业界和学术界的广泛关注，学术界对商业模式的定位还是"企业能够获得并保持其收益流的逻辑陈述"。Rappa（2000）认为，商业模式最根本的内涵是企业为了自我维持，也就是赚取利润而经营商业的方法，从而清楚地说明企业如何在价值链上进行定位，从而获取利润。Hawkins（2001）则将商业模式看做企业与其产品或服务之间的商务关系，一种构造各种成本和收入流的方法。总而言之，商业模式详细地说明了企业目前的利润获取方式，未来的长期获利规划，以及能够持续优于竞争对手和获得竞争优势的途径。在分析商业模式的过程中，主要关注一类企业在市场中与用户、供应商、其他合作伙伴的关系，尤其是彼此间的物流、信息流和资金流。

运营类的定义则将商业模式描述为企业的运营结构，重点在于说明企业通过何种内部流程和基本构造设计来创造价值。与此相关的变量包括产品或服务的交付方式、管理流程、资源流、知识管理和后勤流等。战略类定义将商业模式描述为对不同企业战略方向的总体考察，设计市场主张、组织行为、增长机会、竞争优势和可持续性等。与此相关的变量包括利益相关者识别、价值创造、差异化、愿景、价值、网络和联盟等。

　　商业模式的概念化有很多概念，它们之间有着不同程度的相似和差异。在综合了各种功能概念的共性的基础上，一些学者提出了一个包含九个要素的参考模型：

　　（1）价值主张：公司通过其产品和服务所能向消费者提供的价值，价值主张确认了消费者的实用意义。

　　（2）消费者目标群体：公司所瞄准的消费者群体。这些群体具有某些共性，从而使公司能够针对这些共性更好地创造价值。定义消费者群体的过程也被称为市场划分。

　　（3）分销渠道：公司接触消费者的各种途径。这里阐述了公司如何开拓市场。它涉及公司的市场和分销策略。

　　（4）客户关系：公司同其消费者群体之间所建立的联系。我们所说的客户关系管理即与此相关。

　　（5）价值配置：资源和活动的配置。

　　（6）核心能力：公司执行其商业模式所需要的能力和资格。

　　（7）合作伙伴网络：公司同其他公司之间为了有效地提供价值并实现商业化而形成的合作关系网络。

　　（8）成本结构：所使用的工具和方法的货币描述。

　　（9）收入：公司通过各种收入流来创造财富的途径。

　　本书中采用的商业模式的定义为：商业模式是一种包含了一系列要素及其关系的概念性工具，用以阐明某个特定实体的商业逻辑。它描述了公司所能为客户提供的价值以及公司的内部结构、合作伙伴网络和关系资本等用以实现这一价值并产生可持续盈利收入的要素。

三、商业模式的发展历程

　　一般地说，服务业的商业模式要比制造业和零售业的商业模式更复杂。最古老也是最基本的商业模式就是"店铺模式"（Shopkeeper Model），具体来说，就是在具有潜在消费者群体的地方开设店铺并展示其产品或服务。一个商业模式，是对一个组织如何行使其功能的描述，是对其主要活动的提纲挈领的概括。它定义了公司的客户、产品和服务。它还提供了有关公司如何组织以及创收和盈利的信息。商业模式与战略一起，主导了公司的主要决策。商业模式还描述了公司的产品、服务、客户市场以及业务流程。今天，大多数的商业模式

都要依赖于技术。在互联网上的创业者发明了许多全新的商业模式，这些商业模式完全依赖于现有的和新兴的技术。利用技术，企业可以以最小的代价，接触到更多的消费者。

随着时代的进步，商业模式也变得越来越精巧。"饵与钩"(Bait and Hook)模式——也称为"剃刀与刀片"(Razor and Blades)模式，或是"搭售"(Tied Products)模式——出现在20世纪早期年代。在这种模式里，基本产品的出售价格极低，通常处于亏损状态，而与之相关的消耗品或服务的价格则十分昂贵。比如说手机和通话时间、相机和照片等。这个模式还有一个很有趣的变形：软件开发者免费发放他们的文本阅读器，但是对其文本编辑器的定价却高达几百美金。

随着时代的进步和科技的快速发展，商业模式也在不断地发生变化。在20世纪50年代，新的商业模式是由麦当劳（McDonald's）和丰田汽车（Toyota）创造的；在20世纪60年代，新的商业模式则是由沃尔玛（Wal-Mart）和混合式超市（Hypermarkets，指超市和仓储式销售合二为一的超级商场）；到了20世纪70年代，新的商业模式则出现在FedEX快递和Toys RUS玩具商店的经营里；20世纪80年代是Blockbuster、Home Depot、Intel和Dell；20世纪90年代则是西南航空（Southwest Airlines）、Netflix、eBay、Amazon.com和星巴克咖啡（Starbucks）。

每一次商业模式的更新都能给公司带来一定时间内的竞争优势。但是随着时间的改变，公司必须不断地重新思考它的商业设计。随着消费者的价值取向从一个产业转移到另一个产业，公司必须不断改变它们的商业模式。一个公司的成败与否最终取决于它的商业设计是否符合了消费者的有限需求。

2000年互联网泡沫破裂，一大批没有实际价值、经不起推敲的网络明星企业关门大吉。原时代华纳首席技术官迈克尔·邓恩在接受美国《商业周刊》采访时说："一家新兴企业，必须首先建立一个稳固的商业模式，高技术反倒是次要的。在经营企业的过程中，商业模式比高技术更重要，因为前者是企业能够立足的先决条件。"管理学家德鲁克也曾说："当今企业之间的竞争，不是产品之间的竞争，而是商业模式之间的竞争。"由此可以看出，商业模式对于企业发展的重要意义。离开了商业模式，其他的管理创新、技术创新都失去了可持续发展的可能和盈利基础。

第二节　移动商务商业模式的内涵

一、移动商务商业模式的内涵

　　总体来说，目前国外专家对商业模式的定义总体上涵盖四个方面：经济类侧重于企业的经济模式，本质为企业获取利润的逻辑；运营类重点说明企业通过何种内部流程和基本构造设计来创造价值；战略类侧重对不同企业战略方向的总体考察，涉及市场主张、组织行为、增长机会、竞争优势和可持续性等；整合类侧重对企业商业系统如何很好运行的本质描述。

　　移动商务商业模式有着其独有的价值链体系，其中涉及无线运营商、内容提供商以及移动终端提供商等多个行业，这说明，要使移动商务更好更快的发展，并不仅仅依赖于某一类企业或某一个行业的内部，而是需要价值链上的各个环节作为一个整体，集中各方面的资源优势，形成一个共同发展、能力互补的价值网络，从一个完整的价值体系的角度来研究其商业模式。从这个角度来看，移动商务的商业模式由不同部分组成，通过各部分之间的联系及其互动机制来创造价值。企业通过为客户创造价值，促进产品及服务流、信息流和资金流的相互流转，形成一个与其他参与者共享利益的有机体系。

二、移动商务商业模式的内容

　　Paul Timmers（1998）认为，商业模式要指明各参与者及其角色、潜在利益和收入来源。Chesbrough 和 Rosenbloom（2002）则认为，商务模式是连接技术开发和经济价值创造的媒介。他们认为商业模式的功能包括：明确价值主张；确定市场分割；定义价值链结构；估计成本结构和利润潜力；描述其在价值网络中的位置；阐明竞争战略。

　　基于此，移动商务产业的商业模式是连接移动终端用户（包括个人及企业的手机和其他移动终端用户）和信息服务业经济价值的媒介。其内容必须根据不同的用户需求，将客户进行细分，针对不同类别的市场细分提供多元化、个性化的服务内容。与此同时，还要考虑降低企业的运营成本，才能在移动商务激烈的市场竞争中获得优势。

　　移动商务商业模式涉及产业链条的各个环节，如移动网络运营商、内容提供商、服务提供商、网络基础设备及系统提供商、软件及业务平台提供商、终端设备厂商等。从移动商务产业整体角度出发，基于价值网的角度研究移动商务商业模式，能够在理论上更加清晰地描述移动商务产业的商业模式，提供一种给客户带来价值的新途径。

（1）在移动商务价值网中客户是价值网的战略核心，也是价值网创造价值的源泉。顾客的需要类型及其价值实现的方式、内容决定了价值网中核心能力的种类及价值网的领导者。网络节点企业掌握各自优势的核心能力是最有效地实现顾客价值的必要条件。同时，顾客需要还决定着网络节点企业核心能力的组合方式。

（2）在移动商务价值网中，通过对产业节点核心能力的提取发现，价值网组织者并不是唯一的。移动网络运营商、内容提供商、内容服务商以及金融机构均具有领导价值网的能力。由此可以预见，根据它们各自所具有的特定客户资源及行业优势，不同的客户类别及业务服务内容必将引发相应的最具有优势的网络核心能力节点成为价值网组织者。由客户类别所选择的服务内容所决定的价值网组织者，将根据其为用户提供的服务内容，合理组织价值网中能够为其提供业务内容及技术支持的网络节点企业，通过与其建立的联系与合约获得相关资源为客户提供相应服务，完成一个完整的客户服务流程，实现价值获取。相应的，在客户价值得到实现的同时，资金流统一由客户流向价值网组织者，为了保持价值网的生命力及持续服务能力，提高整体的竞争能力，价值网组织者必须以合作共赢、合理有效的方式与价值定位各不同的节点企业利益共享、风险分担。

（3）移动商务产业从价值网的角度不但要根据其整个产业的发展制定竞争战略，同时，作为价值网节点上的各个企业必须根据其在价值网中承担的不同角色制定多种竞争战略，以保证能够在价值网中最大化地实现企业价值，获取利润。

第三节　移动商务商业模式的划分

一、移动商务商业模式的主要类别

（一）推式服务

传统互联网上的浏览是一种自助餐形式，容易造成资源的浪费，虽然各取所需，但最后剩下许多。移动商务的推式服务就是客房式服务，根据用户的爱好，把所需的各种服务，如新闻、天气预报、彩票、故事、旅游、招聘等信息送到你的房间，这就避免了浪费，同时可以提供给用户个性化的信息服务。

（二）拉式服务

这类似于传统的信息服务，用户需要什么，企业就提供什么，如查询电话号码、旅游信息、航班、影院时间安排、火车时刻表、产品信息等。

（三）交互式服务

这是移动商务提供的最常用的服务方式，包括利用移动终端即兴购物，使用"无线电子钱包"等具有安全支付功能的移动设备在商店或自动售货机上购物，预订机票、车票或入场券，并能在票价优惠或航班取消时立即得到通知，也可以支付票费或在旅行途中临时更改航班或车次，随时随地在网上进行安全的个人财务管理，通过移动终端核查账户、支付账单、转账以及接受付款通知等。

（四）广告模式

这一模式继承了固定互联网的商业模式，广告主为付费对象，用户免费使用内容或服务，只需向网络提供商付出一定的流量费用，它是当前移动互联网业务主要的盈利模式。但是由于移动互联网的特性，在广告的投放方式上不断推陈出新，既有与传统互联网广告类似的页面广告，也出现了根据手机用户的不同属性、特点进行针对性投放的点告（点对点广告），以及根据用户的定制信息，定向投放的直告（直投广告）。以 3G 门户网站为例，基本服务可免费提供 MP3 下载、商品下载、书城、社区等，它凭借流量和人气吸引广告商，主要方式为点告和与无线广告代理商分众无线合作等。

当前，手机广告主要分为以下四种类型：

1. 定点广告

国内最早的无线广告专业提供商分众无线采用的就是这个模式。具体的广告投放方式有两种：点告和直告。点告是借助技术手段对用户属性进行充分挖掘之后，通过对用户身份的识别，自动匹配符合用户属性、迎合用户喜好的广告投放到用户所看到的网页上，给不同人看不同广告的精准定点营销。直告是建立在用户许可和定制的前提下，通过对用户的细分把广告定点直接投放到用户手机上的一种方式。它由运营商主导掌控，消费者根据需求自愿定制。

2. 手机搜索广告

手机搜索是根据用户的数据资料，通过个性化分析、社区化分析、大众行为分析和关联性分析，帮助用户形成专属于自己的个性化信息搜索门户，随时随地以更集中的信息内容呈现方式为用户提供便利。海量的信息和手机显示屏大小之间的强烈反差让手机搜索的价值进一步凸显。目前手机搜索还处于发展初期。

3. 终端嵌入

广告商将广告以图片、屏保、铃声和游戏等形式植入某品牌部分新出产的手机里，并将部分广告收入分给手机厂商。这种模式的特点是强制性观看广告。最大的问题是广告更新频率低，且能嵌入的手机数量和品牌都有限。

4. 短信群发

这是手机广告的初级模式，因其强迫性，引起了广大手机用户的抵触和反感，这是一种终将没落的手机广告模式。例如，被分众无线收购的凯威点告，就因触到短信群发的警戒线，受到了严峻的商业法则的考验。

二、移动商务商业模式的特点

（一）相对清晰的盈利模式

移动运营的动态性特征决定了移动商务商业模式的灵活性。从实现基础来讲，移动商务实现的必备条件是以手机为主的移动终端。作为一种大众常用的沟通工具，移动终端具有随时、随地、随身的特征，这赋予了移动商务特有的优势，即移动商务能够方便、快捷地实现信息的快速传递，为移动企业提供了一个与营销主体之间的互动和即时沟通的机会。移动终端的移动性、个性化以及日益普及不仅使移动商务具有了广泛的群众性应用基础，而其与应用主体一致的特性又使这种群体应用模式相比于电子商务模式，在身份确认和计费等方面具有相对较高的确定性和可追溯性，为企业提供了针对性更高的营销手段和一个更加有效的与顾客沟通的渠道。正是由于应用主体身份明确以及移动计费模式的可控性，决定了移动商务会有一个相对清晰的盈利模式，其增值价值和增值能力都有较大的市场吸引力。

（二）增值空间较大

在移动商务中，通过扩展商业模式，提升移动增值业务的创新空间很大。目前，已有的移动商务商业模式已经在市场竞争中取得了一定的优势。在移动商务发展的最初阶段，主要是基于短信业务构建的商务模式，短信炒股、短信广告、短信网址、智能短信中心等简易移动商务商业模式十分容易构建，而且依托于这种简单的移动商务商业模式，就可以在很短时间内，很容易地找到获利空间。随着移动互联网的兴起，移动商务商业模式在发展中不断创新，依托于移动终端的移动购物和移动定位等商业模式逐渐凸显其价值，在为用户带来多元化、个性化的用户体验的同时，也为移动商务企业带来了丰厚的利润。由此可以看到，移动商务在挖掘用户需求、创新商业模式上还有着较大的发展空间，需要移动商务价值链上的企业寻求共赢，不断为用户创造更高的价值。

（三）用户主导

由于移动商务个性化的特征，可以使商家与其目标受众进行随时随地的交流和互动，及时接收用户通过终端反馈回来的信息，也就可以根据用户的需求为其提供个性化的服务。传统的商业模式只能针对特定的市场细分提供产品和服务，难以实现真正的用户主导。而移动商务依靠其优势，可以直接面对用户，将用户的需求纳入其产品和服务的设计、营销等各个环节中，提高顾客的满意度，从而提高用户对品牌的忠诚度。

 本章案例

日本 NTT DoCoMo 与韩国 SK 电讯移动商务运营模式

一、日本 NTT DoCoMo 运营模式

日本是移动互联网业务发展最好的国家之一，其移动数据业务收入约占全球 40%的份额，近 1/3 的日本人使用移动互联网业务，其中 80%在 3G 终端上使用此业务。截至 2009 年底，日本移动互联网用户总数达到 1.1 亿，占移动用户总数的 90%以上。NTT DoCoMo 是日本最大的电信运营商，在移动互联网发展中处于领先地位，其不仅扮演着接入商的角色，而且对终端制造商及内容服务提供商都有着一定的影响力和控制力。NTT DoCoMo 采用"带有围墙的后花园"模式，把用户圈定在自己旗下，从而具备了强大的谈判能力，在移动互联网价值链中占据了主导地位。

（1）与终端制造商的合作模式。NTT DoCoMo 自有研发中心进行手机的研制与开发，并由 OEM 厂商定制手机，使得产品能够支持新的移动互联网业务。用户只能从运营商渠道购买手机，借助并强化运营商的品牌影响力。NTT Do-CoMo 与终端制造商的合作模式，如图 3-2 所示。

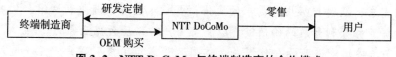

图 3-2 NTT DoCoMo 与终端制造商的合作模式

对运营商而言，控制终端具有非常重要的价值。首先，运营商控制终端可以直接接触用户的需要。只有控制了终端，运营商才能真正掌控用户与移动数据业务市场的第一接触点，成为产业链中挖掘和整合用户需求并引导整个产业链满足用户需求的核心。其次，终端界面和业务显示不兼容是影响移动数据业务发展的重要障碍。只有控制了终端，运营商才能解决两者不兼容的问题，提

高市场交易效率。最后，只有控制了终端，运营商才能对产业链进行更有效的整合。

（2）与内容服务提供商的合作模式。NTT DoCoMo 在整个产业链合作中的理念被称为"让利不让权"。对于内容服务提供商（CP/SP）及终端制造商，NTT DoCoMo 都采取了主导规划的手段。I-Mode 的盈利模式即代内容服务提供商收取信息费，并与其进行利润分成。NTT DoCoMo 与内容服务提供商合作，共同做大移动互联网业务市场规模，如图 3-3 所示。

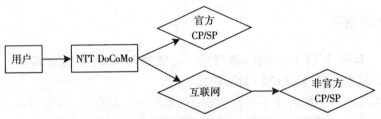

图 3-3 NTT DoCoMo 与内容服务提供商的合作模式

NTT DoCoMo 将内容服务提供商划分为官方网站和非官方网站。官方网站被写入其提供的手机菜单中并直接连接在服务器上；非官方网站需要通过主干网进行传输，用户登录时相对烦琐。NTT DoCoMo 控制着内容的价格，在成为官方网站之前，内容服务提供商需要与其进行艰难的价格谈判。

这种模式能够有效地调动内容服务提供商的积极性，同时运营商也有专门的部门与其合作开发新的业务，利用 NTT DoCoMo 提供的用户信息与数据，内容服务提供商能够更好地开发符合消费者需求的新业务。

二、SK 电讯的移动商务运营模式

韩国是世界上移动商务最为发达的国家之一，其市场发展经验和运营模式一直受到全球移动运营商的关注。韩国最大的移动运营商 SK 电讯通过持续研究市场需求，及时把握用户需求的变化，并投入巨资不断更新网络，构建支撑移动数据业务顺利开展的价值链，以满足用户对移动数据业务的需求。

（1）与终端制造商的合作模式。韩国运营商为了吸引用户，无一例外地采用了手机补贴和分期付款等办法。韩国的手机都是机号一体，由运营商从厂家采购后统一销售，一方面限制了厂家漫天要价、牟取暴利，另一方面也保证了手机质量。SK 电讯是最早采取手机定制策略的 3G 运营商之一，对手机定制介入较深，对终端环节有很强的引导和控制作用。SK 电讯会根据用户的使用习惯和移动数据业务的特点，对手机的制式提出建议；开发新业务时，也会在业务规划中重点研究新业务对手机的要求，以引导其他手机厂商的生产。

SK 电讯与终端制造商的合作主要有三种形式：一是实行手机补贴，让用户用较少的钱购买有新功能的新型手机，但必须在其网络上使用；二是提前在其子公司生产的手机中推广一些新的应用；三是通过其代理店销售手机。由于韩国政府规定运营商自身生产的手机不得超过市场份额的 15%，因此，SK 电讯与终端制造商的合作采取了如图 3-4 所示的合作模式。

图 3-4　SK 电讯与终端制造商的合作模式

SK 电讯与终端制造商的合作与 NTT DoCoMo 类似，独特之处在于其手机定制能够做到以客户为导向，有利于运营商和终端制造商的双赢。而手机补贴和分期付款则有利于移动互联网业务初期的发展，使运营商、终端制造商和用户之间形成良性互动。

（2）与内容服务提供商的合作模式。SK 电讯基于 CDMA 1X（2.5G）联合 SP 开发并推出了融合有线与无线网络服务的品牌——NATE（见图 3-5）。目前，NATE.com 已成为韩国顶级门户网站。随后，SK 电讯又推出了 3G 业务平台"June"，目前 SK 电讯在 June 品牌下提供音乐、电视、电影、动画、体育、娱乐、游戏、手机装饰等几大类业务。SK 电讯与内容服务提供商的合作模式如图 3-6 所示。

图 3-5　SK 电讯的 NATE 平台

SK 电讯在与内容服务提供商合作方面有如下特点：一是仅与主流 CP/SP 合作，其他 CP/SP 如要提供业务必须与这些主流 CP/SP 合作，从而提高了管理效率，节约了人力成本；二是信息使用费由内容服务提供商决定，SK 电讯仅收取信息使用费的 10% 作为代理费，调动了内容服务提供商的积极性；三是定期对具有高访问量或开发出独特内容的优秀内容服务提供商进行奖励，推出了

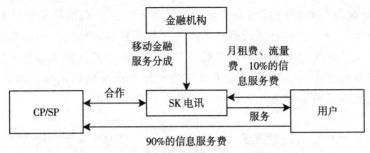

图 3-6　SK 电讯与内容服务商的合作模式

一系列针对 CP/SP 的奖励和培育措施；四是对与其紧密合作的 CP/SP 在资金和人员上予以支持，以扶持有实力的 CP/SP，缩短新产品开发周期，防止优秀的 CP/SP 流失，使运营商和 CP/SP 的关系更加紧密，由此形成良性发展格局，促进 CP/SP 稳定快速发展。

资料来源：吕瑜. 国际移动互联网市场运营模式扫描 [J]. 通信企业管理, 2010 (9).

➲ 问题讨论：

1. 试分析这两种移动商务模式的成功之处。
2. 日韩移动商务的成功给中国移动商务发展带来了哪些启示？

本章小结

商业模式是一种包含了一系列要素及其关系的概念性工具，用以阐明某个特定实体的商业逻辑。它描述了公司所能为客户提供的价值以及公司的内部结构、合作伙伴网络和关系资本等用以实现这一价值并产生可持续盈利收入的要素。

商业模式对于企业的发展至关重要。离开了商业模式，其他的管理创新、技术创新都失去了可持续发展的可能和盈利基础。随着时代的进步和科技的快速发展，商业模式也在不断地发生变化。从最古老的"店铺模式"到后来的"饵与钩模式"，一直到 20 世纪 90 年代的西南航空、星巴克等商业模式，商业模式随着经济和技术的发展也在不断发生变化。

移动商务商业模式涉及产业链条的各个环节，如移动网络运营商、内容提供商、服务提供商、网络基础设备及系统提供商、软件及业务平台提供商、终端设备厂商等。从移动商务产业整体角度出发，基于价值网的角度研究移动商务商业模式，能够在理论上更加清晰地描述移动商务产业的商业模式，提供一

种给客户带来价值的新途径。

总体而言，移动商务商业模式主要可以分为四大类别，即推式服务、拉式服务、交互式服务和广告模式。相比于其他传统的商业模式，移动商务商业模式具有相对清晰的盈利模式、增值空间较大，且是用户主导。

本章复习题

1. 简要阐述商业模式的定义。
2. 简要说明商业模式的发展过程。
3. 简要阐述移动商务的商业模式。
4. 简要阐述移动商务商业模式的特点。
5. 试归纳 NTT DoCoMo 移动商务商业模式。
6. 简要阐述 SK 电讯的 NATE 平台的移动商务商业模式。

第四章

移动商务环境管理

学习目的

★★★★

知识要求 通过本章的学习，掌握：

● 移动商务环境管理的五个方面
● 移动商务经济环境管理的三个层面
● 移动商务科技环境管理的必要性
● 移动商务国内外立法现状
● 移动商务立法的必要性

技能要求 通过本章的学习，能够：

● 了解移动商务的政治环境管理
● 了解移动商务的经济环境管理
● 了解移动商务的文化环境管理
● 了解移动商务的科技环境管理
● 了解移动商务的法律环境管理

学习指导

★★★★

1. 本章内容包括：移动商务的政治环境管理；移动商务的经济环境管理；移动商务的文化环境管理；移动商务的科技环境管理；移动商务的法律环境管理。

2. 学习方法：结合案例了解移动商务环境管理的五个方面及各个方面对移动商务发展的影响、移动商务环境管理的必要性、移动商务立法环境现状。

3. 建议学时：4学时。

引导案例

移动商务的产业环境

在2011年第三届中国移动支付产业论坛上，专家学者对移动商务的产业发展环境进行了深入的讨论。关于移动支付等移动商务各个方面的问题，已经得到了越来越广泛的重视，各大银行等金融机构也对这一领域的标准格外关注。

目前，移动支付等商业模式发展迅速，比如手机淘宝网上的在线物品已超过2亿件。另据了解，现在手机版淘宝网不仅支持传统的Web浏览，并且还针对当今最为流行的智能手机系统开发了专门客户端，它与淘宝网2亿件产品库存对接，拥有商品搜索、浏览、购买、收藏、旺旺在线沟通等功能，保证用户的体验与PC端毫无差异。

与传统的网上淘宝相比，手机淘宝网客户端最大的卖点在于它能够帮助用户抓住每一次秒杀和特价促销的机会。无论是在乘坐公交车上班的路上，还是在饭店等待用餐的间歇，用户只要拿出手机就可以选择自己喜欢的商品。用手机淘宝网购物，相当于直接将商场装进了衣兜，只需动动拇指，心仪的商品就会送到自己面前。

据工业和信息化部数据显示，2010年底，3G用户将达到6000万户，到2012年中国移动商务市场交易规模将达108亿元。日前，淘宝网无线事业部首次对外透露，手机版淘宝网日访问量已经超过3000万次，日交易笔数超过10万笔，用户除了通过手机在淘宝网上选择数以亿计的商品之外，还可以使用手机淘宝网的话费充值、缴纳水电费等便民业务。

但同时，移动支付也面临着许多问题。在一项调查中，国内40%的消费者对移动支付的安全性缺乏信任，只有低于15%的手机用户完全信任移动支付，而65%的手机用户拒绝通过移动网络发送自己的信用卡资料。超过90%的手机用户都收到过诈骗短信。安全问题将成为制约移动应用发展的主要因素之一。除了担心支付安全问题，担心个人资料泄露也是很多用户的顾虑。

在整个移动支付的过程中涉及的支付参与者包括消费用户、商户用户、移动运营商、第三方服务提供商、银行。消费用户和商户用户是系统的服务对象，移动运营商提供网络支持，第三方服务提供商提供支付平台服务，银行提供银行相关服务，通过各方的结合以实现业务。从目前来看，主要有三大因素对移动支付的安全问题造成影响。

（1）加密问题和即时性问题是限制手机支付普及的主要因素，虽然WAP功能的手机支付时能够采用移动网络的加密技术，但并不能很有效地保证安全。如果引入短信确认实现手机支付的双重确认方式，又会出现短信不能及时到达的问题，影响支付的流程。

（2）身份识别的缺乏是限制移动支付应用的第二大因素。当手机仅作为通话工具时，密码保护并不是十分重要。但提供支付功能后，设备丢失、密码被攻破、病毒发作等问题都会造成重大损失。

（3）信用体系的缺失是限制移动信息化应用的第三大因素。在手机支付中，一些小额支付可以捆绑在手机话费中，但手机话费透支、恶意拖欠十分常见，信用意识以及体系的不完善，也制约了移动信息化的普及、推广。

因此，如何构建一个完善的移动商务环境是推动移动商务发展的必要条件，这需要加强相关法律法规的建设，集中力量解决移动终端的安全问题，同时加强用户的安全意识培养，使移动商务能够更安全更快速地发展。

资料来源：http://www.c114.net/topic/2775.html.

➡ **问题：**

1. 当前移动支付的发展面临哪些问题？
2. 移动商务发展所处的产业环境如何？

第一节　移动商务的政治环境管理

传统的经济理论认为，现实的市场经济条件下，由于存在垄断、外部性、公共产品、不完全信息等问题，价格机制无法正常发挥作用，资源分配无法达到最优状态，即市场失灵，因此要求政府对经济进行必要的干预，以实现经济稳定增长，减少资源浪费；在网络经济中，市场失灵现象依然存在，在某些情况下甚至更加严重，对政府干预的要求也就格外迫切。

就目前移动商务的发展状况而言，移动商务的政治环境管理主要是指政府对发展移动商务的干预及移动商务如何利用政府职能求得更大的发展空间。在蓬勃发展的移动商务大潮中，世界各国政府对于移动商务基本上采取了鼓励与扶持的态度，有的国家更是将移动商务视为增强国家竞争力的战略重点。本章按照地理位置划分阐述移动商务目前发展的政治环境，并列举一些具有代表性的国家进行说明。

一、美国

尽管美国的移动商务发展起步并不是最早的，甚至与其他发达国家相比相对较晚，但是近年来发展速度却非常迅速。2008 年，据美国 ComScore 市场调研公司公布的数字显示，美国已经成功超越了西欧成为目前最多使用 3G 手机的地区。2008 年 6 月，其 3G 手机使用增长率达到 28.4%，这个数值相当于西欧五国（英国、法国、德国、西班牙及意大利）的平均值。根据美国市场研究公司尼尔森发布的报告显示，2009 年第四季度，美国手机用户中有 21% 为智能手机用户，到 2011 年底，智能手机用户甚至有望超过传统手机。另据中国艾瑞咨询公布的数据显示，截至 2010 年 1 月 1 日，美国 3G 用户已经超过 1.2 亿户，成为世界 3G 用户最多的国家。

3G 用户的迅速增长，设备创新也是其中的重要因素。美国在 3G 设备开发方面体现出了创新方面雄厚的优势。苹果公司就是一个典型的例子，它不仅拥有品牌优势和时尚设计，而且还创造性地引入了"App Store"这一手机软件营销模式，使得手机软件可以由出厂时预装而改为用户自己根据个性化的需求安装或购买，这被认为是手机软件业发展的里程碑，对推动 3G 应用产生了深远影响。苹果公司于 2008 年 7 月正式推出 3G 版 iPhone，随即占据美国 2008 年第三季度手机销量的榜首，其"App Store"的下载量目前已经数以亿计，相关的应用软件种类已达到数千种以上。

此外，美国政府为促进移动商务的发展也采取了一系列的措施，包括通过制定一系列法案发挥政府的示范作用，加快全国金融的移动化、网络化，从而达到移动商务的最高阶段；实行税收优惠政策，支持移动商务发展，普及电信与网络的应用；在政府引导、市场驱动的基础上，增加对网络建设的投资，鼓励全社会的投入；此外，美国各地方政府、研究机构、应用部门在发展内部网、互联网接入方面自由发展、自行负担，充分体现了社会化大分工的鲜明特点。这种投资支持有力地加强了全国的网络建设，为移动商务的优化升级打下了良好的基础。更重要的是，美国政府一直提倡加强对知识产权的保护，并予以严格的监督和约束，为移动商务活动创造一个良好的法制环境。

二、欧洲

（一）芬兰

20 世纪 90 年代后期，芬兰的网上购物、办理银行业务和支付账单等电子商务服务就已经十分普及。跨入 21 世纪，又由于手机普及率高，移动通信和电子商务相结合的研发与应用领先，芬兰成为世界移动商务的开拓者。2002 年 1 月，芬兰首都赫尔辛基开始向人们提供通过手机支付停车费的服务，驾车者在火车站、码头和机场停车时，用手机拨通该地段的停车收费专用电话号码，开车离开时再拨相应的停车终止电话号码，便完成了停车交费程序。检查人员随时可以通过 WAP 服务抽查停车者是否如实履行交费手续。

此外，芬兰政府也制定了一系列相关政策，扶持本国的电子商务和移动商务的发展。1990~1994 年，芬兰启动全国计划促进电子服务，并于 1995 年制定了国家战略《芬兰信息社会之路》。1998 年，芬兰部务会议确定电子数据交换原则，发展服务和减少数据收集，电子身份证得到发展和普及，电子服务在管理中得到创新应用。2003~2007 年，芬兰还启动了信息社会计划项目，推动了信息化商业模式的发展，为移动商务规模的扩大奠定了良好的基础。

（二）英国

英国的信息技术产业与美国等领跑者相比起步稍晚，但在欧盟诸国中，英国一直位于前列，其互联网渗透速度快于大多数欧洲国家。近年来，英国移动电话的数量迅速增加，到 2009 年第一季度，总用户数为 7559 万，移动通信普及率为 123.8%。市场研究公司 Research·Guidance 表示，过去两年中，英国智能手机普及率增长一倍，占据全球智能手机应用下载市场 8%的份额，2010 年应用下载量超 8.6 亿。此外，英国的无线局域网建设成效也非常显著，目前在英国已经拥有了超过 280 万个 Wi-Fi 热点，在伦敦已经基本实现了无线网的无缝覆盖。这为移动商务的发展提供了有力的硬件支持。

与此同时，英国在全面建设信息化社会的过程中，得到了政府的大力支持。1996 年，英国政府推出"直接政府"计划，目的是利用计算机、互联网等现代信息通信技术，提高办公效率，改善行政管理，加快信息获取。在此基础上，英国政府制定和颁布了一系列法规，以统一规范电子政府建设的共同原则，使全国各级政府及其部门遵循这些法规，推进电子认证和电子商务的发展，这些都为英国的移动商务发展奠定了坚实基础。

三、亚洲

（一）中国

我国目前的手机用户数已经突破了 9 亿大关，而据中国互联网络信息中心（CNNIC）截至 2011 年 7 月 19 日发布的报告显示，手机上网用户达 3.18 亿户。庞大的用户资源和认知度不断提升，为移动商务的发展奠定了良好的用户基础。与此同时，2009 年 1 月 7 日，中国移动、中国联通和中国电信分别获得工业和信息化部发放的三张 3G 牌照，这标志着我国移动通信正式进入 3G 时代。

此外，我国政府也为移动商务的发展提供了大力支持。移动商务被列入《电子商务"十一五"规划》的重点引导工程，标志着国家移动商务试点示范工程正式启动。这充分表明移动商务建设得到国家重视，而宏观政策环境有利于移动商务良性发展。

（二）日本

日本移动商务已经完全进入建立在宽带基础上的第三代移动通信（3G）时代了，3G网络可以提供更高的数据上下行速度，支撑移动商务的高速信息传输平台。到2006年底，日本已经有9960万人利用移动终端来访问互联网，约占日本人口的六成。截至2009年8月，日本的3G用户已经达到1.036亿户，3G渗透率达94.8%，成为了世界上3G比例最高的国家，大大超过了欧美的普及水平。

此外，日本的移动商务模式也处于领先地位。日本在1999年2月推出I-Mode无线数据服务，目前用户数目已经接近1100万，I-Mode的用户可以用手机收发电子邮件，下载游戏，获得订票、旅游、电子银行等信息服务。可以说，日本是移动商务发展最好的国家之一，其移动数据业务收入约占全球40%的份额，接近1/3的日本人使用移动互联网业务，其中80%在3G终端上使用移动互联网业务。到2007年6月底，除了数据接入费和广告费之外，来自移动内容和移动商务的收入就超过10亿美元。

（三）韩国

韩国政府一贯大力支持信息产业的发展，其良好的市场、产业链上下各方的紧密合作使其移动电子商务产业得以蓬勃发展。2007年，韩国移动数据业务市场规模达到38870亿韩元，平均年复合增长率达到20%。占据韩国移动商务领导地位的三家公司是：SKT、KTF和LGT。韩国的网络覆盖率高，运营商地位强势。为了配合业务的发展，按照运营商的要求，韩国普遍采取定制手机的策略，三星、3COM、LG、SKT等终端厂商，提供各种功能强大、针对性强的终端设备。

另外，法律规范问题是移动商务发展的最大障碍，而在韩国政府的大力支持下，韩国建立了一套比较完善的信用体系。此外，韩国政府从2002年起就开始推行网络实名制和手机实名制的手段，旨在更好地维护网络的健康和安全，保护公民的隐私权、名誉权和经济权益。迄今为止，韩国已通过立法、监督、管理和教育等措施，对网络邮箱、网络论坛、博客以及网络视频实行实名制管理，这使得韩国成为网络安全程度最高的国家之一。

第二节 移动商务的经济环境管理

移动商务是一种经济活动，因此，经济环境对移动商务的发展起到了巨大的支持作用。移动商务的经济环境可以从宏观、中观和微观三个层面来考察。

一、宏观环境

宏观经济环境是指站在国家、民族体制角度对经济总量和结构进行的分析和把握，是国家社会经济发展的基础，也是开展移动商务的基础。

（一）宏观经济指标

国民生产总值（GNP）或国内生产总值（GDP）是衡量一个国家经济总体情况最基本的标准，反映了一个国家经济发展的势头，它决定了移动商务的发展空间和发展速度。将各年的实际国民生产总值进行比较，可以得出经济的年增长率。GDP增速越快表明经济发展越快，增速越慢表明经济发展越慢，GDP负增长表明经济陷入衰退。当经济持续增长或萎缩时，就形成了经济发展的趋势，由此可以判断经济的上升期、繁荣期、衰退期或萧条期。在经济增长的不同状况下，移动商务发展自然也会受到不同的影响。

（二）经济体制

经济体制是指在一定地域内制定并执行经济决策的各种机制的总和，通常是一个国家国民经济的管理制度及运行方式，是一定经济制度下国家组织生产、流通和分配的具体形式，或者说是一个国家经济制度的具体形式。

由于移动商务市场具有天生的竞争性，其发展又呈现出变化迅速、日新月异的特征，因此，应当为移动商务营造一个市场经济的氛围，用价格机制、竞争机制和供求机制来自发调节移动商务的发展。当然，强调市场经济并不是说就否定国家、政府干预的作用，政府干预以法律手段为主，注重宏观层面上的协调。

（三）产业状况

在传统的经济学理论中，产业主要指经济社会的物质生产部门。这一概念在社会发展的过程中，有了更进一步的延伸。现在，产业是指具有相同再生产特征的个别经济活动单位的集合体，它们在社会再生产过程中从事不同的社会分工活动，各有其不同的地位、作用和特点，同时它们之间又相互交换、相互合作，形成了不同的结构比例关系。产业的发展及其现代化，不仅表现为经济总量水平和生产技术水平的提高，更重要的是表现为经济结构的变化。作为商务形式的变革，移动商务必然置身于社会产业的大环境中发展，并会改变传统商务活动在社会产业中的作用。

（四）就业情况

移动商务的发展刚刚起步，优秀的人才是推动移动商务未来发展的重要力量，这与国家的就业程度息息相关。就业程度反映了一个国家的经济景气程度。一个国家的就业人数与劳动力人口总数之比，就是总就业率，它是反映一个国家就业状况的重要指标。移动商务的发展在提供很多就业机会的同时，也会受到社会总就业率和就业人口产业分布的制约。在总就业率高的经济环境中，移动商务的发展很可能受到人才瓶颈的限制，与其他产业的人才竞争会变得激烈；在总就业率低的经济环境中，移动商务的发展又会受到国家的总体经济状况、人口教育状况及风俗习惯的影响，具体分析时要考虑多方面的因素。

（五）通货情况

通货状况一般包括通货膨胀和通货紧缩两种。通货膨胀是指一个经济体在一段时间内货币数量增速大于实物数量增速，普遍物价水平上涨，而单位货币购买力下降的状况。通货膨胀的状况影响着国民经济的发展规模和速度，同时也影响着作为国民经济新组成部分的移动商务的发展。因此，应当注意通货膨胀对移动商务的影响作用，根据通货膨胀的具体情况来确定和调整移动商务的发展对策。通货紧缩则是指当市场上流通货币减少时，购买力下降，影响物价下跌的情况，它不是偶然的或者一时的，而是作为一种经济走向和趋势而存在着的。物价疲软趋势的存在，必然导致对经济前景的悲观预测，经营者不敢投资或者想投资而苦于找不到合适的项目，消费者也不敢放手消费，从而导致有效需求不足，使经济无力摆脱负增长的困境。长期的通货紧缩会抑制投资与生产，导致失业率升高及经济衰退。近年来，世界性的经济衰退，致使移动商务的发展必然要受到通货紧缩的影响。

二、中观环境

中观经济环境主要是指行业发展状况和区域经济发展状况，它是相对于宏观经济视角和微观经济视角而言的。把握中观经济对于制定移动商务的行业和区域政策、规划等十分必要。

（一）行业状况

不同的国家，其行业划分有所不同，如中国的行业就分为几十个大行业、几百个小行业。移动商务是多种要素复合的新生产力，它的内涵、外延、作用、效果和生存环境在各行各业中是不尽相同的。一般来说，首先是没有物流

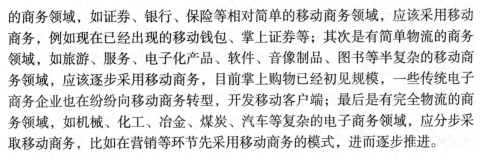

的商务领域，如证券、银行、保险等相对简单的移动商务领域，应该采用移动商务，例如现在已经出现的移动钱包、掌上证券等；其次是有简单物流的商务领域，如旅游、服务、电子化产品、软件、音像制品、图书等半复杂的移动商务领域，应该逐步采用移动商务，目前掌上购物已经初见规模，一些传统电子商务企业也在纷纷向移动商务转型，开发移动客户端；最后是有完全物流的商务领域，如机械、化工、冶金、煤炭、汽车等复杂的电子商务领域，应分步采取移动商务，比如在营销等环节先采用移动商务的模式，进而逐步推进。

（二）区域经济

区域经济是在一定区域内经济发展的内部因素与外部条件相互作用而产生的生产综合体。区域经济反映了不同地区内经济发展的客观规律以及内涵和外延的相互关系。区域经济是以地理划分为基础的。一般的划分是以地理方位划分，分为东部地区、西部地区、南部地区、北部地区及中部地区等。中国习惯上以原有的行政区域进行划分，全国分为几大行政区，分别为东北、西北、华北、华中、华东、西南、东南和华南地区。随着国家开发西部政策的出台，近年来还形成了东部地区、中部地区和西部地区的区域经济划分。区域经济划分的结果为移动商务发展确定了地理经济区域的框架，并为移动商务发展的政策、模式、方法、速度和效果评定等方面提供了更为细致的分类依据。更为重要的是，它还为移动商务的区域间比较、借鉴和关系处理，抵制地方保护主义，促成移动商务大市场的形成提供了前提和基础。

67

三、微观环境

移动商务发展的微观经济环境是以从事移动商务活动的个体为考察的环境。这些个体可以是机构、企业或个人，其中最为重要的是移动商务企业。考察的环境包括企业的内部环境，具体企业面临的专业市场（或称企业市场）以及具体企业面对的消费者，即企业经济环境、市场经济环境和消费者经济环境。

（一）企业经济环境

分析企业所处的经济环境，需要对其在特定领域内的发展环境有一个较为综合的认识。企业的经济环境包括营销企业发展的各方各面，即包括法律因素、政策因素、技术因素、资本因素和人才因素等。

1. 法律因素

从国家的法律体系来看，每个领域都有相应的法律进行协调。全球范围内移动商务立法活动正在不断地展开，但健全的移动商务法律环境尚未形成，而移动商务企业需要在一个法律完善的环境里才能更高效率地运营以及更快速地发展。因此，移动商务法律体系的完善势在必行。

2. 政策因素

政策的作用对于企业来讲起到了支持或约束的作用，它也可用于调节企业的行为和企业间的关系，为维持一个正常、高效的发展环境做出贡献。利好政策对于企业而言意味着国家的扶持和推动，而约束性政策则是对于企业发展的规范，其作用与法律有类似之处，所不同的是，政策更具灵活性，而在强制性和权威性上不如法律，企业需要在政策环境下做出相应的调整，以适应相关的政策环境。

3. 技术因素

移动商务的发展依靠技术上的不断创新，技术环境对于移动商务企业的发展是非常重要的。具有先进核心技术的企业，其发展蒸蒸日上；相反，没有先进的技术，企业经营就会遇到很多困难，难以在激烈的市场竞争中长久立足。因此，移动商务企业需要在发展中不断推行技术上的创新，培育良好的创新土壤，善于发现和学习，不断开发、引进和掌握新的技术，在日新月异的技术环境中引领发展的方向。

4. 资本因素

企业发展需要大量的资本，因此资本环境对于企业的发展至关重要。对于移动商务企业而言，由于其具有明显的高技术、高风险、高回报的特征，往往可以进入股票市场融资或吸引大量的风险投资，除了资本总量的支持外，持续的资金注入对移动商务企业也是尤为重要的。

5. 人才因素

企业发展的根本在于人才，移动商务企业更是如此。移动商务的发展刚刚起步，人才的支撑至关重要。移动商务企业所需要的人才大都是集商务知识、管理知识、技术知识于一身的复合型高级人才。就目前来看，由于移动商务是新兴的商业模式，相关人才的供求缺口还很大。如何吸引一批有能力、重事业的人才，并充分利用人才，发挥他们的作用，是每个移动商务企业都要面临的重要问题。

（二）市场经济环境

每个移动商务企业都面对着一个特定的专业市场，在这个市场中有众多的法律、政策对其加以规范，加之市场的准入条件、企业所处的行业规范和行业自律及企业间达成的协调条款等，一起构成了移动商务企业面对的市场经济环境。市场的经济管理对于规范市场交易行为、维持市场秩序、保障合法交易、惩治秩序破坏者等具有重要的作用。此外，移动商务企业的创新性很强，经常会遇到市场转型的问题，而面对一个新的专业市场，良好的经济环境对移动商务企业的市场进入和拓展提供了引导、支持和保障。

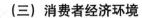

（三）消费者经济环境

移动商务企业直接面对的消费者的经济状况，构成了企业的消费者经济环境，这主要受消费者收入水平的影响。消费者的收入水平直接影响市场容量和消费支出模式，从而决定移动商务企业面对的顾客群体的购买力水平。与市场经济环境不同的是，消费者经济环境是以最终需求方为对象的。

第三节 移动商务的文化环境管理

电子商务的兴起对于传统文化产生了巨大的冲击，而移动商务的发展又带来了一次新的文化转型，并将在电子商务环境下形成的一种独具风格的新的文化形式——网络文化——更进一步地发展起来。这种文化使人们传统的思维方式和交往模式发生了巨大的变化，也冲击了传统的道德观念，形成了不同于传统道德规范的网络道德规范。对于网络道德规范目前没有一个统一的标准，但可以肯定的是，这种自律性的道德必须是基于传统的道德观念的，因此需要加强网络文化建设，弘扬优秀文化。移动商务企业尤其如此，一个信息化的企业文化建设直接影响其内部组织管理的有效性，对其外部形象及市场竞争力的大小也产生着至关重要的作用。

69

一、网络文化

所谓"网络文化"，是指网络上具有网络社会特征的文化活动及文化产品，是以网络物质的创造发展为基础的网络精神创造。广义的网络文化，是指网络时代下对于传统文化、传统道德的延伸和多样化的展现；狭义的网络文化，是指建立在计算机技术和信息网络技术以及网络经济基础上的精神创造活动及其成果，是人们在互联网这个特殊世界中，进行工作、学习、沟通等的活动方式以及其反映出的价值观念和社会心态等方面的总称。作为一种特殊的文化形式，网络文化有着开放平等性、内容动态性、自由互动性、松散制约性、构成多样性和现实虚拟性几个特性。

不同人对于网络文化的理解也不尽相同。一部分人认为，网络不仅是一种技术与社会现实，更是一种文化现实，网络本身就是一种新兴文化形态；还有一部分人则认为，文化是以网络的形态存在和发展的，人无时无刻不生活在文化之网中，网络文化是人类文化发展的网络化形态的典型体现。简言之，就是"网络的文化（特性）"与"文化的网络（形态）"。

网络的文化特性有三个方面的含义：一是网络的形成和发展有一种文化动力和文化支柱，即人们内在的文化需要和文化精神——互相交流、获取信息的"文化本性"——推动着网络的发展；二是网络产生了各种新的文化现象，形成了自己独特的文化形态；三是网络中蕴涵着独特而丰富的文化价值和文化精神，并对其他文化形态产生或多或少、或大或小的冲击和影响，促进其他文化形态的变革。

文化的网络化有两方面含义：一是外向的网络化，即特定文化形态与其他文化形态及整个外部环境形成一个网络系统，特定文化形态在与其他文化形态及外部环境的互联互动中存在与发展；二是内向的网络化，即统一文化形态内部表现为一个由主体、客体和中介等不同要素组成的网络系统，文化就是一张网，把人、自然、社会、历史网在一起。从人类文化发展的历史趋势看，文化发展程度越高，文化的开放性就越高，不同文化之间的交流互动就越发达；同一文化内部的层次结构越复杂，文化内部不同要素和层次之间的互动也就越发达。也就是说，文化越先进，其内外两方面的网络化程度就越高。

二、移动商务企业网络文化管理

（一）搞好技术平台建设

企业技术平台建设，首先要清楚应设置一个什么样的平台，使之能够高效地传输大量信息和交换数据。由于网络文化具有兼容性、交互操作性、连续性、开放性、扩展性等特点，所以还要考虑多媒体、电话、传真、数据通信等技术的支持。要做好平台的维护和升级，按照地理位置和部门的合理规划局域网布置。要注意平台建设的安全管理和安全控制，如病毒防范、防火墙设置、访问授权、资料进出管制及 E-mail 管理等技术安全问题。

（二）结合企业特色进行建设

网络文化是企业文化的重要组成部分。不同的产业由于产业部门差异和经营管理模式及处理流程的不同而具有不同的特色，不同企业的文化也因其战略目标、发展状况、品牌历史等情况的不同而有一定的差异。企业网络要从企业文化维护和开发的角度出发，根据企业自身的理念和发展情况，采取相应的模式，建设具有企业行业特色的网络文化。

（三）建设具有互动机制的沟通渠道

网络为企业人际沟通提供了另一种方式和渠道。传统的沟通一般以面对面的沟通为主，企业内部信息的传达通过组织的不同层级自上而下传递。而网络的出现为企业提供了更快、更为便捷的沟通渠道，企业内部的互动性大大提高，也提高了企业信息传递的效率。因此，对于市场变化迅速的移动商务企业而言，更应该建立良好的沟通渠道，从领导决策层、管理层、操作层综合考虑建立快速通道，加强所有者、经营管理者与员工之间的互动机制，通过 BBS、留言板、内联网或反馈系统等加强交流沟通。此外，移动商务办公更是为企业内部的沟通提供了更加方便的方式，员工可以随时随地地将信息分享出去，而不必局限于自己的办公空间内。

（四）从整体战略设置网络

企业网络只有进行整体规划和设计，才可能留下一个与员工持续互动的机会，从而在员工心中留下深刻印象。在建立网络之前应有充分的讨论，讨论过程中，管理者可以尽量提出自己对网络内容的需求，倾听网络专家的建议，经过充分论证整体战略后再定方案，这样成功机会较高。在方案的实施过程中，也要注意不断听取员工的反馈意见，不断修改和完善网络规划，提高组织的效率和效能。

（五）资源共享

如何有效地传递或应用资料，对于移动商务企业而言也是一个重要课题。对拥有许多分公司的企业网络，借助不同系统之间的串联，将信息在业务部门、员工个体和管理部门之间通过 E-mail 或其他途径有效传递，以确保资料的一致性，是企业网络值得努力的方向。在企业内部，通过建设无线局域网或者信息平台，员工也可以更好地实现资源共享，帮助企业对内外部信息有着更好的掌控，以便做出快速和准确的决策，在激烈的市场竞争中保持正确的航向和竞争优势。

第四节　移动商务的科技环境管理

科学技术进步是人类文明的主要推动力，是经济发展和社会进步的源泉。从一个企业的成败到一个行业的兴衰，甚至到一个国家的强弱，科学技术均起着关键的作用。移动商务的运用和发展作为科学技术的表现形式之一，不仅影响国家、行业及企业的成长扩大，同时也受国家宏观环境、中观行业环境和微观企业环境的约束和引导，其中最主要的是受科技发展水平的制约。而影响科技发展水平的因素包含很多方面，移动商务的发展状况又同这些因素密不可分。

一、宏观层面

一个国家的科技发展水平是由各种因素相互作用而形成的，包括国与国之间综合国力的较量、政府政策上的选择、教育发展程度及社会大众的观念意识等。移动商务的发展同这些因素之间有着千丝万缕的联系。

（一）国际竞争的必然结果

20 世纪 90 年代以来，以高科技为主导的新科技革命风起云涌，对全球政治、经济、军事等战略格局产生了极其广泛而深远的影响。高科技不仅是构成综合国力的关键要素，而且还能够直接或间接作用于其他要素，并充分渗透到各个领域，其发展水平也成为衡量一个国家综合国力的一个重要指标，直接关系到一个国家或地区在世界格局中的地位。这种国别之间的竞争压力必然促使国家非常重视科技的发展，在这种氛围下，移动商务便有了更为广阔的发展空间和强有力的技术支持。

（二）政府的政策选择

既然高新科技发展水平是衡量一国综合国力、决定一国在国际中地位的重要标志，因而政府必然在政策上有所倾斜，制定一系列有利于科技发展的措施，如对高科技产业采取减免税收政策、给予财政上的专项支持等举措，这些都极大地推动了高科技产业的发展，提高了移动商务总的空间发展水平。由一些国家移动商务发展的历程和经验教训也可看出，政府对移动商务支持的力度越大，其对经济发展的促进作用也越大。

（三）教育的发展程度

科技发展水平的提高需要大量的人才，而人才的丰裕程度又同教育的发展息息相关。因而，教育水平越高的国家，其科技发展水平也越高。作为一种新兴的商业模式，移动商务的发展需要一大批具有专业知识的高科技人才，人才因素往往成为制约移动商务发展的瓶颈。

（四）大众的观念意识

一个国家民众的观念意识与其所接受的教育及思想的封闭程度有关。思想越封闭的人，其接受新事物的能力越弱。而科技发展水平的提高需要创新能力的支持，这其中也包括大众消费的创新能力即消费观念的改变及消费方式的更新。移动商务作为一种新的消费方式，尤其是像移动支付、移动购物等这样新兴的业务，消费者对其安全因素等还存在着一定的顾虑，对消费群体来说必然有一个接受过程，这个过程的长短直接影响移动商务发展的速度。

二、中观层面

一般而言，产业竞争力的影响要素主要有核心要素（包括企业管理、科技进步）、基础要素（人才支持、基础设施）和环境要素（国际化、政府管理、金融体系）三个方面。可以说，科技发展水平是提高产业竞争和管理的核心之核心。反过来，产业竞争力越强，其科技发展水平也往往越高，二者是相辅相成的，起着互相推动的作用。

（一）竞争性逻辑

假设其他条件固定不变，产业竞争力强的产业，其利润空间也相对大一些，而利润的吸引必然促使更多的厂家进入该产业，从而增强产业的竞争性，这种竞争的结果就会淘汰一些弱势企业，进一步提高整个产业的竞争力，这种周而复始、优胜劣汰的竞争性逻辑带动产业的空间发展水平不断上升，也必然推动移动商务的持续发展。发达国家的信息产业相比于发展中国家而言更具有竞争力，其科技发展水平也远远高于发展中国家，同样，移动商务的发展也顺应了这一发展方向。中国的移动商务还要在借鉴其他国家成熟的商业模式的基础上，不断创新，提高整体的科学技术水平，推动整个产业的发展。

（二）资源的有限性因素

资源（资金、人才等）是有限的，各个企业互相竞争的实质也是在争夺有限的资源，使其为己所用，创造更多的利润。市场中的价值规律决定了资源不可能在各个产业中进行平均分配，而是更多地流向那些更有发展潜力、利润空间更大的产业和行业，因而产业竞争力越强的产业必然吸引越多的资金、人才聚集其间，这就解决了科技发展的要素需求，也为移动商务的发展提供了客观条件。

三、微观层面

企业的科技发展水平主要是指企业的技术创新能力。科技的创新性带动企业不断进行技术创新，满足市场的多样化需求，创造更高的客户价值，从而在行业的竞争中占据优势地位。创新是科技之魂，科技创新不仅来源于大规模的科研创新，而且来源于市场需求的刺激。随着大量技术在生产经营中得到应用，企业不能仅限于对技术的应用，而必须立足于市场，根据产品的特点在采用先进技术的同时追求自我技术创新，只有这样，才能保证企业拥有持续的竞争力，企业也才能不断发展壮大。企业向移动商务的转型是对自我技术创新的一种巩固和提升，对提高企业的竞争力具有重要作用。同时，随着自我创新能力的不断提高，企业的竞争优势也会更加明显，更有能力去发展移动商务，优化移动商务企业的管理，提高企业的运作效率，不断扩大市场份额，更好地满足顾客需求。

第五节　移动商务的法律环境管理

一、国内外移动商务法律环境状况

（一）我国移动商务的立法现状

我国的移动商务发展还处于初级阶段，特别需要政府有关部门的规划指导和全社会的共同努力，统一协调国家、集体、个人的利益。因此，移动商务的立法既要符合我国的国情，又要注意同全球立法趋势接轨。

目前，我国尚未形成移动商务和电子商务方面专门的立法，但是自1999年开始，我国已经相继出台了一系列关于电子交易和网络安全方面的法律法规。近年来，全国人大关于互联网的法律规范频频出台，《关于维护互联网安全的决定》、《中华人民共和国电信条例》等一系列法律规范的颁布，标志着我国电子商务方面的立法正逐步走向成熟，这也为移动商务的发展创造了良好的法律环境。

电子商务的立法是移动商务立法的基础。2000年9月，国务院颁布了《互联网信息服务管理办法》，国家工商总局制定了《经营性网站备案登记管理暂行办法》及相关实施细则、《网站名称注册管理暂行办法》及其实施细则等。此外，《计算机信息网络国际互联网管理暂行规定》、《计算机信息网络国际互联网管理暂行规定的实施办法》、《计算机信息系统安全保护条例》、《互联网网络域名注册暂行管理办法》、《网上银行业务管理暂行办法》等的相继推出为电子商务的安全提供了有力的法律依据。

此外，一些法律法规的制定也在不断推进电子商务的立法。1999年3月15日全国人大通过了《中华人民共和国合同法》，其中已经将电子交易的迅速发展对法律法规所提出的要求纳入了考虑，在合同形式方面认可了数据电文形式，将其视为与书面合同有着同等的法律效力。在《中华人民共和国合同法》中也专门对数据电文做出了数条规定，扩展了传统观念上的"书面形式"，承认了电子合同的法律效力。

在2001年最新修改的《著作权法》中，通过明确的条文规定了通过网络传播的作品的著作权问题，使互联网版权侵权现象得到了有力的控制。2004年8

月，十届全国人大常委会十一次会议通过了《中华人民共和国电子签名法》，其中重点明确了五个方面的问题：①确立了电子签名的法律效力；②规范了电子签名的行为；③明确了认证机构的法律地位及认证程序，并给认证机构设置了市场准入条件和行政许可的程序；④规定了电子签名的安全保障措施；⑤明确了认证机构行政许可的实施主体是国务院信息产业主管部门。

总体来讲，我国的电子商务立法已经在很多方面取得了一定的成绩，但与欧美等西方发达国家相比，我国的电子商务立法还相对滞后，立法层次还比较低，电子商务立法与网络立法界限也不是很清晰，分别立法、法律重复建设现象较为严重，尚未形成电子商务方面专门性的、基础性的法律。

（二）国外移动商务的立法现状

1. 美国

为了使电子商务在法律的保护和规范下健康发展，美国早在20世纪90年代中期就开始了有关电子商务的立法准备工作。由于美国是联邦制国家，联邦政府和州政府两级均有立法权。虽然美国国会有权规范跨州的商贸活动，但是传统上交易法的规则（尤其是《合同法》）一直属于各州立法的范围。为了避免各州立法之间的冲突和矛盾过大，影响正常的商业活动，美国法研究所等联邦的政策咨询机构制定了一套交易法规则，作为协调各州《合同法》的模范法，推荐各州逐渐将这一套法律规则制定在本州的法律中。在这些模范法中，最成功的一部就是《统一商法典》（UCC）。该法的目的就是简化、澄清和修订美国调整商业交易的法律，通过习惯、惯例、协议来发展商业规范，以及促进各州法律之间的统一。美国各州都已经采用了《统一商法典》的内容，但又结合本州情况稍加修改。

由于《统一商法典》在科技的发展中已经显得有些过时，因此美国在草拟的《统一商法典》第2条B项的基础上形成了1999年7月公布的《统一计算机信息交易法》（VCITA）。《统一计算机信息交易法》与《统一商法典》一样属于模范法的性质，并没有直接的法律效力，其能否转化为生效法律取决于各州是否通过立法途径对其予以采纳。美国各州并没有义务必须采纳《统一计算机信息交易法》，因此要等到美国50个州都按照自己的立法进程采纳该法，可能还需较长的时间。《统一计算机信息交易法》的内容主要适用于创作或发行计算机软件、多媒体及交互性产品、计算机数据以及在线信息发行等交易，不适用于有关印刷出版的书籍、报纸、杂志等的交易。例如，亚马逊网上书店通过网络向全球出售书籍，虽然也可以被看做版权贸易，但是因其交易的是有形商品，所以不包括在《统一计算机信息交易法》的适用范围之内。《统一计算机信息交易法》主要调整的是无形财产贸易，更确切地说是包括版权、专利权、集成电路权、商标权、商业秘密权、公开形象权等在内的知识产权贸易。这说明，美国已经充分意识到知识产权贸易非常适宜电子商务的环境，其全部交易过程都能够在计算机网络上直接完成，不涉及网下的物流配送问题，因此知识产权贸易必将在电子商务占据主要的位置，其重要性甚至将超过有形财产的贸易。在此基础上，美国联邦政府正积极推动电子商务方面的法律法规，2000 年 6 月 30 日，美国总统签署了《电子签名法》，为在商贸活动中使用电子文件和电子签名扫清了法律障碍。

在计算机信息交易合同的成立和效力方面，《统一计算机信息交易法》针对电子商务的特点，引入了"电子代理人"这一非常重要的概念，正式承认了借助网络自动订立的合同的有效性。电子代理人是指在没有人检查的情况下，独立采取某种措施或者对某个电子信息或者履行作出反应的某个计算机程序、电子的或其他的自动手段。电子代理人的出现使合同的缔结过程可以在无人控制的情况下自动完成。《统一计算机信息交易法》规定，合同可以通过双方电子代理人的交互作用而形成，也可以通过电子代理人和自然人之间的交互作用而形成。电子代理人的要约和承诺行为可以导致一个有约束力的合力产生。在自然人与电子代理人的缔结过程中，自然人应当以作出声明或者行为的方式表示其同意缔结的意识。例如，当申请注册免费电子邮件地址的用户，登录到电子邮箱提供者的网页上，要求注册电子邮件地址时，网页会出示一份很长的格式合同，详细规定了用户使用电子邮件的条件和要求，最后则是一个很大的表示同意（I agree）的图标，如果用户单击了这一图标，就表示同意注册电子邮件的全部合同条件，并将这一同意的意思表示发送给对方的电子代理人，用户与电子邮箱提供者之间的合同就成立了。

在根据格式许可合同方面，《统一计算机信息交易法》的规定，格式许可合同是指用于大规模市场交易的标准许可合同，包括消费者合同及其他适用于最终用户的许可合同。计算机信息的提供者拟定的这类合同面向广大公众，基于基本相同的条款提供基本相同的信息。这类合同的最大特点就在于具有非协商性，一方提供了格式条款之后，对方要么全部接受，要么全部拒绝，没有讨价还价的余地。由于网络上的计算机信息交易大量采用自动的格式许可合同的形式，因此为了保护格式合同相对人（用户和消费者）的利益，《统一计算机信息交易法》对这种合同的约束力作出了专门的规定。《统一计算机信息交易法》规定，格式许可合同的对方当事人只有在对合同条款表示同意的情况下，才受合同约束。如果有些格式条款不易为人所察觉（例如字体过小，含义模糊），或者相互冲突，则不对格式合同的相对人具有约束力。在这种情况下，如果格式合同的相对人已经付了款，支付有关费用或者遭受了损失，格式合同的提供方

应当予以合同补偿。

此外，由于网络上的交易活动从缔约到履行基本上是自动完成的，有些不法之徒便借机从事违法或欺诈活动。因此，《统一计算机信息交易法》规定，计算机信息的提供者对其提供的计算机信息负有担保的义务，即担保其提供的计算机信息不侵害任何第三方的权利，在许可期间被许可人的利益不会因为任何第三方对计算机信息主张权利而受到损害。具体而言，计算机信息提供者应当担保其许可的专利权或其他知识产权在其所属国的领域内是合法、有效的。如果计算机信息提供者不想承担担保义务，它必须向接受者作出清楚的说明。例如，在计算机信息的网上自动交易中，标明在享用信息之时，如受到干扰，提供者不承担担保责任。当然，一旦计算机信息提供者不承担担保义务，其信息的市场价值就降低了。

总之，美国的《统一计算机信息交易法》为美国网上计算机信息交易提供了基本的法律规范。美国国内曾经在是否需要对电子商务立法这一点上进行过激烈的争论。有人认为，对电子商务立法就是对其发展的束缚，但是多数人认为，立法的根本目的不是约束电子商务，而是保障电子商务的发展，让所有的交易者能够预见其交易行为的法律后果，使合法的交易行为得到法律的保护。因此，尽管《统一计算机信息交易法》有不足之处，例如美国学术界和实务界很多人指责该法对消费者权益保护不利，过于偏袒商业组织的利益，但是该法仍然将美国电子商务立法推进了一大步。美国各州正在积极采纳该法。《统一计算机信息交易法》最终会成为调整美国电子商务的基本法。

2. 欧盟

在全球性电子商务的发展浪潮中，欧盟各国意识到在信息社会中电子商务将提供重要的就业机会，为广大中小企业提供新的发展空间，促进经济增长和技术创新方面的投资，增强企业的竞争力，因此一直致力于在联盟内部促进电子商务的发展。法律是电子商务发展的重要的软环境，欧盟从1997年底到2007年初颁布的一系列重要法律文件都是为了保障和促进联盟内部电子商务的发展。欧洲议会于1999年12月13日通过了《电子签名指令》，于2000年5月4日又通过了《电子商务指令》。这两部法律文件协调与规范了电子商务立法的基本内容，构成了欧盟国家电子商务立法的基础和核心。其中《电子商务指令》全面规范了关于开放电子商务的市场、电子交易、电子商务服务提供者的责任等关键问题。欧盟成员国在自2000年5月起的18个月内，将《电子商务指令》制定成为本国法律。

欧盟的法律存在很大的差异，因此，欧盟意图建立一个清晰的和概况性的法律框架，以协调欧盟统一市场内部的有关电子商务的法律问题。考虑到电子商务固有的全球性质，欧盟还愿意与其他国家和地区加强合作，共同探索全球性电子商务的法律规则。欧盟虽然不主张建立任何新的冲突法规则或者管辖权规则，但是认为依照原有规则适用的法律不应限制提供信息社会服务的自由。欧盟的法律规定，为了保证法律适用的确定性，信息社会服务应当受服务提供者机构所在国法律的管辖。在这里，服务提供者机构所在国是指在一段时间内实际从事经济活动的固定的机构所在国，如公司总部所在国或者主要营业机构所在国。一个公司通过互联网网站提供服务的所在地不是指支持网站运行的技术所在地或者网站可以被访问的地点，而是指网站从事经济活动的地点。例如，一个公司不论将其网站服务器设在哪个国家，也不论其网站能够在多少个国家被访问，只要其主要营业地设在欧盟某个成员国内的，就要受该国法律的管辖。如果某个从事相关业务的企业为了规避欧盟某个成员国的法律，故意选择将营业机构设在另一成员国内，那么前一成员国有权对设立在他国但其全部或大部分活动是在本国实施的服务提供者适用本国法律，以制裁该服务提供者规避本国法律的行为。

此外，欧盟还要求成员国保证其法律系统允许合同以电子形式缔结，保证适用于合同过程的法律规则不给采用电子形式的合同制造障碍，也不仅仅因为这些合同采取了电子形式就剥夺其有效性和约束力。欧盟还要求成员国承认电子签名具有同亲笔签名同样的效力。

服务提供者的责任关系到发展电子商务的又一核心问题。若这一问题不解决，将阻碍市场的顺利运行，损害跨国服务的发展和正常的市场竞争。因此，欧盟要求成员国不能给服务提供者施加一种一般性的监控义务，因为服务提供者没有能力保证通过其计算机系统的无数信息的合法性。欧盟法律还规定，服务提供者在作为纯粹的信息传输管道时或者进行信息缓存时，享受责任豁免的地位，即不因其传输或者存储的信息中含有违法内容而承担法律责任。这是因为在上述情况下，服务提供者对信息的传输和存储是技术性的、自动的和暂时的，服务提供者并不知道被传输或存储信息的内容，也不对被传输或存储的信息内容做任何修改。但是，服务提供者故意与其服务接受者合谋从事违法活动，则不属于责任限制之列。

总之，从全球电子商务立法的角度来看，欧盟的电子商务立法无论是在立法思想上、立法内容上，还是在立法技术上都是很先进的。欧盟有关电子商务的立法进程虽然比美国稍慢（美国于1999年颁布了《统一计算机信息交易法》），但是立法实施的速度与美国相当，甚至稍快于美国。

二、移动商务法律保障的必要性

(一) 移动商务的发展需要法律的保护

移动商务立法还是一个全新的法律领域，法律法规的缺陷在一定程度上制约了移动商务的健康发展。移动商务是今后重要的商业模式之一，已经成为继电子商务后又一个提高经济竞争力的发展重点。但移动商务技术的发展日新月异，立法机构对于其技术水平、应用模式等认识还不够充分，导致移动商务立法环境尚没有一个相对完善的架构，传统的电子商务环境下形成的法律框架在移动商务环境内也不能完全使用，各国都在积极寻求适合本国发展状况的移动商务解决方案。与此同时，各国对于移动商务立法又采取了相对谨慎的态度，以避免法律法规对于移动商务发展产生的制约。

建立一个完善的法律体系是移动商务发展的最基本条件之一，只有在一个相对完善的法律环境下，在线交易、移动支付、隐私保护等问题才能得以有效的解决，才能使移动商务这一商业模式获得用户更广泛的信任。

(二) 移动商务法律环境存在的问题

目前，由于移动商务的发展还处于初级阶段，几乎没有移动商务方面的法律、法规，而传统的商务和电子商务的法律、法规不能完全适用移动商务，尽快完善相关的法律、法规是发展移动商务的重要工作。

就我国目前的实际情况而言，在移动商务法律体系建设的过程中，还存在着较多亟待解决的问题。

首先，移动商务具有全球性的特点，全世界范围的用户可以通过无线网络和互联网随时随地地进行信息的传递和交换，这也就是说，移动商务的立法需要考虑到跨国界的问题，在全球范围内建立统一的标准。但与此同时，各个国家的发展状况又不尽相同，发达国家与发展中国家在发展移动商务方面必然存在着利益冲突，因此，如何使移动商务的立法既符合全球化的特点，又将本国的发展情况纳入考虑，是移动商务立法活动面临的主要问题。

其次，移动商务是基于电子商务活动建立起来的，尽管其发展非常迅速，但仍处于初始阶段，尚未建立起完善的移动商务框架体系，移动支付系统还没有完全建立起来，商业模式还有待进一步的成熟。因此，传统的电子商务环境下形成的法律法规在移动商务环境下可能并不适用，这有可能会对移动商务的发展产生制约，有关部门应当加强移动商务发展的政策法规环境建设，促进移动商务的健康发展。

第
四
章

移
动
商
务
环
境
管
理

本章案例

微软公司败走"hotmail"——"注册商标"才能抗衡域名

曾几何时，"hotmail"一度成为免费电子邮件的代名词。然而，"hotmail"的东家——国际软件巨擘微软公司在经过两年多的艰苦努力后，却意外地在"hotmail.com.cn"域名案中败下阵来，而最后该域名还戏剧性地落到了被告以外的第三人之手。

1999年10月，微软公司就天津市医药集团有限公司（简称"天津公司"）因抢先在中国注册了"hotmail.com.cn"（简称"诉争域名"）的域名而侵犯微软公司商标专用权及不正当竞争纠纷一案，向北京市第一中级人民法院提起诉讼。

原告微软公司诉称，"hotmail"是原豪特密尔公司（hotmail corporation）的公司名称，也是其注册商标。现在该公司及一切财产均由原告继承所有。原告是世界上最大的软件公司之一，也是提供国际互联网上电子邮件的公司。"hotmail.com"网址是原告在国际互联网上为世界公众提供免费电子邮件的域名。被告于1997年11月20日擅自恶意注册"hotmail.com.cn"的域名，侵犯原告拥有的在先权利并构成不正当竞争。故原告请求法院判令被告停止侵权及不正当竞争行为、撤销诉争域名注册、公开赔礼道歉和赔偿损失。

被告天津公司辩称，被告未侵犯原告的企业名称权；原告获得"hotmail"商标权的时间晚于被告注册域名的时间近两年，而此时被告已放弃对上述域名的权利，故未侵犯原告的商标权；诉争域名一直未投入使用，故对原告不构成不正当竞争；原告不具备在中国互联网络中心注册域名的必备条件；被告1999年11月已放弃了先前注册的域名，故原告被告与原告间无任何法律关系。故被告请求法院驳回原告的诉讼请求。

法院经审理后认为，被告注册诉争域名时，"hotmail"商标并未在中国获得核准注册，且未在中国普通公众中产生影响，故"hotmail"不构成驰名商标。原告在其他国家注册"hotmail"商标的时间晚于被告注册诉争域名的时间，故不足以证明"hotmail"是驰名商标。被告注册诉争域名后，并未实际使用，且未以"hotmail"为标识向公众提供与原告服务商标相同或近似的服务。故被告注册诉争域名的行为不构成对原告商标权的侵犯。域名是互联网用户在网络中的名称和地址。域名具有识别功能，是域名注册人在互联网上代表自己的标志。但是，域名本身尚不构成知识产权。原告提交的证据并不足以证明"hotmail.com"在被告注册诉争域名以前就已经是一个知名网站。并且，1997年豪特密尔公司尚未在中国设立分支机构，由于受到《中国互联网络域名注册暂行管理办法》的限制，其不能在中国互联网络信息中心注册"cn"项下的域名，故不能认定被告天津公司注册诉争域名的行为具有恶意。被告注册诉争域名的行为虽有不当之处。但域名注册后并未使用，因此并没有妨碍原告以自己的服务商标进行商业活动，没有给原告造成损害后果。更重要的是，在本案诉讼过程中，被告于1999年11月20日后已经不再拥有诉争域名。由于被告天津公司并未以"hotmail"作为其企业的商号进行使用，即未侵犯原告所拥有的企业名称权，故被告注册域名的行为不构成不正当竞争。最后，法院于2000年12月13日依照《中华人民共和国商标法》的规定，判决驳回原告微软公司的诉讼请求。

资料来源：作者根据互联网资料整理。

问题：

1. 从上述案例中你能获得哪些启示？
2. 除了域名纠纷外，你还知道哪些与电子商务和移动商务相关的法律问题？
3. 结合本章内容，谈谈你对移动商务法律问题的看法。

本章小结

移动商务环境管理主要是从政治环境、经济环境、文化环境、科技环境和法律环境五个方面进行管理。移动商务的政治环境管理主要是指政府对发展移动商务的干预及移动商务如何利用政府职能求得更大的发展空间。发达国家的移动商务发展均得到了国家政府在政策、战略层面的支持，从而取得快速的发展。

移动商务经济环境分析和管理主要是从宏观环境、中观环境和微观环境进行。宏观环境主要依据宏观经济指标、经济体制、产业状况、就业情况和通货情况体现；中观环境主要是行业状况及区域经济的发展程度和竞争水平；微观环境考虑的则是企业经济环境、市场经济环境和消费者经济环境。

移动商务文化环境管理主要是从网络文化建设的角度来对移动商务企业文化环境管理予以指导的。所谓"网络文化"是指网络上具有网络社会特征的文化活动及文化产品，是以网络物质的创造发展为基础的网络精神创造。企业网络文化管理要求企业搞好技术平台建设，并且结合网络文化建设具有互动机制的沟通渠道，并从整体战略设置网络、实现资源共享。

移动商务的科技环境管理同样可以分为宏观层面、中观层面和微观层面。宏观层面考虑的是国际竞争、政府政策选择、教育发展程度以及大众的观念意识对于移动商务技术环境的影响；在中观层面则主要是将竞争性逻辑和资源的有限性因素纳入考虑；微观层面则主要是从企业自身的创新能力、顾客价值提供等方面进行分析和管理。

移动商务的法律环境主要是对与移动商务发展相关的立法环境进行分析和管理。移动商务是一个新兴的商务模式，尚没有成熟的法律框架。此外，移动商务具有全球性的特点，移动商务的立法需要考虑到跨国界的问题，在全球范围内建立统一的标准。

本章复习题

★★★★

1. 列举移动商务政治环境管理的五个方面。

2. 列举移动商务文化环境管理的五个策略。

3. 简要阐述移动商务在欧美政治环境对我国的借鉴意义。

4. 简要阐述移动商务在日韩政治环境对我国的借鉴意义。

5. 列举并简述移动商务经济环境的三个层面。

6. 试从三个层面阐述移动商务科技管理的必要性。

7. 简要阐述移动商务在国外的立法现状。

8. 简要阐述移动商务在国内的立法现状。

9. 论述移动商务法律保障的必要性。

第五章

移动商务战略管理

学习目的

知识要求 通过本章的学习，掌握：

- 企业战略的定义和基本内容
- 企业战略基本模型和实施
- 企业电子商务和移动商务战略的概念
- 移动商务战略的四种类型和基本实施步骤

技能要求 通过本章的学习，能够：

- 了解企业战略基本模型和主要实施内容
- 掌握企业战略的概念
- 掌握移动商务战略实施的步骤和方法
- 掌握基本的战略分析模型

学习指导

1. 本章内容包括：企业战略管理；企业电子商务战略实施；企业移动商务战略实施；移动商务竞争战略规划；移动商务战略实施内容。

2. 学习方法：结合案例了解企业战略管理的基本内容、模型和实施方法，掌握移动商务竞争战略的不同类型和基本实施步骤。

3. 建议学时：4 学时。

 **引导案例**

亚马逊移动战略显成效　零售业加速多渠道并进

据市场研究公司尼尔森日前发布的调查报告称，亚马逊成了全球最大的移动零售网站。尼尔森的研究人员搜集了自愿参与该项调查的5000名美国智能手机用户的数据，在报告中，亚马逊、百思买、eBay、Target和沃尔玛占智能手机移动零售交易量的60%。美国用户更倾向于通过移动Web在线购物，而非相关应用。

一方面，除了传统电子商务网络平台外，亚马逊在移动零售上也风生水起。据消费者体验调查公司ForeSee发布了2011年消费者对电子商务公司的满意度调查，结果显示，亚马逊仅次于苹果排名第二位。

对于亚马逊移动电子商务的表现，尼尔森指出，男性较女性而言更倾向于使用应用在线购物，这就印证了尼尔森分析相关统计数据后的结论，其原因，一是消费者的性别，二是它尽可能地在各方面都满足移动购物消费者的需求。

另一方面，智能手机的普及功不可没。美国《商业周刊》网络版曾撰文称，移动电子商务过去几年的发展并未达到预期，但这一领域目前已经开始快速增长，具备网络浏览功能的智能手机是移动电子商务的一大推动力，许多用户会在无法使用PC上网或周围没有实体店面时使用智能手机购物。

2011年，移动商务市场增长强劲，越来越多的消费者通过智能手机进行购物。ForeSee的研究显示，34%的网上购物用户通过手机进行产品搜索，其中15%的人直接通过手机进行购买。因此就不难看出亚马逊涉足智能手机领域的意图了。花旗集团引述其亚洲供应链渠道调查称，鉴于平板电脑Kindle Fire得到了市场的认可，亚马逊可能于2012年第四季推出智能手机。

一方面，对零售商来说，建立一个移动网页十分重要。像亚马逊这样的网络零售商，在这一点上做得十分出彩。实体零售商若不追上移动互联网浪潮，将会放走一个巨大的市场机遇，也会降低消费者的购物满意度及其销售额。

另一方面，亚马逊的零售渠道正不断扩张，开始向线下发展，有报道称，其计划在西雅图开首家实体零售店。这家实体零售店除销售Kindle电子阅读器、Kindle Fire平板电脑以及相关配件外，还将出售亚马逊独家图书库书目。

亚马逊线上线下同时发力，支付方式成了消费者比较关注的一个问题。移动支付作为新兴的费用结算方式，由于其方便性而日益受到网上商家和消费者的青睐。移动支付尽管只是最近几年才发展起来的，但因其有着与信用卡同样的方便性，深受消费者，尤其是年轻人的推崇。移动支付作为一种崭新的支付方式，将是连接线下线上以及移动电子商务的重要手段。

对于亚马逊来说，一方面，在线上渠道的顺风顺水为其积累了不少的人气，品牌得到大部分消费者的认可。另一方面，随着智能手机的发展，以及在移动互联网的大背景下，移动电子商务的前景超乎想象。移动电子商务的价值不仅在于销售渠道的拓展，这还是一种全新的商业模式。

有业内人士表示，亚马逊在移动互联网领域建立了属于自己的品牌形象，这对一个电子商务企业是十分有利的。因为移动电子商务领域，企业品牌是非常重要、非常关键的因素。而且移动化和电子商务相结合，使人们获取信息和使用电子商务的方式彻底改变了，用户可以完全自主地获取信息，并且随时都可以完成支付。

因此，在强大后盾的支持下，亚马逊积极地拓展线下资源，寻求新的发展的趋势在所难免。而全方位、多渠道的营销方式，也是增加盈利收入的有效方式，更有助于其巩固电商市场霸主地位。

在电子商务企业向线下发展的同时，国外的沃尔玛，国内的苏宁、国美等传统线下零售商也看到了电商的利润，都想在其中分一杯羹，纷纷涉足线上销售。

失手京东商城之后的沃尔玛正在争分夺秒地进军线上销售市场。近日，沃尔玛宣布拟对1号店进行增资控股；作为苏宁电器旗下的B2C电子商务公司，苏宁易购也于2010年1月正式上线；相比之下，国美电器在B2C领域的进展就慢了一些。2011年11月，通过收购库巴网，国美电器直接拥有了独立的B2C网站。

对于传统的线下零售商来说，他们已经意识到，电子商务是未来的发展方向，必须将其划分出来独立运营。对于实体店而言，地理位置服务和团购等模式都极具潜力。从更大范围看，融手机、在线和实体店销售为一体，多渠道并进成为趋势。这有助于零售商完善自身循环系统，打通产品线。但许多零售企业反映，目前，线上交易的推广还存在一定的难题。网上销售的价格体系会对它们原有的渠道价格系统有所影响，所以要在产品体系和两种渠道的价格体系上分内部进行了区分后，才能再进行网上销售渠道的建设。

不过，不管是发展线上渠道还是拓展线下渠道，所有的零售行业都要考虑如何将网上销售渠道和线下传统渠道结合起来，形成一个全方位、立体式的营销传播渠道，由线上带动线下，线下促进线上，形成一个良性的销售体系。

资料来源：唐隆辉.亚马逊移动战略显成效 零售业加速多渠道并进 [N].通信信息报，2012-03-21.

问题:

1. 亚马逊为什么开展移动商务战略?

2. 亚马逊的移动商务战略对其渠道管理有哪些影响?

第一节 企业战略管理概述

一、企业战略管理概述

(一) 战略的含义

战略一词最早起源于军事活动,在西方,"Strategy"一词最早源于希腊语。克劳塞维茨在其著作《战争论》中将战略定义为:"战略是为了达到战争的目的而对战斗的运用。"在我国,春秋时期孙武的《孙子兵法》被认为是中国最早对战略进行全局统筹的著作,其战略思想被视为军事将领指挥军队作战的谋略。毛泽东在《中国革命战争的战略问题》中提出,"战略问题是研究战争全局的规律的东西","凡属带有要照顾各方面和各阶段性质的,都是战争的全局。研究带有全局性的战争指导规律,是战略学的任务"。

在现代,战略一词已经延伸到军事领域之外的各个方面,在博弈论中,战略是"一个完整的计划,一个详细说明在每个可能情形中博弈者将作出何种选择的计划",在管理学中,战略是"一个统一的、综合的和完整的计划,精心设计来确保企业的基本目标得以实现"。此外,战略的价值同样适用于政治、经济等领域,其含义逐渐演变为泛指统领性的、全局性的谋略、方案和对策。政治领域的,例如我国在改革开放时期制定的"三步走"战略和可持续发展战略等;经济领域的,例如阐明我国未来五年经济发展蓝图的"十二五"发展规划。一个国家的发展需要战略的指引,一支军队需要战略统领战争的全局,一个企业也需要战略思想为其指明方向,在多元化的市场竞争中保持持续的竞争优势。例如IBM"寻求高附加值,重新定义未来的服务"的战略,宝洁公司"力争创新"的全球化战略等,企业的战略已经成为决定企业发展成败的关键性因素。正如著名经济学家钱德勒所言:"商业有时像战争,如果它的大战略是正确的,可以犯无数的战术错误,而企业仍将证明是成功的。"

(二) 企业战略的定义

学术界对于企业战略的概念没有唯一的定义,明茨伯格 (H.Mingtzberg)、阿尔斯特朗 (Bruce Ahlstrand) 和拉蒙珀 (Joseph Lampel) 等,将战略管理的各种理论梳理成十大学派，即设计学派、计划学派、定位学派、企业家学派、认识学派、学习学派、权势学派、文化学派、环境学派和结构学派。各学派的代表人物都从不同视角，对战略管理提出了各自的主张，见仁见智，莫衷一是。

1. 设计学派

设计学派认为，战略制定是领导者有意识的但非正式的构想过程，并建立了知名的 SWOT 战略模型。该模型表明，形成战略最重要的因素是对外部因素和组织因素进行匹配，它将企业面临的威胁与机会（外部因素）和企业本身的优势与劣势（组织因素）考虑进来，以确定企业的战略目标。这一学派的杰出代表钱德勒在《战略与结构》一书中认为，战略是决定企业的基本长期目标，以及为实现这些目标采取的行动和分配资源。

2. 计划学派

同设计学派相似，计划学派也把市场环境、定位和内部资源能力视为制定战略的出发点。但它认为企业战略的制定过程应该是一个正规化、条理化的过程，而不应该只停留在经验和概念水平上。这一学派的杰出代表是安索夫，他将企业决策分为战略决策、管理决策和义务决策三类，认为战略决策是企业为了适应外部环境，对目前从事的和将来要从事的经营活动进行的战略决策，即战略是一条贯穿于企业活动与产品、市场之间的"连线"，涉及产品、市场范围、增长向量、竞争优势与协同作用。

3. 定位学派

定位学派是由迈克尔·波特创立的。他提出，企业战略的核心是获得竞争优势，而竞争优势取决于企业所处行业的盈利能力，即行业吸引力和企业在行业中的相对竞争地位。因此，这一学派的主要思想就是，战略管理的首要任务就是选择最有潜力的行业，其次还要考虑如何在已经选定的行业中自我定位。

4. 企业家学派

企业家学派认为，具有战略洞察力的企业家是企业成功的关键。许多成功企业没有系统的、成文的战略，但它们同样经营得很好，这与管理者对企业的基本价值、存在原因的信念是息息相关的。这一学派的核心就是远见，认为远见产生于领导人的头脑之中，是战略思想的表现。战略既是深思熟虑的，又是随机应变的：在总体思路和对方向的判断上深思熟虑，在具体的执行细节上可以随机应变。

5. 认识学派

认识学派认为，战略形成过程是一个认识的基本过程，它提出，战略实质上是一种直觉和概念，战略的制定过程实际上是战略家心理的认识过程；由于战略者所处的环境是复杂的，输入的信息在认识之前要经过各种各样的歪曲和过滤，因此战略在实际形成过程中偏重实用性而不是最优化。

6. 学习学派

学习学派认为，组织环境具有复杂和难以预测的特性，战略的制定首先必须采取不断学习的过程，在这一过程中，战略制定和执行的界限变得模糊不清、不可辨别。这种学习过程更多地表现为集体学习，领导者的作用变得不再是预想深思熟虑的东西，而是管理战略学习的过程。

7. 权势学派

权势学派认为，组织是不同的个人和利益集团的联合体，战略的制定是一个在相互冲突的个人、集团以及联盟之间讨价还价、相互控制和折中妥协的过程，无论是作为组织内部过程还是作为组织外部环境中本身的行为。这一学派认为，整个战略的制定过程实际上就是各种正式和非正式的利益团体运用权力、施加影响和不断谈判的过程。

8. 文化学派

文化学派将战略制定视为观念形态的形成和维持过程。该学派认为，战略制定过程是集体行为的过程，建立在由组织成员共同拥有的信仰和价值观之上；战略采取了观念的形式，以组织成员的意愿为基础，表现为有意识的行为方式；由于存在共同的信仰，组织内的协调和控制基本上是规范的；战略的变化不会超出或违背企业的总体战略观点和现存文化。

9. 环境学派

环境学派认为，战略源于组织受环境影响的被动反应。组织必须适应环境，并在适应环境的过程中寻找自己生存和发展的位置。实际上并不存在组织内部的战略者，也不存在任何内部的战略过程和战略指导，环境迫使组织进入特定的生态位置，从而影响战略，拒绝适应环境的企业终将死亡。

10. 结构学派

结构学派认为，组织可以被描述为某种稳定的结构，这种结构可以受偶然因素影响向另一种结构飞跃，而这种结构的转变是有周期的，战略最后采取的模式都是依据自己的时间和情形出现的。结构学派认为，战略管理的关键是维持稳定，或者至少大多数时候是适应性的战略变化，但会周期性地认识到转变的需要，并能够在不破坏组织的前提下管理混乱的转变过程。

明茨伯格基于十大学派的观点，将战略定义为"一系列或整套的决策或行动方式"，这套方式包括可以安排的（或计划性）战略和任何临时出现的（或非计划性）战略。企业战略是由"5P"组成的，即战略是一种计划（Plan）、战略是一种策略/手法（Ploy）、战略是一种行为方式/模式（Pattern）、战略是一种

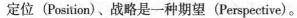

定位（Position）、战略是一种期望（Perspective）。

由此可见，企业战略是一个明确而具体的内涵，涉及企业具体从事的经营范围选择、资源配置的取向及经营网络的结构等。根据理论界和企业界多数人的意见，企业战略可定义为：企业战略是企业在考虑各种资源的情况下，根据企业的目标、目的制定实现这些目标、目的的方式。简而言之，企业战略是企业发展的长期性和全局性的谋划。

（三）企业战略的基本内容

一般来讲，企业战略通常包括以下五个方面的内容：

第一，企业的远景目标。远景目标勾画出企业未来的蓝图，体现企业的经营观念。它实际上把企业的未来纳入现在的视野之内，它使企业成员更关心企业的长远发展，并要求企业领导者在实现手段上表现出高度灵活且富有弹性的创造力。同时，设定远景目标可以帮助企业领导认清目前资源条件与远景目标之间的差距，这个目标一经确立，企业领导者就必须考虑如何系统地缩小这种差距，以便在企业的资源与外部环境之间建立起适应关系。另外，设定远景目标本身就是一个积极的管理过程，这一过程包括：将企业成员的注意力集中到成功的关键要素上；企业成员围绕着经营观念相互沟通，并从中受到激励；为个人和群体的贡献提供空间；根据环境的变化不失时机地调整策略；等等。

第二，市场定位。在企业与外部环境的关系中，企业选择哪些顾客作为目标顾客，提供什么样的产品来满足目标顾客的需求，这是一个根据本性的问题。所谓市场定位，就是要明确企业的目标顾客，认清它们的需求，以及企业能够从哪些方面为这些需求做出贡献。企业只有充分考虑到目标顾客的特点，针对他们的某种需求不断推出新产品，才可形成自己的经营特色，才能在未来的竞争中立于不败之地。把市场定位作为企业战略的一项内容，意味着必须坚持顾客导向，把顾客利益贯穿于全部生产经营活动之中。

第三，创造价值的方式。从市场竞争的角度看，新产品一旦叩开市场之门，就不免会引起其他厂商的追随模仿，它们越是受到顾客的欢迎，追随者希望占有相同市场机会的要求就越强烈。一个成功的产品不只为企业发展带来了良好开端，同时也带来了激烈竞争的潜在威胁。因此，企业战略中的另一个重要而又难解的问题就是确定创造价值的方式，即企业通过哪些生产经营活动创造出能够满足顾客需求的产品，这些活动将由自己承担还是委托给其他企业，企业能否以更高的效率或与众不同的做法来完成这些活动等。在大多数情况下，这些活动将成为竞争优势的直接来源。

第四，关键性资源的扩充途径。企业在创造价值过程中投入的资源，有相当一部分需要从外部获取，常见的资源外取活动包括向银行借款、购买技术专利、获准使用其他企业的品牌等。但从长远来看，使用外部资源固然可以取得事半功倍的效果，企业却很难利用这些资源构筑起持久的竞争优势。原因显而易见，外部资源不可能为企业所独占，它们可带给其他企业相同的优势。在决定持久竞争优势的各种因素中，内部资源才是根本。企业要实现远景目标，必须把竞争优势构筑在内部资源的基础上，特别是要不断扩充那些对竞争优势有着决定影响的关键性资源。企业战略应该对这些资源的开发、积蓄、整合等工作做出合理的安排，并研究管理机制的变革方向，因为内部的权责关系、协调机制、解决问题的方式等都会影响资源扩充的效率。

第五，实现远景目标的具体计划。企业从目前状态走向远景目标，还要周密地计划各项工作。远景目标需要展开为一组阶段性目标，再分解为部门乃至个人的工作目标，这样人们就能看清当前的工作与企业战略之间的关系。没有阶段性目标，远景目标就变成了空洞的设想。在编制计划的过程中，各种可行的方案需要被相互比较，不切实际的设想需要被抛弃，还可以从中引发出许多有意义的变革。另外，战略决策通常是在信息不充分的情况下制定的，企业外部环境中还包含相当一部分不确定因素，而通过编制和落实计划，这些因素的影响将被限制在最小范围内。

二、战略管理模型

战略管理包括四个要素：环境扫描、战略制定、战略实施以及战略评估和控制。

（一）环境扫描

环境扫描是从外部与内部环境中监测、评估与提取信息，交给公司的关键人员。其目的是找到战略型要素，即那些决定企业未来的内部和外部要素。进行环境扫描最简单的方法是SWOT分析。

企业外部环境包括机会与威胁的变量，它们存在于企业外部，一般来说，企业的管理层在短期内无法控制。这些变量组成了企业的生存环境。它们也许是宏观社会环境总的发展趋势，或者是企业经营的特定任务环境，常常是指企业所在的产业环境。企业的内部环境包括优势与劣势的变量，它们存在于企业内部，构成了企业开展工作的基础。内部环境包括企业的组织结构、文化和资源。

（二）战略制定

战略制定的目的是企业为了更有效地管理环境中的机会与威胁，根据自身优劣势开发的长期规划。它包括明确企业使命，确定可达到的目标、形成战略、确立政策指南。

（三）战略实施

战略实施是通过行动计划、预算与规程的开发，把战略与政策推向行动之中。这个过程可能会涉及企业文化、结构和管理系统中某个领域或所有领域的变革。除非需要非常剧烈的、横跨整个企业的变革，一般中层和低层经理可以执行战略，高层经理主要评价他们的工作即可。

（四）战略评估和控制

战略的评估与控制就是检测企业的活动与业绩，其目的是比较企业的实际业绩与期望业绩。企业各个层次的经理都要用成效信息来纠正行为和解决问题。战略的评估与控制是战略管理的最后一个模块，它能指出已执行战略规划的不足之处，从而使战略管理的过程重新开始。

业绩是活动的最终成果，即实际产出。战略管理实践的效果要用其提高企业业绩的能力来衡量，一般是用利润和投资回报率来测度。企业将根据其改善组织业绩的能力来调整战略管理实践。为了使战略评估和控制更加有效，管理人员必须从其下属处获得清晰、及时、正确的信息，并利用这些信息评价各个战略制定阶段的计划要求与实际状况的差距。

三、企业战略的运作实施

战略实施就是将企业战略付诸实施的过程。企业战略的实施是战略管理过程的行动阶段，因此它比战略的制定更加重要。战略实施是一个自上而下的动态管理过程。所谓"自上而下"，主要是指战略目标在企业的高层达成一致后，再向中低层传达，并在各项工作中得以分解、落实。所谓"动态"，主要是指战略实施的过程中，常常需要在"分析→决策→执行→反馈→再决策→再执行"的不断循环中达成战略目标。

（一）战略实施的阶段

战略的实施有四个相互联系的阶段。

1. 战略发动阶段

为调动大多数员工实现新战略的积极性和主动性，要对企业管理人员和员工进行培训，灌输新的思想和观念，使大多数员工逐步接受一种新的战略。

2. 战略计划阶段

将经营战略分解为几个战略实施阶段，每个战略实施阶段都有分阶段的目标，相应地有每个阶段的政策措施、部门策略以及相应的方针等。要对各分阶段目标进行统筹规划、全面安排。

3. 战略运作阶段

企业战略的实施运作主要与各级领导人员的素质和价值观、企业的组织架构、企业文化、资源结构与分配、信息沟通、控制及激励制度六个因素有关。

4. 战略的控制与评估阶段

战略是在变化的环境中实践的，企业只有加强对战略执行过程的控制与评价，才能适应环境的变化，完成战略任务。这一阶段主要是建立控制系统、监控绩效和评估偏差、控制及纠正偏差三个方面。

(二) 战略实施的主要内容

1. 企业资源配置

如果把企业经营总战略看做宏观层次，经营策略看做微观层次，那么企业的资源战略则属于中观层次的问题。企业的资源战略是企业经营总战略在资源配置方面的更为细致的战略，属于企业的职能战略或经营战略。现代企业的资源除了人、财、物等传统资源概念以外，信息在现代企业资源管理中扮演了日益重要的角色。因此，现代企业的资源战略应该包括采购战略、财务战略、人才战略和信息资源战略。

2. 组织结构调整

组织结构调整是企业战略实施的一项重要工具。有什么样的企业战略目标就需要有与之相适应的组织结构，同时，企业的组织结构又在很大程度上对企业的发展目标和政策产生很大的影响。因此，在实施企业的组织结构设计和调整的过程中，要寻求和选择与企业战略目标相匹配的结构模式，一切从企业的战略出发，充分体现"领导指挥得力，横向纵向关系协调，层级信息沟通顺畅，激励员工积极参与"的科学化原则。

3. 企业文化建设

所谓企业文化，一般是指企业中长期形成的共同理想、基本价值观、作风、生活习惯和行为规范的总称，是企业在经营管理过程中创造的具有企业特色的精神财富的总和，对企业成员具有感召力和凝聚力，能把众多人的兴趣、目的、诉求以及由此产生的行为统一起来，以最大限度地统一员工意志，规范员工行为，凝聚员工力量，为企业战略目标服务。

第二节 企业移动商务战略

一、企业移动商务战略概念

企业移动商务战略，从本质上来说是企业依据对移动商务环境的分析和对未来市场环境的预见，做出的战略性方向选择。因此，考虑企业移动商务战略的根本条件就是看它是否与企业所处的行业环境相适应。在移动商务的市场环境下，企业移动商务战略必须根据新的技术和环境的变化对企业的战略目标进行适当的调整，保证移动商务企业在快速变化的市场中，一直保持正确的发展方向。

以移动互联网为基础的移动商务正在改变着每个企业的经营方式、工作流程、组织框架和战略思想。面对网络经济的严峻挑战，企业如何迅速做出反应，制定自己的网络经济的制高点，已经成为在这一场刚刚开始的全球化和信息化竞争中的关键。

移动商务的出现使企业的内、外部经营环境出现了巨大的变化，某些方面甚至是革命性的变化。这些环境变化从根本上动摇了企业制定经营战略的基础。因此，企业必须依据移动商务的环境制定企业未来的移动商务经营战略。

总体来说，企业在移动商务的市场环境下要想顺利地实施战略转型必须包括以下三个方面：为自己在新的环境中进行恰当的定位；整合企业原有资源，学习新的信息技术；通过自身的战略调整，建立起一个产权清晰、管理规范的现代企业制度；通过对中国企业基础管理的推动，营造适合中国国情的移动商务应用模式。

二、企业电子商务战略概念

电子商务是移动商务的基础，其战略规划的方式、方法也是值得移动商务企业借鉴的。电子商务企业的战略规划，需要企业从战略目标分析出发，以支持企业核心业务向电子商务转型为关键，分析构建企业电子商务模式，规划和设计支持这种转变的电子商务的总体方案、实施步骤及资源配置方案。

企业电子商务战略规划的过程中，需要处理好电子商务战略规划与企业战略规划的关系，保证电子商务系统的有效性和应变能力，保证人员、管理、技术的协调发展，同时将广泛深入的交流贯穿于电子商务战略规划的整个过程中。

三、传统企业战略概念

企业战略是在考虑各种资源的情况下，根据企业的目标、目的制定实现这些目标、目的的方式。简而言之，企业战略是企业发展的长期性和全局性的谋划。随着互联网的出现以及移动互联网的快速发展，极大地改变了企业与顾客之间接触、沟通、交流的方式。几乎所有的企业都在努力把互联网技术应用到其经营管理活动中，并运用互联网应用软件来降低成本，提高企业价值链活动的效率。越来越多的研究与实践表明，那些没有充分意识到互联网重要性的企业在竞争中将处于不利地位。因此，触痛企业面对的现实问题应归结为以下几个方面：一是选择使用合适的互联网应用软件；二是使互联网成为企业基本战略的一部分，重点强调把互联网作为接近顾客的一种分销渠道。

四、移动商务竞争战略

根据迈克尔·波特的战略思想，竞争战略是指对一个企业在其竞争环境中进行定位。这里，定位的含义已经远远超越了产品定位或营销的概念，它包括企业生产、分销、物流和服务等所有功能，即一个企业在其竞争环境中的完整形态。通过对移动商务行业环境进行分析，可以将移动商务的竞争战略归为以下四类，即品牌策略、差异化战略、以消费者为导向和先占策略。

（一）品牌策略

品牌策略是指一系列能够产生品牌积累的企业管理与市场营销方法，主要分为产品线扩展策略、多品牌策略、新品牌策略、合作品牌策略和品牌延伸策略等类别。移动商务企业在实施品牌策略的过程中，应该注意以下几点：

1. 良好的品牌定位

"好的品牌定位是品牌成功的一半。"品牌定位是为了让消费者清晰地识别和记住品牌的特征及品牌的核心价值。如步步高公司发现在电话机行业里面有一个空白点，没有一个品牌代表着无绳电话。于是它一马当先提出，"步步高无绳电话，方便千万家。"凭借着良好的品牌定位，步步高成了无绳电话机的领导品牌。因此，移动商务企业需要对自己的品牌有着明确的定位，努力打造品牌独特的核心价值。

2. 明确的战略规划

企业要通过品牌策划和战略规划来提升品牌形象，提高消费者对产品的认知度、忠诚度，树立良好的品牌形象。移动商务企业首先要提高其产品和服务的质量，同时，从产品的开发到营销，必须牢牢扣住市场变化这一主题，最大程度地满足顾客需求。

3. 大力宣传

对移动商务企业而言，通过宣传，可以在短时间内让消费者认同其品牌的重要性，在宣传的过程中要突出品牌的定位和核心价值，找准产品与消费者之间的情感交汇点，让消费者在短时间内对该产品产生认知感。

（二）差异化战略

企业利用差异化战略的关键因素在于企业可以通过独特性提高价值吸引，吸引顾客为该种独特性支付优越的价格。企业获得持续的差异化主要来源于新系统、新工艺、新材料，使顾客能够通过企业所做的广告宣传获得可感知的不同于其他产品的价值；企业提供的差异化应当有一定的稀有性，否则竞争者很容易模仿，该差异性就不可能长久。随着计算机辅助设计、人工智能、遥感和遥控技术的进步，现代企业将具备以低成本进行多品种小批量生产的能力，这一能力的增强为差异化战略奠定了基础。

虽然移动商务本身不能提供差异化，但能够提高产品或者服务质量，并且能满足顾客对产品种类多品种的需求，有效帮助企业实现差异化的目标，并且降低企业利用差异化的风险。

（三）以消费者为导向

所谓以消费者为导向，是指企业以满足顾客需求、增加顾客价值为企业经营的出发点，在企业经营的过程中，特别注意顾客的消费能力、消费偏好以及消费行为的调查分析，重视新产品开发和营销手段的创新，以动态地适应顾客需求。移动商务市场发展迅速，顾客对于多样化的应用服务需求不断增加，企业应避免脱离实际顾客需求的产品或对市场状况主观臆断，准确把握市场的动态和顾客需求的变化，同时根据竞争者的行动采取快速反应。此外，企业应注重引导消费者的预期，比如，与行业中的重要厂商形成战略联盟，利用联盟中其他企业的竞争优势和顾客忠诚度，来提升自身的竞争优势。

（四）先占策略

先占策略是指企业发挥先动者优势，占据稀缺的资源，努力扩大用户基数，通过产品差异化、绝对成本和经济规模建立对后进入市场者产生进入壁垒。通过先占策略可以占据大量的用户基数，从而发挥网络外部性，吸引更多的应用或附加产品的生产商，为用户提供更好的产品体验，树立良好的口碑，这种口碑的传播又会吸引更多的用户，从而使网络用户快速增长。

五、移动商务企业其他相关战略

（一）合作战略

合作战略是企业间超越竞争的合作，用以获得竞争优势或战略价值的一种战略，是指两家或两家以上的企业为各自的战略目标而形成的一种共同行动。在挑选合作伙伴之前，首先要树立明确的战略目标，并据此来寻找或接受能帮助实现战略意图、弥补战略缺口的伙伴。这是一项艰巨的任务，它需要高级管理层了解合作双方在一定时间内的目的和战略。一个合适的合作伙伴的基本条件是：能够带来本企业所渴望的技术、技能、知识、风险分担和进入新市场的机会等优势。例如，通信产业报（网）、用友移动、UCWEB、百度无线、腾讯无线、艾瑞咨询等发起成立的国内首家移动商务专业联盟——中国移动电子商务产业联盟在北京正式启动。联盟旨在通过开展产业上下游的密切合作，提供产业合作的价值通路和沟通平台。

此外，移动商务企业在挑选合作伙伴时，还应将企业文化纳入考虑范围，文化上相容或相似的企业比文化差异较大的企业更适合成为本企业的合作伙伴。在此基础上，企业应当注重对合作关系的管理，分配各自的任务和职能，同时明确双方应当承担的风险和责任，注意沟通与交流，确保合作的顺利进行。

(二) 职能拓展战略

职能拓展战略是指企业可以"向前扩张"和"向后扩张"求得发展，由移动商务企业本身充当产品或服务的供应商和承担面对顾客的职能，可以通过横向收购、纵向收购以及公司业务重组等方式得以实现。目前，为了推动移动支付的发展，三大运营商相继成立了移动支付公司，加紧申请第三方支付牌照，力争在移动支付市场占得先机。

除了在业务职能的拓展以外，移动商务企业还可以利用网络环境使其他方面的职能，如生产、研发、财务、人事职能等得以延伸。

六、移动商务战略模型

战略管理的重点在于战略分析，当前主要的战略分析模型包括 SWOT 分析模型、波士顿成长—份额矩阵、通用电气吸引力—竞争力矩阵、波特五力模型等，这些模型常以图形表达，在企业战略实践中发挥了积极作用。

(一) SWOT 分析模型

SWOT 分析来源于麦肯锡咨询公司，是战略规划中一个常用的分析工具。它包括分析企业的优势（Strengths）、劣势（Weakness）、机会（Opportunities）和威胁（Threats）。因此，SWOT 分析实际上是将企业内外部条件各方面进行综合和概括，进而分析组织的优劣势、面临的机会和威胁的一种方法。通过SWOT 分析，可以帮助企业把资源和行动聚集在自己的强项和机会最多的地方，并让企业的战略变得更加明朗。但此模型没有提出动态看待 SWOT 四要素及其变化影响，因而许多人进行 SWOT 分析时结论相对片面。

(二) 波士顿成长—份额矩阵

波士顿成长—份额矩阵，将一个企业的所有产品都标注出来，其中纵坐标为市场占有率，代表各产品细分市场的增长率，横坐标代表各产品的相对市场份额，即各产品的市场份额与其所在细分市场最大竞争者的市场份额之比。为了形象地表述每个产品在评测周期内的市场地位，纵坐标轴要确定一个区分较高增长率和较低增长率的分界点，横坐标要确定相对市场份额大小的分界点，这样就组成了一个四象限的矩阵图，以评估企业不同业务的发展

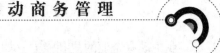

状况。

（1）问题型业务（指高增长、低市场份额）：处在这个领域中的是一些投机性的产品，带有较大的风险，这往往是一个公司的新业务，意味着公司需要大量的资金投入，以便跟上迅速发展的市场。

（2）明星型业务（指高增长、高市场份额）：这个领域中的产品处于快速增长的市场中并且占有支配地位的市场份额，但未必会产生正现金流量。明星业务是由问题型业务继续投资发展起来的，可以视为高速增长市场中的领导者，有可能会成为公司未来的现金牛业务。

（3）现金牛业务（指低增长、高市场份额）：处在这个领域中的产品产生大量的现金，但未来的增长前景是有限的。这是成熟市场中的领导者，是企业现金的主要来源。

（4）瘦狗型业务（指低增长、低市场份额）：这个领域中的产品既不能产生大量的现金，也不需要投入大量现金，这些产品没有希望改进其绩效，这时候，企业应当考虑出售或清算业务，以便把资金转移到更有利的领域。

（三）通用电气吸引力—竞争力矩阵

通用电气吸引力—竞争力矩阵又称 GE 矩阵，是为了克服波士顿成长—份额矩阵的缺点开发出来的。相比于波士顿矩阵的单一指标，GE 矩阵使用数量更多的指标来衡量增长率和市场份额这两个变量。应用 GE 矩阵，首先，需要确定战略业务单位，并对每个战略业务单位进行内外部环境分析。其次，需要确定评价因素和每个因素的权重，然后对业务进行评估打分，并将战略单位标在 GE 矩阵上。最后，根据每个战略业务单位在 GE 矩阵上的位置，对各个战略业务单位的发展战略指导思想进行系统说明和阐述。

（四）波特五力模型

迈克尔·波特教授于 1980 年提出了产业竞争五力模型，用于分析产业竞争环境，指出产业竞争存在五种基本力量，这五种力量的状况及其综合强度，决定着行业的竞争激烈程度，同时决定了行业的最终获利能力。

1. 供应方的议价能力

供应方主要通过其提高投入要素价格与降低单位价值质量的能力，来影响行业中现有企业的盈利能力与产品竞争力。供应方力量的强弱主要取决于他们所提供给买主的是什么投入要素，当供应方所提供的投入要素其价值构成了买主产品总成本的较大比例、对买主产品生产过程非常重要或者严重影响买主产品的质量时，供应方对于买主的潜在讨价还价力量就大大增强。

2. 购买者的议价能力

购买者主要通过压价与要求提供较高的产品或服务质量的能力，来影响行业中现有企业的盈利能力。如果购买者的总数较少，而单个购买者的购买量较大，占卖方销售量的比例很大，或者购买者所购买的基本上是一种标准化产品，可替代性很强时，购买者就具有很强的讨价还价的能力。

3. 新进入者的威胁

新进入者在给行业带来新生产能力、新资源的同时，也希望在已被现有企业瓜分完毕的市场中赢得一席之地，这就有可能会与现有企业发生原材料与市场份额的竞争，最终导致行业中企业盈利水平降低，严重的话还有可能危及这些企业的生存。

4. 替代品的威胁

两个处于同行业或不同行业中的企业，可能会由于所生产的产品是互为替代品，从而在它们之间产生相互竞争行为，这种源自替代品的竞争会以各种形式影响行业中现有企业的竞争战略。第一，现有企业产品售价以及获利能力的提高，将由于存在着能被用户方便接受的替代品而受到限制；第二，由于替代品生产者的侵入，使现有企业必须提高产品质量，或者通过降低成本来降低售价，否则其销量与利润增长的目标就有可能受到影响；第三，源自替代品生产者的竞争强度，受产品买主转换成本高低的影响。

5. 同业竞争者的竞争程度

大部分行业中的企业，相互之间的利益都是紧密联系在一起的，作为企业整体战略一部分的各企业竞争战略，其目标都在于使自己的企业获得相对于竞争对手的优势，所以，在实施中就必然会产生冲突与对抗现象，这些冲突与对抗就构成了现有企业之间的竞争。现有企业之间的竞争常常表现在价格、广告、产品介绍、售后服务等方面，其竞争强度与许多因素有关。

第三节　企业移动商务战略的实施

一、移动商务战略的制定

企业移动商务战略的制定要经历三个阶段：首先是确定目标优势，如移动商务是否可以促进市场增值，是否可以通过改进实施策略的效率来增加市场收入，是否能通过改进目前营销策略和措施，降低营销成本；其次是分析和计算移动商务的成本和收益，计算收益是要考虑战略需要和未来收益；最后是综合评价移动商务战略，这时要考虑的有两个方面——成本和效益问题，成本是否

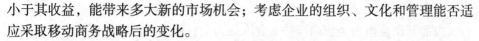

小于其收益，能带来多大新的市场机会；考虑企业的组织、文化和管理能否适应采取移动商务战略后的变化。

对于企业来说，每个企业由于自身所处的产业价值链位置、行业市场竞争位置、经济能力及人力资源等因素不同，对移动商务的应用需求、投资能力及应用能力也各不相同。基于这样一种现实，应该强调企业在应用移动商务的过程中，根据企业自身的实际情况确定一个合理的移动商务战略。

二、移动商务战略的选择与规划

企业进行移动商务战略定位，必须要做好两方面的准备：分析移动商务企业外部环境和企业内部环境的变化，明确新环境对企业的要求；分析企业自有资源，对制订的移动商务方案进行分析比较，并选择适合本企业发展的移动商务战略。在移动商务战略选择的过程中，首先要明确企业的目标，并对目标进行综合的评估，其次比较成本和收益，从而选择适合企业的战略目标。

为了实现企业既定的战略目标，移动商务企业需要对企业的发展进行以下三个方面的规划。

（一）技术规划

移动商务的发展基于无线技术与互联网技术的迅速发展，需要有强大的技术投入和支持，因此在资金投入和平台建设、人员培训等方面都应该统筹安排。

移动商务的快速发展使得各种应用服务层出不穷，为企业的产品开发提出了更高的要求，如何在多元化的市场中，凭借独具特色的产品和服务力压竞争对手，为用户提供更高的价值，提高顾客满意度，是移动商务企业长期发展需要思考的问题。

在企业的在线平台建设过程中，平台建设一般需要的时间比较长，在发展过程中很可能被超越和替代。要在这种快速革新的系统上开发信息系统和建设动态平台，对于许多企业而言都是非常困难的。在平台建设之前，企业也需要花费很多时间建立同顾客新的联系方式或重构与供应商的供应链。但是，互联网的使用改变了整个行业价值链的构建方式，大大缩短了构建时间。现在，企业要使用新的系统开发方法，以适应信息时代经营环境的迅速变化，并密切关注顾客的信息反馈，在发展的过程中不断完善竞争策略。

（二）组织规划

实行数据库营销后，企业组织需进行调整以配合该策略的实施，如增加技术支持部门和数据采集部门，同时调整原有的营销部门等。

1. 内部开发

内部开发是指由企业内部的专业人员为项目的实施而提供技术支持。应组建企业为实施移动商务项目的内部团队，内部团队不仅负责从目标的设定到产品的最终发布的整个过程，还要决定将项目哪些部分交给内部开发，哪些部分交给外包。此外，内部的项目团队应该不仅具有一定的专业技术，同时还要有良好的团队合作意识，在项目的进展中不断沟通，确保项目的顺利完成。

2. 外包

外包是指企业动态地配置自身和其他企业的功能和服务，利用企业外部的资源为企业内部的生产和经营服务。如果面临人力资源不足的困境，为了维持自身的核心竞争力，企业可将组织的非核心业务委托给外部的专业公司，以降低营运成本，提高产品和服务的专业化品质。

尽管外包可以为企业带来一定的优势，缩短产品开发的时间，但同时也面临着一定的风险。许多企业在外包的过程中缺乏对自身能力的认识，盲目进行外包，导致失去了对核心能力的控制。更有甚者错误地将自身的核心能力外包出去了，导致企业失去了立足于市场的根本。由此可见，企业在进行外包的过程中，对外包方的控制也是非常重要的环节。由于企业和外包方没有产权关系，因此对外包方的控制就显得十分复杂，特别是外包方在掌握了该项能力之后，很有可能不通过企业而直接进入市场，与企业形成对立的关系。因此，移动商务企业在外包策划和实施的过程中，首先要对自己的核心能力和非核心能力进行充分的识别，其次要对外包方实施合理的控制，以确保项目的顺利进行，降低外包的风险。

（三）管理规划

组织发生变化后必然要求管理方式也随之变化，移动商务企业的管理必须适应移动商务的发展需要，如销售人员在销售产品的同时还应记录顾客购买情况，同时应当采取成本较低、影响力较广的网络营销方法，利用网络口碑扩大消费者对企业产品和服务的认知度。

技术管理和人力资源管理是企业管理的核心内容，管理的方式、管理的措施一定要适合技术的特点和人员的特点。移动商务项目既是典型的高新技术项目，也是典型的知识经济范畴。这就决定了移动商务的管理离不开两个至关重要的对象：高新技术和具有高新技术素质的人才。另外，移动商务项目的实施还不是一蹴而就的，需要分为若干阶段、若干步骤进行，这增加了对其管理的难度。鉴于上述原因，在实践中，管理移动商务项目最好的方法就是采用项目管理的方法，逐步推进，对于项目的各个环节进行严格的把控。

不管移动商务项目开发团队是否决定外包部分设计和应用工作，都必须明确开展移动商务所需的人员。至关重要的人员包括业务管理人员、应用专家、客户服务人员、系统管理人员、网络运营人员、数据库管理人员。对此，企业要合理配置，力求分工明确，有良好的沟通合作。

三、移动商务战略的实施

（一）实施方法

与传统的电子商务项目实施过程不同的是，移动商务不仅要具备比较成熟的程序、硬件和网络集成，同时还要对市场变化和顾客的信息反馈进行管理模式上的调整。移动商务价值链各个环节都面临着快速变化的市场环境，顾客对于新的应用服务的需求也不断提高，需要移动商务企业在发展的过程中，注重培养自身的创新能力，打造自己的核心能力，对于项目推进过程中的风险进行充分的准备。

移动商务企业不仅要对前台的客户界面进行设计和开发，也要对相应的后台基础设施进行建设和维护。整个平台的设计者一定要由企业的经营人员与计算机、网络技术人员结合组成，经营人员从营销业务角度提出设计方案，技术人员为完成设计方案提供技术支持，将方案付诸实施。对于前端的应用软件开发，开发人员要注重对消费者需求的把握，同时销售人员也要密切关注市场动态，对营销方案进行合理的规划。对于后台基础设施进行建设的团队，应注意对系统的监控和维护，确保平台的稳定运营，同时建立必要的安全保护系统，防止黑客和病毒对平台的攻击和侵害，保证用户的隐私数据安全。

（二）实施中需考虑的问题

在企业已经做出了要实施移动商务的决策之后，就要开始立项，并具体考虑怎么实施的问题了。下面列举一些问题，帮助企业理清思路，明确移动商务战略的基本实施框架。这些问题也是在实施前要求企业解决的。

1. 谁是领导者

在起步阶段，IT技术人员往往会在定义、计划和实施这些行动的过程中起领导作用。随着工作进入新的高度，企业开始把移动商务行动看做面向客户的企业战略行动，这时，业务部门和高级管理层开始在移动商务的实施过程中起到领导的作用。但是，领导权最终会转移到那些更接近客户的部门和员工身上。

2. 项目资金从何而来

移动商务的启动资金一般是从市场部门或IT部门得到的特别预算，然而当涉及的范围扩大时，这笔资金就应该成为年度财政预算的一部分。当移动商务覆盖整个企业时，对移动商务的投资就变成了公司发展和改革管理活动的一个有机组成部分。此外，企业还可以利用风险资本或融资购并等活动，获得企业外部的资金支持。

3. 谁来实施

（1）初期可以聘请外人建立平台。

（2）从外到内逐步转向企业自主开发。

（3）建立专门队伍，负责实施企业的移动商务活动。

4. 项目成果是什么

起步阶段，移动商务的成果表现为节约费用和时间，其成果主要体现在建立各种关系和获得新的收益上。随后，项目逐步从具体活动和业务过程层次发展到企业层次。从企业层次到企业价值网络或者业务网络层次，即供应链管理和客户关系管理的链条中，这时移动商务所取得的成功程度不仅和企业的战略、技术相关，还与企业的组织结构有关。移动商务最高层次的成果是能够有效地为一个行业定义一个全新的发展空间，有时甚至能够对相关的一系列行业进行彻底的改造，从而引导整个行业结构甚至产业结构的升级和变迁。

四、移动商务战略的评估与控制

企业战略的评估与控制是对战略实施的效果进行测定、发现偏差并纠正偏差的战略管理活动。战略的评估与控制一般包括三种活动：监视分析企业内外环境的变化，并根据由此得到的信息重新评估企业的战略依据是否依然成立；测定各种战略活动的现状并预测未来可能产生的绩效及对其他活动产生的影响；测定已经发生和预测将要发生的差距，并采取矫正行动。

移动商务环境对企业来说是全新的，因此，在移动商务战略实施的过程中，企业应密切注意外部市场的变化对战略可能产生的影响。移动商务战略的实施是一项系统工程，在战略实施过程中企业移动商务环境有可能变得更加复杂。在这种情况下，企业首先应加强对规划执行情况的评估，评估是否充分发挥了该战略的竞争优势，评估是否还有改进的余地；其次是对执行规划时的问题及时识别并加以改进；最后是对技术的评估和采用，以避免移动商务时效性和竞争优势的减弱。通过评估，企业可能需要调整自身的战略，甚至有可能重新制定新的移动商务战略以适应新的发展需要。

在实际工作过程中，企业的战略制定、选择、实施及评估控制过程不是一成不变的，而是一个动态的、不断循环往复、不断完善的过程。

 **本章案例**

微软：移动战略转移　个人消费市场成新焦点

微软一向喜欢在顶级的产业展会上释放重大战略变动的信息。2009 年 2 月 16 日微软首席执行官鲍尔默首次出现在巴塞罗那举办的 2009 年全球移动通信大会上，向全球发布 Windows Mobile 6.5，微软再次对自己的移动战略进行重大调整。

很多年前微软宣布进军移动通信市场之时，给自己的定位是锁定对移动有需求的商务人士，所以微软的移动操作系统强调与 PC 操作系统体验的一致性和延续性，强调移动办公，这个定位保持了多年。但是只定位商务人士这显然太"小众"，无法满足胃口，微软必须重新修订原来的移动战略。

2 月 16 日，鲍尔默宣布微软移动将走出商务市场，全面拥抱消费市场。对于微软的移动战略调整，在展会之前就开始有各种猜测，鲍尔默的出场证实了一切。尽管微软一向有强大的市场号召力和强大的执行力，但这次新的调整，微软也并非拥有百分之百的胜算，微软必须对自己的移动品牌进行重新包装，对手机操作系统进行革命性改造，必须推出更多吸引大众的移动服务，必须扩大产业生态链，才能赢得胜利。

在 16 日当天，鲍尔默和微软移动事业部主管 AndyLees 演示了 Windows Mobile 6.5 的新功能，这个新版本是微软进军移动消费市场的必备"武器"。首先在技术层面，新版本操作系统一改往日的界面，拥有更适合大众娱乐消费的全新用户界面和更丰富的浏览体验，对于触摸屏和手势支持也有重大改进。其次在品牌层面，尽管微软这些年在移动市场积累了一定的知名度，但比起其他对手，微软手机在个人消费市场的名气还不足以对抗其他对手，所以微软透露将在 Windows 品牌双倍下注后进行大规模广告宣传。如果说"Phone"叫起来更适合移动消费市场，苹果有 iPhone，这次微软也取了一个"MyPhone"的名字来凸显微软的移动新服务。最后在整合服务层面，MyPhone 服务能够和 Windows Mobile 6.5 协同工作，用户可以通过该服务对日历、联系人和各种多媒体信息进行同步操作，并通过云服务的方式存储在网络上。微软此次还正式发布了 Windows Marketplace，是 Windows Mobile 第三方应用程序发布和管理的场所。

应该说，从品牌到技术再到服务的全方位整合，微软已经为正在进行的移动转型做好了充分的准备。而在展会上已经有 HTC、三星、东芝、LG 等合作伙伴推出了基于 Windows Mobile 6.5 操作系统的样机。

从工业设计到使用体验，微软的产品与苹果、诺基亚等最新的手机不相上下。微软公司希望该操作系统可以超越 iPhone。

与对手直面竞争可以看出，微软的这次移动战略调整强化了其"软件+服务"在个人移动领域的优势。但"软件＋服务"模式在移动领域不是什么新鲜事，诺基亚、苹果等也都已经在走这条路。手机操作系统平台开放，并大力推广"网上手机应用集市"已经成为目前这几个移动巨头之间较量的战场。

在很多人看来，微软战略调整之后面临着更多的竞争对手，但其实微软最大的对手还是它自己，它需要投入更多的精力把品牌、技术、服务、产业生态链做好，而当这一切都做到位的时候，胜负自然会见分晓。在这个多元化的市场上，每一个企业都有自己的发展空间，关键是企业能否整合更多的资源，把自己的优势发挥到极致，这才是真正的游戏规则。

资料来源：李佳师. 微软：移动战略转移 个人消费市场成新焦点 [N]. 中国电子报，2009-02-24.

➡ **问题讨论：**

1. 由以上分析，微软的移动战略是在怎样的背景下提出的？
2. 微软改变战略会有哪些新的机遇与挑战？

本章小结

企业战略是企业在考虑各种资源的情况下，根据企业的目标、目的制定实现这些目标、目的的方式。简而言之，企业战略就是企业发展的长期性和全局性的谋划。一般来讲，企业战略通常包括企业的远景目标、市场定位、创造价值的方式、关键性资源的扩充途径以及实现远景目标的具体计划五个方面。

战略管理包含环境扫描、战略制定、战略实施和战略评估与控制四个要素。战略实施过程是一个自上而下的动态管理过程，即战略目标需要在企业的高层达成一致后，再向中下层传达，并在各项工作中得以分解、落实。在企业战略实施过程中，需要企业进行合理的资源配置、组织结构调整以及进行企业文化建设。

企业移动商务战略，从本质上来说是企业依据对移动商务环境的分析和对未来市场环境的预见，做出的战略性方向选择。因此考虑企业移动商务战略的根本条件就是看它是否与企业所处的行业环境相适应。

企业移动商务战略包含品牌策略、差异化战略、以消费者为导向和先占策略。在企业进行移动商务价值链整合的过程中，还包含合作战略和职能拓展战略。在企业制定战略之前，需要对竞争环境以及内部环境进行分析，合理运用

SWOT 分析模型、波士顿成长—份额矩阵、通用电气吸引力—竞争力矩阵、波特五力等模型。

在制定和选择移动商务战略时，首先是确定目标优势，如移动商务是否可以促进市场增值，是否可以通过改进实施策略的效率来增加市场收入，是否能通过改进目前营销策略和措施，降低营销成本；其次是分析和计算移动商务的成本和收益，计算收益时要考虑战略需要和未来收益；最后是综合评价移动商务战略，这时要考虑的有两个方面——成本和效益问题，成本是否小于其收益，能带来多大新的市场机会；考虑企业的组织、文化和管理能否适应采取移动商务战略后的变化。此外，在规划移动商务战略时，要从技术、组织、管理三个层面进行相应的规划，以确保移动商务战略能顺利实施。

本章复习题

1. 简要阐述企业战略的定义。

2. 简要阐述企业战略的基本内容。

3. 列举企业战略的基本模型。

4. 简要阐述移动商务实施的主要内容。

5. 简要阐述企业移动商务战略的概念。

6. 对比分析传统企业战略、企业电子商务战略以及企业移动商务战略的差别。

7. 列举并简要阐述移动商务竞争战略的四种类型。

8. 简要阐述移动商务战略实施的步骤。

9. 简要阐述 SWOT 模型和波特五力模型。

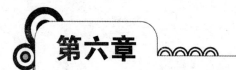

第六章

移动商务组织管理

学习目的

知识要求 通过本章的学习，掌握：

● 企业组织管理的基本内容
● 传统企业的组织形态及组织结构类型
● 移动商务组织结构类型
● 移动商务组织管理的基本内容和实施方法

技能要求 通过本章的学习，能够：

● 了解企业组织管理的基本内容
● 熟悉移动商务组织结构类型
● 掌握移动商务组织管理的基本内容
● 理解移动商务组织管理的发展方向

学习指导

1. 本章内容包括：企业组织管理的基本内容；传统企业的组织形态及组织结构类型；移动商务组织结构类型；移动商务组织管理的基本内容和实施方法；移动商务组织管理的发展方向。

2. 学习方法：从案例入手，了解组织管理对于企业的意义，并对比分析传统企业、电子商务企业和移动商务企业组织管理的异同。

3. 建议学时：4学时。

宝洁公司的组织结构

宝洁是唯一一个拥有全球业务单元利润中心、全球市场开发组织和全球共享业务服务的快速消费品公司。其组织结构由三个全球业务单元（Global Business Units，GBU）和一个全球运营中心（Global Operation Group，GOG）组成。其中，全球运营中心又包括市场开发组织（Market Development Organization，MDO）和全球业务服务（Global Business Services，GBS）。上面提到的三个全球业务单元和全球运营中心的负责人直接向 CEO 汇报。GBS 是这一组织结构的最大特色。

宝洁的全球业务单元为：美容及健康产品业务单元、家用护理产品业务单元以及吉列业务单元。全球业务单元的主要责任是为品牌开发整体战略。它们需要识别出一般消费者的需求，开发新的产品创新，并通过有效的商业创新、市场和销售建立强大的品牌。

宝洁是于 2006 年 4 月将组织结构调整成现在的样子的，当时宝洁公布了一系列关键领导岗位的调整，这些调整导致了全球业务单元结构的变化：宝洁的家庭健康用品全球业务单元被打散，融入现有的全球业务单元的相应业务中去。特别地，宠物健康和营养业务原来是健康护理业务的一部分，现在变成了宝洁零食与咖啡业务分部的一部分。另外，主要负责将产品销售给终端用户的机构，也从零食与咖啡业务部门移到了宝洁的织物护理与家居用品业务分部。婴儿用品和家庭护理可报告分部从宝洁的家庭健康全球业务单元移到了宝洁的家用护理全球业务单元，但其仍然是独立的可报告分部。随着这些变化，宝洁的美容全球业务单元被重命名为"美容与健康"，零食与咖啡可报告分部被重命名为"宠物健康、零食与咖啡"，家居护理全球业务单元被重命名为"家居护理"并取消了家庭健康全球业务部门。

根据美国公认会计准则的规定，这些全球业务部门可分为七个可报告分部：美容；健康护理；织物护理与家居护理；婴儿用品与家庭用品；宠物健康、零食与咖啡；Blades 与 Razor 剃须刀；金霸王电池与博朗电动牙刷。

下面提供了关于这些可报告分部和组成三个全球业务单元的品牌构成的更详细的信息。

一、美容与健康

美容：宝洁在美容产品领域是全球市场的领导者，该领域的全球零售额为 2200 亿美元。宝洁的护发产品大约占全球市场份额的 24%。宝洁在女性用品

上也居领导地位，占全球市场份额的 36%。

健康用品：宝洁在该领域的业务涉及口腔护理、药品和个人健康。在口腔护理领域，宝洁拥有几个强劲的全球对手，宝洁的市场份额居第二位。在制药和个人健康领域，宝洁占全球双磷酸盐市场的 33%（双磷酸盐用来治疗骨质疏松症），宝洁推出的品牌为 Actonel；宝洁还在非处方药治疗胃灼热（宝洁在该领域的品牌为奥美拉唑 Prilosec OTC）和呼吸道疾病方面（宝洁在该领域的品牌为维克斯 Vicks）居领导地位。

织物护理与家居护理：该部门包括许多产品，如洗衣用品、织物柔顺剂、空气清新剂及家用清洁剂等。宝洁在这些领域通常能占到第一位或第二位的市场份额，在北美和欧洲尤其如此。在织物护理领域，宝洁是市场的领导者，约占全球市场份额的 33%，而家居用品约占全球市场份额的 21%。

婴儿用品与家庭护理：在婴儿用品领域，宝洁的产品主要集中在尿布、训练裤及婴儿用的擦拭的东西，如毛巾或绵纸等，宝洁在该领域约占 36% 的市场份额。其中，帮宝适是宝洁公司最大的品牌，年净销售额超过 60 亿美元。宝洁的家庭护理用品主要集中在北美市场，品牌有 Bounty 纸巾和 Charmin 卫生纸，这两个品牌在美国的市场份额分别为 43% 和 27%。

宠物健康、零食与咖啡：宝洁在宠物健康领域的主要品牌是爱慕思（Iams）。在零食领域，宝洁的竞争对手既包括全球对手也包括本土对手，宝洁在全球薯片市场约占 13% 的市场份额，主要品牌为品客薯片。宝洁的咖啡业务主要集中在北美市场，约占美国市场 34% 的市场份额，主要品牌为 Folgers咖啡。

二、吉列全球业务单元

吉列全球业务单元于 2005 年 10 月 1 日成为宝洁的一部分，是宝洁通过收购吉列公司而来。吉列全球业务单元包括以下几个部分：Blades 刀片、Razor剃须用品、金霸王电池和博朗电动牙刷。

Blades 刀片和 Razor 剃须用品：宝洁是该领域全球市场的领导者，占全球市场份额的 72%，主要品牌有 MACH3、Fusion、Venus 和 Gillette franchise。

金霸王电池和博朗电动牙刷：在全球碱性电池市场，宝洁约占 45% 的市场份额。金霸王品牌的市场占有率通常是全球第一位或第二位。博朗品牌涵盖了电动剃须刀及小家用电器。

宝洁的全球运营体系包括市场开发组织和全球业务服务，现简要介绍一下。

宝洁的市场开发组织负责开发向区域市场推出新产品的计划。市场开发组织包括专门的零售客户、交易渠道和针对特定国家的团队。该组织分为七大地理区域：北美、西欧、东北亚、中欧与东欧/非洲中部与东部、拉美、东盟/澳大利亚/印度和大中华区全球业务服务。

GBS 的设计基于这样一种设想：将所有的后台职能（如财会、人力资源、设备管理和 IT）合并到一个部门——全球业务服务部（GBS），并将许多与提供这些服务相关的非战略性活动外包。至 2008 年，仅仅这一举措已经为宝洁公司节省了大约 6 亿美元。

GBS 发挥的作用还不止于此。全球业务服务组织负责以低成本和最小的资金投入提供世界级的解决方案。GBS 提供技术、流程和标准的数据工具来促进全球业务部门（GBU）和市场开发组织（MDO）更好地理解业务并为消费者和顾客提供更好的服务。在整合 2005 年收购吉列公司时，GBS 发挥了关键作用，已经从一个类似后勤的部门发展成为宝洁各业务单元的战略合作伙伴。

资料来源：作者根据互联网资料整理。

➡ **问题：**

1. 宝洁的组织结构有哪些独特之处？
2. 你还知道有哪些组织结构的形式？

第一节 移动商务组织管理概述

一、组织管理

（一）组织的含义

组织，从广义上说，是指由诸多要素按照一定方式相互联系起来的系统。从狭义上说，组织就是指人们为实现一定的目标，互相协作结合而成的集体或团体，如党团组织、工会组织、企业、军事组织等。

关于组织的内涵，很多学者从不同的角度出发，给出了多种定义。"组织之父"马克斯·韦伯将组织定义为"一种通过规则对外来者的加入既封闭又限制的社会关系"。路易斯·A.艾伦（Louis A.Allen）给组织的定义是"为了使人们能够最有效地工作去实现目标而进行明确责任、授予权力和建立关系的过程"。切斯特·巴纳德（Chester Barnard）将一个正式的组织定义为有意识地协调两个或多个人活动或力量的系统。根据巴纳德的定义，组织的三个要素是：共同的目的、服务的意愿和沟通。目前，学术界对组织的定义大多涵盖以下四个方面。

1. 协作与管理

管理学家曼尼（J.D.Money）指出，当人们为了一定的目的集中其力量时，组织也因而产生。也就是说，不论是多么简单的工作，为了达到某个明确的目标，需要两个人以上的协作劳动时，就会产生组织问题。在这里，组织几乎成了协作与管理的代名词。因此，曼尼给组织下的定义是：组织，就是为了达到共同目的的所有人员协力合作的形态。为了达到共同的目的，并协调各组织成员的活动，就有必要明确规定各个成员的职责及其相互关系，这是组织的中心问题。

2. 有效管理

管理学家布朗（A.Brown）认为，组织就是为了推进组织内部各组成成员的活动，确定最好、最有效果的经营目的，最后规定各个成员所承担的任务及成员间的相互关系。他认为组织是达成有效管理的手段，是管理的一部分。也就是说，组织是为了实现更有效的管理而规定各个成员的职责及职责之间的相互关系。

根据布朗的解释，组织有两个问题：一是规定各个成员的职责；二是规定职责与职责之间的相互关系。这种概念以职责为出发点，并根据职责的分类，提出要合理地形成组织的主要部门、辅助部门和参谋部门。这是布朗关于组织概念的一个重要贡献。

3. 分工与专业化

泰罗、法约尔的组织理论中所谈的组织，主要是针对建立一个合理的组织结构而言的。为了使组织结构高效、合理，他们强调了分工与专业化，强调了直线权力的完整与统一性，强调了规章制度与集中。他们把组织分为两个层面的形态：一是管理组织；二是作业组织。

所谓管理组织，主要是规定管理者的职责以及他们之间的相互关系，研究人与人之间的关系问题，其重点是研究合理组织的社会结构问题，即主要研究人们在组织内部的分工协作及其相互关系。所谓作业组织，就是规定直接从事作业的工人的职责，包括作业人员与作业对象的关系，其重点是研究人与物的关系问题。按照法约尔的观点，作业组织是研究合理组织的物质结构问题，即主要研究如何合理配置和使用组织的各种物力、财力资源。物质结构又常常是通过社会结构的组织来实现的。

4. 协作群体

在现代组织理论中，巴纳德认为，由于生理的、物质的、社会的限制，人们为了达到个人的和共同的目标，就必须合作，于是形成协作的群体，即组织。这是一般意义上的组织概念，它的核心是协作群体，目的是为了实现个人

111

及群体的共同目标。它的隐含意思是人们由于受到生理、物质及社会等各方面的限制而不得不共同合作。也就是说，如果人们没有受到任何限制，凭个人的力量也可以实现个人的目标，那就没有必要组织起来。从这个意义上来说，组织是一种从被迫到自愿的协作群体和协作过程。

国内外相关学者的最新研究，可以给组织作出如下的定义：所谓组织，是为有效地配置内部有限资源的活动和机构，为了实现一定的共同目标而按照一定的规则、程序所构成的一种责权结构安排和人事安排，其目的在于确保以最高的效率使目标得以实现。

（二）组织管理理论

组织具有综合效应，这种综合效应是组织中的成员共同作用的结果，组织管理就是通过建立组织结构，规定职务或职位，明确责权关系，以使组织中的成员互相协作配合。企业在实施组织管理的过程中，首先，应当确定实现组织目标所需要的活动，并按专业化分工的原则进行分类，按类别设立相应的工作岗位；其次，要根据组织的外部环境以及组织自身的特点划分工作部门，设计组织结构，并规定组织结构中的职务或职位，明确各自的责任，并授予相应的权力；最后，还需要制定相应的规章制度，建立和健全组织结构中横纵各方面的相互关系。

组织管理理论产生于19世纪末，泰勒、法约尔、韦伯等人以"经济人"理论为基础，他们认为人们工作是为了追求最大的经济利益以满足自己的基本需求，并提出了科学管理方法帮助组织追求生产效率和合理化，通过建立标准化的原则来指导和控制组织及成员的活动。在20世纪20年代初，以梅奥、赫茨伯格等人为主要代表的行为科学管理理论诞生，这一理论认为人是有多种需要的"社会人"，为了满足人的多元化需要，组织内部需要建立良好的人际关系，认为这是提高组织效率的根本手段。现代组织管理理论产生于20世纪中叶，主要有以巴纳德为代表的社会系统论、以西蒙为代表的决策理论等，这一阶段的理论吸收了古典组织管理理论和行为科学管理理论的精华，将组织看成是一个系统，认为要实现组织目标和提高组织效率取决于组织系统内各子系统及各部门的有机联系。

目前，组织理论已经发展到了学习型组织理论阶段，这也是迄今为止最先进的管理论之一。成功的学习型组织在本质上应具备六个要素：一是拥有终身学习的理念和机制，重在形成终身学习的步骤；二是建立多元回馈和开放的学习系统，重在开创多种学习途径，运用各种方法引进知识；三是形成学习共享与互动的组织氛围，重在组织文化建设；四是具有实现共同愿景的不断增长的学习力，重在共同愿景时学时新；五是工作学习化，使成员活出生命的意义，重在激发人的潜能，提升生命的价值；六是学习工作化，使组织不断创新发展，重在提升应变能力。

（三）组织变革及变革理论

企业的发展一直处于变化的内外部环境中，企业的资源也不断地整合与变动。组织变革是指运用行为科学和相关管理方法，对组织的权力结构、组织规模、角色设定、组织成员的观念、态度和行为等方面进行调整和革新，以适应组织所处的内外环境、技术特征和组织任务等方面的变化，最终达到提高组织效能的目的。

组织变革主要涉及的理论为权变理论、复杂性理论和企业再造理论。

1. 权变理论

权变理论认为企业组织是社会大系统中的一个开放型的子系统，受到企业所处的环境的影响，因此企业需要在发展中根据企业所处的内外条件随机应变，做到因时制宜、因地制宜、因人制宜和因势制宜。根据权变理论，企业应该是一个有机组织结构，并非是一个决定性的机械结构。也就是说，企业的发展方向是由组织情境来决定的，内部的人员职责也并非是固定的。在组织内部的沟通中，管理者需要努力营造一种民主的气氛，鼓励员工的沟通合作，促进组织内部信息资源的共享，以一种积极的心态去应对变革。

2. 复杂性理论

复杂性理论认为组织是一个开放的、复杂的、动态的生命有机系统，为了实现组织的目标，组织需要在环境中寻找机会，结合组织内部的能力和价值分析，制定以创新为重点的企业战略。组织的商业环境并不完全是优胜劣汰的残酷竞争，而是像生态系统那样，存在着企业与企业之间的"共同进化"，即共赢。因此，企业为了生存发展，应该注重彼此间的合作，而不是完全割裂的闭门造车，努力营造与维护一个共生的商业生态系统。

3. 企业再造理论

企业再造，是指重新设计和安全企业的整个生产、服务和经营过程，使之更加合理化。通过对企业原来生产经营过程的每个环节进行全面的调查研究和细致分析，对其中不合理、不必要的环节进行彻底的变革。在实施过程中，需要企业对原有的业务流程进行全面的功能和效率分析，诊断出其中存在的问题，然后设计新的流程改进方案，并进行评估。在新的业务流程搭建之后，可能需要对组织结构进行相应的调整，以最大限度地发挥出组织效能。此外，企业还需要制定与流程改进方案相适应的组织结构、人力资源配置能力方面的新规范，并在实施的过程中积极宣传，谨慎推进，以确保企业再造的顺利进行。

二、移动商务组织管理

（一）移动商务组织管理

移动商务组织管理，也就是企业在移动商务的环境下，协调组织内部或外部的人力、物力、资金和信息等资源，实现共同组织目标的一种活动和过程。移动商务大的环境背景，也赋予了企业组织管理一些新的特点。

1. 企业组织扁平化和分权化

扁平化的组织结构使企业中高层管理者可以和基层执行者直接联系，促进了组织内部的信息沟通，也同时赋予了基层执行者一定的决策能力，帮助企业能够对变化作出迅速的反应。在传统企业"金字塔形"的管理模式中，处于中层组织的管理者起到了上传下达的作用，但在扁平化的组织中，这一职能被逐渐削弱，转向管理、生产、营销一体的市场第一线。另外，大公司逐步收缩总部，实行高度分权，成立自治子公司及分公司，这使得子公司和分公司可以转向更细化更专业的发展。同时，分权化也赋予了子公司更多的权力和灵活性，公司的决策不再仅仅掌握在总公司的高层手中，子公司也可以根据自身的发展状况、各自市场中的不同需求，进行相应的判断和决策。由此可见，扁平化和分权化大大提高了企业的组织效率。

2. 企业组织柔性化和人性化

组织结构的柔性化是指以一些临时性的，以任务为导向的团队式组织将取代以前一部分固定的正式的组织结构，其目的是使企业能快速有效地围绕目标与任务合理配置并充分利用各种资源，增强对环境动态变化的适应能力。

柔性化的组织强调组织成员之间的信任、合作与信息共享，运用跨职能团队的组建，把企业内不同部门、拥有不同技能的员工聚集在一起，并且以工作成果为导向，通过发挥组织团队的合作力量来实现其价值使命。为了增强组织的柔性化水平，组织的设计者应该着眼于以下几个方面：首先，组织要与供应商建立密切的联系，与供应商分享更多的信息，以提升组织与供应商的相互依赖程度。其次，组织要鼓励员工接近客户，在柔性化程度较高的企业中，每个员工都是"多面手"，技术专家也要学会规划与生产管理，甚至能够承担起管理人员的工作，此时，跨职能团队的优势就得以很好地体现出来，不同部门的员工在同一个团队中工作，可以帮助员工更好地沟通学习，使团队中形成共同的语言，也促进员工最大限度地发挥自己的专长。

3. 企业组织虚拟化和无边界化

组织结构的虚拟化将突破传统的有形边界，弱化具体的组织结构形式，从而使组织结构边界处于动态选择与渗透之中。具体来讲，就是企业只保留规模较小的拥有核心竞争力的部门，而依靠其他组织以合同为基础进行制造、分销、营销或其他业务的经营活动，取代传统组织中行政管理，来联结各个经营单位之间及其与公司总部之间的关系。虚拟企业以横向管理取代纵向管理，打破了传统组织的分层级的纵向管理模式，取消了从价值产生到价值确认过程中的许多中间环节，而代之以价值产生与价值确认直接对应的横向模式。

组织结构的无边界化强调各个单位、部门和岗位角色，在履行自身相应职责的基础上，还要对整个组织目标的实现承担不同的职责，包括协助支持其他单位、部门和岗位角色履行它们感到有困难的职责，甚至当其他单位、部门和岗位不能及时有效地承担责任时，直接顶替，以确保组织目标的实现。移动商务的远程办公方式突破了企业在物理空间上的界限，模糊了企业边界，使企业更具有自由度，可以依据企业自身的特点发展组织模式，更好地发展企业业务。

（二）移动商务对组织管理的影响

移动商务对组织管理的影响主要包括两个方面：对组织生产管理的影响和对组织交易成本的影响。

1. 移动商务对组织生产管理的影响

移动商务的快速发展使组织之间的竞争不再取决于企业所占有的实际资源的多少，而是取决于组织可控制运用的资源的多少。移动商务对组织的生产运作方式、生产周期、库存管理等都会带来巨大的影响。

（1）对组织的生产运作方式的影响。移动商务在组织生产管理过程中的应用体现在：可在管理信息系统的基础上，采用计算机辅助设计与制造（CAD/CAM），建立计算机集成制造系统（CIMS）；可在开发决策支持系统（DSS）的基础上，通过人机对话实施计划与控制，从物料资源规划（MRP）发展到制造资源规划（MRPⅡ）和企业资源规划（ERP）。这些新的生产方式把信息技术和生产技术紧密地融为一体，使传统的生产方式升级换代。

（2）对组织的生产周期的影响。移动商务的实现可大大提高信息和资金等的转移速度，并可利用信息和知识共享技术来缩短生产与研发的周期，从而降低单位产品的生产成本。因此，在移动商务时代，组织的生产周期大大地缩短了，组织可以将更多的时间和精力投入新产品的研究和开发上。

（3）对组织的库存管理的影响。移动商务的实现可以减少库存，提高库存管理水平。在移动商务环境下，企业通过无线网络以及互联网可以直接找到供应商。同时，由于专业化程度越来越高，组织内部和组织间的合作不断加强，更多先进生产方式（如 MRPⅡ、ERP、JIT）得到应用，提高了库存周转率，从而把库存成本降到最低限度。

由此可见，移动商务的迅速发展给组织生产带来的变化是巨大的，它将有效地降低组织变革的生产成本，也必将使组织寻求一种适应移动商务环境的生产组织方式，实现组织变革。

2. 移动商务对组织交易成本的影响

按照斯科的理论，交易费用是经济行为的主体在市场交易活动中为实现交易所支出的费用。为了降低市场交易费用出现了企业，企业将市场交易行为内部化，从而节约了交易费用。现实中，实现交易的困难在不断加大，导致交易费用上升，经济行为主体越来越依赖于企业，于是企业对市场的替代加大，企业的规模越来越大，企业运行的费用也越来越高。电子商务的出现使市场的功能得到了加强，市场组织生产的效率得以提高，组织对信息资源的共享与处理更为容易。而移动商务的发展更是将这种资源共享所产生企业效率的提升放大化了。网络的双向流通，使企业与顾客更容易沟通，进而能够降低市场的不确定性，由此产生一个革命性的影响：企业与市场的关系发生了变化，出现了企业的等级制逐渐开始向企业市场制回归的趋势。移动商务的发展对交易成本下降的影响体现在以下三个方面：

（1）企业方面。通常，在市场上有两个价格，即平均价格和最低价格。因为获得最低价格的搜寻成本很高，在大多数情况下，人们在购买中付出的是平均价格，而不是最低价格。移动商务的出现使搜寻成本极大地降低，从而导致市场价格向最低价格靠拢。经营主体可以直接利用市场机制极大地节约交易成本，从而不再像过去那样耗费大量资源去努力营造庞大企业的层级。

（2）渠道方面。实现供应链管理和渠道成员之间的有效合作，使整个渠道上信息流、商流、物流和资金流的运行速度加快，效率大为提高，这种渠道整体效率的提高使成员均受益。移动商务的出现有可能使整个市场置于移动商务平台之上，市场组织成本和管理成本极大地降低。同时，利用市场组织生产在一定程度上比利用企业组织生产更为经济。

（3）流通产业方面。移动商务搭建的交易平台使所有企业商品流通的效率增加。建立在移动商务基础上的社会物流为企业节约了大量费用，企业得以"瘦身"，进行精简化管理，从而使企业规模不断扩大的趋势得以减缓，过去被大量"内部化"的交易行为又被外部化了。

综上所述，企业等级制向最初的市场制回归，原因在于新技术的出现。网络和无线技术在企业商务活动中的应用以及移动商务的迅速发展使市场组织生产的费用降低了，从而出现了市场组织生产相对有利的状况，市场机制的作用范围在无形中扩大了。

第二节　移动商务组织形态

一、传统企业组织形态

组织形态，是指由组织中纵向的等级关系及其沟通关系，横向的分工协作关系及其沟通关系而形成的一种无形的、相对稳定的企业架构。它反映组织员工之间的分工协作关系，体现了一种分工和协作框架。大体上企业组织形态经历了如下几个阶段：

1. 家庭形态

在家庭形态的组织中，组织成员由家庭（或家族）成员组成，成员与组织之间以血缘关系为纽带，按长者为大的原则，长辈及德高望重者或组织发起者成为组织的领导者。组织内部大家共享生产资料和劳动成果；成员之间以及成员和组织之间存在较为严格的道德伦理约束，大家共同遵守，成为一个利益共同体。

2. 工场形态

随着生产工具的改进和机器的出现，大量的劳动力涌入企业成为工人，原有的家庭型组织被打破：组织成员不仅局限于家庭（或家族）成员，更多的是外来的劳动者，他们与组织之间形成一种契约关系。组织领导者也不再由长辈等担任，而是由投资者个人或合伙人担任，这是资本所赋予的权利。所有者与劳动者之间的雇佣关系形成一种新的层级关系，但也仅限于老板与员工这样的简单层级。由于在占有生产资料上的差异，组织成员不再分享组织成果，而是被赋予有差别的待遇，也就是泰勒时代的计时（或计件）工资。除此之外，一般组织成员不再享有其他形式的分配权利。工场形态的组织不再靠伦理道德来约束组织成员，契约合同成为一种新的凝聚手段。

3. 公司形态

公司形态区别于工场形态的一个重要特征就是所有权和经营权相分离。也就是说，所有者不一定要成为组织的领导者，代表知识与智慧的职业经理人开始在组织中扮演越来越重要的角色，他们与代表资本的所有者之间形成一种新的关系——委托—代理关系。随着组织规模的扩大，组织的能力逐渐增强，组织的任务也逐渐多元化，因此，组织的层级也逐渐趋于复杂化，出现了高层、中层、基层的管理者，分别行使职责不同、权利不一的管理职能。在分配上，组织也不再实行单一的差别工资制，与生产活动有关的资本、技术、劳动力等生产要素也开始参与分配，呈现出分配上的多元化。组织也不再靠契约合同凝聚组织成员，而是通过较为完善的组织制度、相对合理的薪酬制度来实现，这种薪酬制度会根据成员为组织所作的贡献给予适当的奖励，同时也将成员的某些个性化需求考虑进来。自公司形态开始，人性的东西逐渐融入了组织凝聚关系的范畴。

4. 跨国公司与企业集团形态

在科学进步的推动下，企业规模不断扩张，资源与产品都要求在更大的范围内流通和配置，经济全球化趋势加强，出现了跨国公司和企业集团。这些跨国公司或企业集团虽然在数量上所占的百分比很小，却占很大部分的国民产出。跨国公司和企业集团是一个包括多产出、多环节、多功能的复杂的企业组织形态，是组织形态演变的高级阶段，是多样化经营的结果。

5. 电子商务企业组织形态

今天，电子商务已经渗透到了企业日常工作的各个领域，除了一些新兴的无实体的电子商务企业之外，许多实体的企业也将目光投向了电子商务的广阔市场。电子商务的独特竞争优势吸引了很多非电子商务形式的转变，而其自身形式也经历了发展和自我完善的过程，出现了三种组织形式：电子商务企业、企业电子商务和虚拟企业。其中虚拟企业是电子商务主要的组织形态。

二、移动商务企业组织形态

移动商务的大环境下，企业处于一个激烈竞争、快速变化的市场环境，这需要企业不断创新，不断学习，建立学习型组织。学习型组织（Learning Organization）是美国学者彼得·圣吉在《第五项修炼》一书中最先提出的管理概念，企业建立学习型组织是组织在面临剧烈外在环境的变化时，力求组织的精简化、扁平化，提高组织的弹性和学习能力，在竞争的市场中能够不断地进行自我组织再造，以维持企业的核心竞争力。这无疑对移动商务企业至关重要。

在学习型组织中，每个人都要参与识别和解决问题，使组织能够进行不断的尝试，改善和提高它的能力。学习型组织的基本价值在于解决问题，与之相对的传统组织则是着眼于效率。这对企业管理者提出了更高的要求，需要管理者能够对全局的发展有着一定的分析和控制能力，并能够充分协调员工之间的关系，帮助企业创造一个互相学习、共同进步的创新氛围。

总体来说，企业在学习型组织的建立过程中应着眼于以下五个方面：

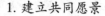

1. 建立共同愿景

企业愿景能够凝聚公司上下的意志力，通过组织共识，大家努力的方向一致，企业就有了前进的航向，企业中的个人也都处于积极向上的工作状态，团结起来为组织的目标奋斗。

2. 团队学习

企业中每个员工都具备不同的技能和优点，要想让不同员工好的工作方法得以在组织中传播，企业就需要在组织中推进团队学习，通过集体思考与分析，不仅能够做出正确的组织决策，还能帮助员工取长补短，提高组织的向心力。

3. 改变心智模式

组织在推行新的理念或者进行组织架构调整时，时常会面临较大的阻力，这样的阻力多来自个人旧的思维模式以及企业固守的理念。这需要企业不断地学习标杆企业的优秀做法，在企业内部不断地推行创新，破除落后的观念，使企业的发展与时俱进。

4. 自我超越

发展停滞不前的企业很快就会被市场的竞争所淘汰，企业只有不断地学习，了解自身与愿景的差距，并不断提高企业的技术和能力，实现自我超越，提高企业在市场中的竞争优势，帮助企业实现长期的发展。

5. 系统思考

企业应透过资讯的收集，了解市场中复杂的变化以及动态事件的全貌，培养综观全局的能力，看清楚问题的本质，这可以帮助企业做出正确的判断和合理的决策。

三、移动商务企业组织结构类型

（一）传统的企业组织结构

企业组织结构是企业在特定环境条件下为实现其经济利益而采取的组织安排形式。传统的企业组织结构主要有以下三种：

1. U 形组织结构（Unitary Structure）

U 形组织结构产生于现代企业发展的早期阶段，是现代企业最为基本的组织结构，其特点是统一集中，能保证各个部门之间良好的协调，企业最高领导者可以直接控制和调动资源，能够节约使用有限的资源，并集中优势专注于收益较好的项目。U 形组织结构具体可以分为三种形式：

（1）直线结构（Line Structure）。直线结构的组织形式是沿着指挥链进行各种作业，每个人只向上一级负责，并需要绝对服从这个上级的命令。这一结构适用于企业规模小、生产技术简单，而且还需要管理者具备生产经营所需要的全部知识和技能。这种结构对管理者提出了相对较高的挑战。

（2）职能结构（Functional Structure）。职能结构是按职能实行专业化的分工，用以取代直线结构的全能式管理。下级既要服从上级主管人员的指挥，也要听从上级各职能部门的指挥。

（3）直线职能制结构（Line and Functional System）。直线职能制结构形式能够保证直线统一指挥，充分发挥专业职能机构的作用。从企业组织的管理形态来看，直线职能是 U 形组织最为理想的管理架构，因此被广泛采用。

2. M 形组织结构（Multidivisional Structure）

M 形组织结构最早始于 1921 年美国通用公司。M 形结构的基本特征是经营决策与战略决策的分离，即按产品、技术、销售、地域设立半自主的经营事业部，这些事业部不是完整意义的利润中心，更不是投资中心，它们的本质是一个在统一经营战略下承担某种产品或提供某种服务的生产或经营单位。公司的经营决策由不同的事业部负责，而让公司最高领导从经营决策中脱离出来，可以从事企业战略决策并对各个事业部进行评价、监控。因此，M 形结构实际上是由一个总办事处将若干个 U 形结构组合为一个整体而形成的，即 U 形结构包含于 M 形结构之中。M 形组织结构有利于改善企业信息机制及激励机制，也有利于加强协调和控制。但管理层级的增加，使得企业协调和信息传递多的困难加大，从而在一定程度上增加了企业内部交易的费用。此外，不同事业部之间容易出现职能重复。

3. H 形组织结构（Holding Structure）

H 形组织结构主要运用于控股公司，与 M 形结构的不同在于事业部门由独立的子公司、分公司代替，下属的公司具有独立的法人资格，是相对独立的利润中心，企业总部只持有子公司或分公司的部分或全部股份。一方面，企业的各个子公司或分公司具有更大的经营独立性；另一方面，企业总部只对子公司、分公司的部分或全部投资承担有限责任。因此，H 形组织机构具有分散经营风险的功能，但同时也应该注意这类企业往往缺乏战略优势和凝聚力。

（二）移动商务企业组织结构

在第一章的介绍中，我们将企业移动商务的特点归纳为不受时空限制、个性化、便携性、位置相关性等，基于企业移动商务的以上特点，移动商务有以下几种组织结构的创新形式。

1. 虚拟组织（Virtual Organization）

简单来说，虚拟组织是指企业总部仅保留最核心的职能，如研发和营销等，其他职能通过外包或协作方式借助外部力量完成。这一概念可以从四个维度上来理解：

（1）主体维度。虚拟企业可以看做一个企业网络，该网络中的每个成员都是一定资源的所有者，在大家共享资源、协调合作的基础上，这个企业网络运行的集合竞争优势和竞争力水平就会大于各个参与者的竞争优势和竞争力水平的简单相加。这也决定了虚拟企业具有较强的适应市场能力的柔性与灵活性，各方优势资源集中更催生出极强的企业竞争力。

（2）产品维度。网络的优势无孔不入。虚拟企业的产品可以同时在许多地点提供顾客多样化的选择，在迅速便捷的同时，提供给顾客满足感。对于移动商务企业而言，由于移动终端对顾客消费情况可以进行即时记录，企业可以利用这样的网络优势，对顾客的消费行为进行实时的追踪，对顾客的需求进行快速反应，从而推出个性化、高质量的产品。

（3）信息维度。企业网络之所以能够有效运行的基础在于信息沟通。各种信息沟通技术的发展，为虚拟企业的诞生提供了直接的技术支持。组织结构无形化、通过信息网络线上沟通，这都是虚拟企业的明显特征。移动商务更是为企业的信息沟通提供了便利的条件，许多企业内部逐渐开始推行移动化办公，使信息的传达更加便捷化、快速化，提高了企业内部的沟通和运转效率。

（4）运作方式维度。虚拟组织关系是一种相对较新的组织形式，是一种有机的企业网络组织。为了共同利益的联合，在离散化的形态上构建资源合作的网络，这是虚拟化企业的本质。虚拟企业在运作方式上具有自形成、自管理、自学习的特征。企业成员基于对任务和企业愿景的理解，通过信息网络自行结合在一起，相互协调，及时共享信息。

2. 网络型组织（Network Organization）

网络型组织结构是一种只有很精干的中心机构，以契约关系的建立和维持为基础，依靠外部机构进行制造、销售或其他重要业务经营活动的组织结构形式。被联结在这一结构中的各经营单位之间并没有正式的资本所有关系和行政隶属关系，只是通过相对松散的契约为纽带，通过一种互惠互利、相互协作、相互信任和支持的机制来进行密切的合作。

网络型组织结构极大地促进了企业经济效益的实现，降低了企业的管理成本，更重要的是实现了企业全球范围内的供应链与销售环节的整合，同时简化了机构和管理层级，实现了企业充分授权式的管理，使企业可以根据市场需求来灵活地整合资源，提高了组织的运转效率。然而，网络型组织结构并不是对所有的企业都适用，它比较适合于需要对市场变化做出迅速反应的企业，需要企业以较大的灵活性应对新技术、新需求的出现，如电子商务企业、移动商务企业等。

总体来说，中国的移动商务还处于起步发展阶段，较之其他国家是比较晚的，而移动商务是与传统商务有着很大差异的新兴商业模式，有着很多的不确定性和未知性；同时移动商务是一项需要大量科学技术支持的活动，需要企业不断创新，这就对各种工作设备以及从事该活动的人员有了很高的要求。

第三节　移动商务组织管理实施

一、移动商务组织管理的内容

（一）移动商务组织目标管理

组织目标是组织为自己设定的希望在未来实现的状况，是企业组织活动的动力。在全球化高度竞争的市场环境下，企业已经不能满足于只将追求利润作为其组织目标，而是应该充分利用资源，提高组织的效率。而移动商务利用无线技术和互联网技术，将企业的资源进行横向和纵向的整合，促进企业对于信息的共享。

网络经济所具有的外部正效益特性（Positive Network Externalities）推动了企业积极地将移动商务应用到企业运营中去。也就是说，移动商务所具有的移动性、便捷性帮助企业提高效率，有助于企业充分利用内部和外部的资源，以提高企业的竞争优势。

信息技术的发展推动了计算机技术、无线技术和互联网技术的普及，PDA、手机、平板电脑等已经成为人们生活中必不可少的工具。在这个所谓的"计算无所不在"（Ubiquitous Computing）的时代，一些大型企业在做投资决策时，会自然而然地考虑使用移动商务的相关技术，对于市场中的信息资源进行快速的获取和整合，以取得更多的市场竞争优势。对于中小型企业，网络技术赋予了它们和大企业同等竞争的机会，一些小型的移动商务企业甚至只是十几人组成的团队，无线技术和互联网技术赋予企业较低的成本优势，因此吸引了越来越多的创业者在市场中竞争，以期在某个细分市场抢夺一定的份额。另外，企业对人力资源的投资也集中到了企业的信息应用领域，以加快自身的改造来应对社会的变革。企业的组织目标和社会的趋势、需求相互推动，使得移动商务进入企业成为一种趋势，而移动商务又反过来影响了企业组织的决策和运营过程。

（二）移动商务组织活动管理

组织的活动是围绕着组织的目标而展开的一系列活动。这些组织活动由于组织中存在分工而各不相同，其实施的效果也因为管理者的主观决策、内外部环境的客观变化等存在着一定的不确定性，这种不确定性为企业的经营带来了一定的风险。而移动商务带来了组织活动的融合，意味着组织将逐渐由分散的部门转向一个有机的整体，各项活动因为信息的实时共享而得以顺利融合。这种新的形势对于组织管理者综合素质的要求明显提高，需要他们对技术的应用有着充分的理解，使得组织的各项决策不仅是依靠主观判断和经验来完成，而且是贴近于市场需求，紧紧把握顾客的需求变化。这样一来，组织活动的不确定性变小了，这对于企业在全球化市场竞争中的风险控制具有非同寻常的意义，尤其是对于信息技术这一市场快速变化、创新不断涌现的行业，风险的降低意味着为企业的创新提供更好的培育土壤以及更多的发展空间。

（三）移动商务组织技术管理

显然，移动商务将对企业组织中的技术要素形成巨大的冲击。从上述分析可以发现，移动商务对企业组织活动的影响将推动组织的技术创新，这种技术创新实际上也是管理创新的一部分。在科学管理的初创时期，大机器生产的高效率使企业组织中的分工成为非常重要的技术，分工实际上应当被认为是一种管理技术。亚当·斯密在《国富论》中提出的社会化分工是这一管理技术的开端，工业化的大生产从分工中获得了巨大的效率，机器代替了人的劳动，机械化生产成为企业活动的主要方式。信息技术的发展使机械化的分工有了一个质的飞跃，在机械化的层面上出现了自动化和智能化，这是一种人类智能的替代。这种发展趋势，我们可以从许多方面看到，如制造业中的计算机集成制造技术（CIMS）、企业中广泛应用的信息系统（MIS）等。但是，我们深刻地感受了现在移动商务对企业过程的改造和营销的管理是用技术要素对组织管理进行的智能化的替代，是用集成化的技术取代人类的管理智能，而不仅仅是局部的技术智能化。而移动商务的出现，将这种集成化的技术优势体现得更加明显。移动商务通过移动性极强的终端设备，对于用户的实时反馈加以记录和分析，并将企业内部的资源也整合在移动商务平台之上，帮助企业对企业内外部的信息资源进行充分的利用以及快速的共享。

（四）移动商务组织制度管理

移动商务也对企业的制度造成了很大的影响与改变。组织中的制度决定了人们在企业活动中彼此间的关系受到了一定的制约。组织的设立需要基于制度的建设，并通过制度得以顺利地运转。传统企业由于技术的滞后以及技能水平相对较低等因素的制约，其组织活动等多方面都表现出了一定的机械性，缺乏灵活的运转和快速的反应，使企业的创新受到了一定的抑制，员工的积极性也难以得到最大限度的发挥，从而影响了企业日常的工作效率，也最终阻碍了组织效能的提升，使组织难以达成其预定的目标。

移动商务的出现，使企业逐步改变员工的工作方式和激励制度。企业已经放弃了传统的、教条式的、机械化的制度约束，而转向更为鼓励创新、鼓励沟通合作的组织模式，为员工创造一个开放的、互动式的工作环境，使得新的创意得以很好的培育，新的理念得以很好地在组织内传播。

二、移动商务组织管理的发展方向

(一) 移动商务与企业流程重组

在这方面的研究将分析电子商务技术对企业组织结构和管理模式的影响，研究移动商务环境下企业的流程，总结并提出企业流程再造的方案，具体研究内容如下：新的竞争环境下的企业竞争规则、竞争模式与模型研究；移动商务的发展和建立策略研究；多种组织的结构研究；企业如何建立自己的信息优势，企业充分利用信息优势的方法，以及信息优势如何转化为竞争优势和利润的方法研究；新的商务经营环境下，企业组织机构和商务流程运作过程的重组和改进研究等。

(二) 移动商务组织的协同管理

随着移动商务在各个企业的普及，跨地域的、移动化的商务交易，电子会议、集体决策、群体协商决策等成为企事业单位管理和决策的主要内容之一。因此，应从以下几个方面展开研究：移动商务环境下的群体决策支持系统概念模型的研究；群体决策制定过程中的文化因素的影响研究；各业务流程以及资源的协同管理研究；充分调动人力资源，使每个人"在其位，谋其政"，在部门中发挥重要的个体作用，在集体中表现出"1 + 1 > 2"的效果。

(三) 移动商务与供应链管理

供应链是围绕核心业务，通过物流、资金流和信息流，将供应商、制造商、分销商、零售商直至最终用户连成一个整体的功能网络结构模式。供应链管理 (Supply Chain Management，SCM) 就是通过重新设计供应链，选择供应链成员，运用一系列管理方法和技术，例如自动数据交换技术 (EDI)、射频识别技术 (RFID)、企业资源规划系统 (ERP) 等，以提高供应链的效率和竞争力，从而使供应链上的成员获得一种共赢的局面。

移动供应链管理 (Mobile Supply Chain Management) 作为移动商务的一种，可以超越时间和空间的限制，对围绕供应、需要某种产品或服务的相关企业关键资源进行随时随地的管理，最大限度地让更多企业加入供应链系统。

移动供应链的管理具有以下特征：

1. 移动供应链 3A 化

供应链管理是移动商务的一部分，是移动商务在供应链管理中的扩展。因此，移动供应链管理必须满足"移动"的本质，即 3A 化（Anyone，Anywhere，Anytime）——能够对商务信息资源进行随时随地的管理，从而随时随地地进行必要的供应链管理活动。3A 化的实现意味着供应链管理活动将超越许多既有的限制而向超空间（Hyper-space）、实时（Real-time）的方向发展。

2. 移动供应链是对传统供应链的延伸

移动供应链管理不是取代供应链管理平台，而是属于供应链管理平台某些功能的实现方式，是部分和整体的关系。供应链管理平台是移动供应链管理存在的基础，没有供应链管理平台，移动供应链管理就无从谈起。移动供应链管理实际上是供应链管理平台上某些具体功能在移动商务领域的扩展和延伸。

3. 移动供应链要突出针对性

移动供应链管理要有针对性，而非全面性。在功能上，移动供应链管理不需要复制供应链管理平台的全部管理功能，但必须突出某些针对性的功能；在信息处理上，移动供应链管理要能够实现随时随地地收发、存储、处理供应链上某环节的关键信息；在信息共享上，移动供应链管理的发展方向是能够实现跨企业的信息交互。

4. 移动供应链的核心是优化渠道

移动供应链管理的最终目的和价值体现在帮助实现整个渠道商业流程和优化。渠道是供应链的核心，渠道能力决定供应链的成败。移动供应链管理的作用是要帮助实现渠道能力的优化，提升整个供应链的效率。

（四）移动商务与平台建设的管理

移动商务不仅改变了人们的生活和商务信息沟通过的模式，也在一定程度上改变了企业管理、营销等方面的形式：把移动互联网作为一个营销交流的分销渠道和媒介，并对一些移动商务平台按照其提供服务的内容进行了分类，同时也将顾客的消费习惯、偏好等纳入考虑范围。现在的移动商务研究应当转向一些面对学术的研究，从移动商务的本质层面进行研究，深入挖掘其运作的模式和机理。例如，研究人机交互，企业和渠道整合，基于移动终端的产品开发策略，以及顾客满意度等方面的研究。

总的来说，虽然移动商务管理研究已得到一定程度上的重视，但还缺乏具体的理论指导。移动商务作为一门综合性交叉性学科，管理学范畴的移动商务研究是必不可少的。目前，一些学者提出的移动商务对现行社会环境，特别是企业管理带来的影响，给企业的管理者们带来了很大的启示。

 **本章案例**

思科网络型组织结构

在企业组织结构网络化转型中，最为典型和成功的当属思科系统公司。思科公司成立于 1984 年，最初只是一家普通的生产网上路由器的高科技公司。1992 年，公司现任高级副总裁兼 CIO 彼得·苏维克提出利用互联网来改造公司整体运营体制，成功地构建了思科网络联结系统，从而使思科公司成了网络化企业管理的先驱。苏维克领导的互联网商业解决方案组（IBSN）也成为思科公司最具潜力的业务方向之一。现在，思科不仅是网络基础设施提供商，而且也提供业界最领先的电子商务解决方案，越来越多的企业分享了思科应用互联网的成功经验。2000 年 3 月 27 日，思科公司股票市值达 5550 亿美元，首次超过微软，成为全球股票市值最高的公司。

思科公司的 CEO 约翰·钱伯斯将公司现在的网络结构系统分为三层：第一层是电子商务、员工自服务和客户服务支持，能实现的网络效应是产品、服务多样性、定制个性化服务，提高客户的满意度；第二层是虚拟生产和结账；第三层是电子学习。思科庞大的生产关系管理系统（PRM）和客户关系管理系统（CRM）就全部基于这三层网络结构系统之上。思科的第一级组装商有 40 个，下面有 1000 多个零配件供应商，但其中真正属于思科的工厂却只有两个，其他所有供应商、合作伙伴的内联网都通过互联网与思科的内联网相连，无数的客户通过各种方式接入互联网，再与思科的网站挂接，组成了一个实时的、动态的系统。客户的订单下达到思科网站，思科的网络会自动把订单传送到相应的组装商手中。在订单下达的当天，设备差不多就组装完毕，贴上思科的标签，直接由组装商或供应商发货，思科的人连包装箱子都不会碰一下。

网络型企业组织结构不仅能为像思科这样的"巨人"企业所应用，对于经营范围单一、分工协作密切的小型公司，更是一种可行的选择。采用网络型结构的组织，它们所做的就是通过公司内联网和公司外互联网，创设一个物理和契约"关系"网络，与独立的制造商、销售代理商及其他机构达成长期协作协议，使它们按照契约要求执行相应的生产经营功能。

此外，思科公司提供完备的网上订货系统、网上技术支持系统和客户关系管理系统。客户可以在网上查到交易规则、即时报价、产品规格、型号配置等各种完备、准确的信息，可以通过互联网进行各种技术服务在线支持。基于这

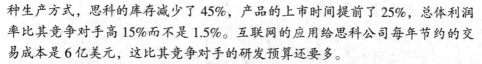

种生产方式，思科的库存减少了 45%，产品的上市时间提前了 25%，总体利润率比其竞争对手高 15%而不是 1.5%。互联网的应用给思科公司每年节约的交易成本是 6 亿美元，这比其竞争对手的研发预算还要多。

更重要的是，由于思科充分利用了内联网的优势，传统的企业管理幅度和管理层次的矛盾在这里将不复存在，全球范围内每个竞争领域的成本和盈利数据通过公司内联网变得公开和透明，最高层的决策思路通过公司内联网准确无误地传达给最基层的一线员工，从而公司能够充分授权，员工能够快速决策，而这些决策以前只有 CEO 或财务总监才能作出。企业管理极度扁平化，一线的经理能够在每个季度结束后一个星期就知道为什么原定目标没有达到，是因为网络问题、零部件问题还是因为竞争加剧，这极大地提高了管理效率。结果是，思科每个员工年平均所创造的收入高达 70 万美元，是其传统公司竞争对手的 3~4 倍。

企业组织结构系统的网络化是一个世界性的大趋势，它能在三个方面极大地促进企业经济效益实现质的飞跃：一是减少了内部管理成本；二是实现了企业全世界范围内供应链与销售环节的整合；三是实现了企业充分授权式的管理。它将经历三个阶段：

（1）"电子小册子"阶段，就是公司仅仅注册一个域名，建立一个小型主页，把自己的介绍性信息放在网页上。这也是目前中国 95%号称"已经触网"企业的网络利用形式。

（2）客户服务系统阶段，就是要在"电子小册子"的基础上，实现企业"前台办公自动化"。企业不仅要建立对外的互联网站点，而且要构建企业内联网，实现内外网络的互联互换，信息资源的内外共享。外部网站要为客户提供完备的订货系统、技术在线支持系统、售后服务反馈系统，内部网站要为公司提供自动化办公系统、部门间信息共享系统。

（3）企业组织结构的纯粹网络化阶段，但没有前面的两个步骤是不可能的。中国目前的国情也决定了大部分的企业还将在未来的一两年内建立和保持它们的"电子小册子"，部分优秀企业和特殊企业可以迅速进入第二阶段，第三阶段嘛，那还只能是一个较为长远的奋斗目标。

资料来源：作者根据互联网资料整理。

问题讨论：

1. 思科目前呈现出哪种组织形态？
2. 结合本章内容和案例谈谈网络化组织结构有哪些优点。

本章小结

移动商务组织管理，也就是企业在移动商务的环境下，协调组织内部或外部的人力、物力、资金和信息等资源，实现共同组织目标的一种活动和过程。移动商务大的环境背景，也赋予了企业组织管理一些新的特点，包括企业组织扁平化和分权化、企业组织柔性化和人性化、企业组织虚拟化和无边界化。

移动商务对组织管理的影响主要包括两方面：对组织生产管理的影响和对组织交易成本的影响。移动商务的快速发展使组织之间的竞争不再取决于企业所占有的实际资源的多少，而是取决于组织可控制运用的资源的多少。移动商务对组织的生产运作方式、生产周期、库存管理等都会带来巨大的影响。另外，交易费用是经济行为的主体在市场交易活动中为实现交易所支出的费用。为了降低市场交易费用出现了企业，企业将市场交易行为内部化，从而节约了交易费用。移动商务的发展更是将这种资源共享所产生企业效率的提升放大化了。网络的双向流通，使得企业与顾客更容易沟通，进而能够降低市场的不确定性。

传统企业组织形态包括家庭形态、工场形态、公司形态、跨国公司与企业集团形态和电子商务企业组织形态。移动商务的大环境下，企业处于一个激烈竞争、快速变化的市场环境，这需要企业不断创新、不断学习，建立学习型组织。总体来说，企业在学习型组织的建立过程中应着眼于以下五个方面：建立共同愿景、团队学习、改变心智模式、自我超越以及系统思考。

本章复习题

1. 简要阐述组织的基本含义。
2. 简要阐述组织管理基本理论。
3. 简要阐述移动商务组织管理的内涵。
4. 列举传统企业的组织结构类型。
5. 列举移动商务企业的组织结构类型。
6. 简要阐述移动商务组织管理的内容。
7. 简要阐述移动商务对组织管理的影响。
8. 列举传统企业组织形态的发展历程？

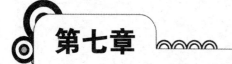

第七章

移动商务信息管理

学习目的

知识要求 通过本章的学习，掌握：

- 移动商务信息管理的基本内涵
- 移动商务信息管理的基本内容
- 移动商务信息管理策略的制定方法
- 移动商务信息管理策略的实施方法

技能要求 通过本章的学习，能够：

- 了解移动商务信息管理的内涵、目标
- 了解移动商务信息管理的基本内容和重要性
- 掌握移动商务信息管理策略的制定方法
- 掌握移动商务信息管理策略的实施方法

129

学习指导

1. 本章内容包括：移动商务信息管理的基本内涵；移动商务信息管理的基本内容；移动商务信息管理策略的制定方法；移动商务信息管理策略的实施方法。

2. 学习方法：结合案例了解移动商务信息管理的内涵及目标，理解移动商务信息管理的重要性，进而掌握移动商务信息管理策略的制定和实施方法。

3. 建议学时：4学时。

 **引导案例**

沃尔玛的信息化建设

1991 年，沃尔玛年销售额突破 400 亿美元，成为全球大型零售企业之一。据 1994 年 5 月美国《财富》杂志公布的全美服务行业分类排行榜，沃尔玛 1993 年销售额高达 673.4 亿美元，比上一年增长 118 亿美元，超过了 1992 年排名第一位的西尔斯（Sears），雄居全美零售业榜首。1995 年沃尔玛销售额持续增长，并创造了零售业的一项世界纪录，实现年销售额 936 亿美元。此后沃尔玛一路高歌猛进，分别在 2006 年、2007 年、2008 年、2010 年 4 度跃居世界 500 强榜首。

沃尔玛的创始人山姆·沃尔玛早年服役于美国陆军情报部队，所以他特别重视信息的沟通和信息系统的建设。在公司开始进入规模化市场扩张及发展阶段后，沃尔玛公司率先在行业内使用各种先进技术的电子商务信息系统化管理模式。沃尔玛的信息化管理贯穿于整个价值链，以先进的信息化技术为手段，以信息流为中心，带动物流和资金流的运转，通过整合全球供应链资源和全球用户资源，实现零库存、零营运资本与用户的零距离的目标。信息化管理不应仅是一个系统，而被提高到战略的高度，不是将其投入到大量低价值的维护与运作事宜中。正如沃尔玛所坚持的："信息技术始于战略，而不是系统。"

将信息化提到战略高度正是沃尔玛迈向成功的重要原因之一。一方面，沃尔玛通过供应链信息化系统实现了全球统一采购及供货商自己管理上架商品，使产品进价比竞争对手降低 10%之多；另一方面，沃尔玛还通过卫星监控全国各地的销售网络，对商品进行及时的进货管理和库存分配。当凯玛特（美国第三大折扣零售连锁公司）也意识到信息化的重要性并效仿前者开始起步时，沃尔玛早已在全球 4000 个零售店配备了包括卫星监测系统、客户信息管理系统、配送中心管理系统、财务管理系统、人事管理系统等多种技术手段在内的信息化系统。沃尔玛在全球的 4000 多家门店通过它的网络可在 1 小时内对每种商品的库存、上架、销售量全部盘点一遍。

整个公司的计算机网络配置在 1977 年完成，可处理工资发放、顾客信息和订货、发货、送货流程，并达成了公司总部与各分店及配送中心之间的快速直接通信。1979 年，位于本顿威尔总部的第一个数据处理和通信中心建成，虽然面积只有 1500 平方米，但在整个公司实现了计算机网络化和 24 小时连续通信。

先进的电子通信系统也让沃尔玛占尽了市场先机。曾有一个说法是，沃尔玛的电子信息系统是全美最大的民用系统，甚至超过了电信业巨头美国电报电话公司。在沃尔玛本顿威尔总部的信息中心，1.2万平方米的空间装满了电脑，仅服务器就有200多个。在公司的卫星通信室里看上一两分钟，就可以了解一天的销售情况，可以查到当天信用卡入账的总金额，可以查到任何区域或任何商店、任何商品的销售数量，并为每一种商品保存长达65周的库存记录。

1981年，沃尔玛开始试验利用商品条码和电子扫描器实现存货自动控制。在利用商品条码上，沃尔玛凭借自己的计算机网络通信系统又一次走在了其他零售商前面。采用商品条码可代替大量手工劳动，不仅缩短了顾客结账时间，更便于利用计算机跟踪商品从进货到库存、配货、送货、上架、售出的全过程。据沃尔玛方面说，在对商品的整个处置过程中总计节约了60%的人工。

20世纪80年代，沃尔玛还开始利用电子数据交换系统（EDI）与供应商建立自动订货系统。到80年代末期，沃尔玛配送中心的运行完全实现了自动化。每个配送中心面积约10万平方米。每种商品都有条码，由十几公里长的传送带传送商品，由激光扫描器和电脑追踪每件商品的储存位置及运送情况。到20世纪90年代，整个公司销售8万种商品，85%由这些配送中心供应，而竞争对手只有大约50%~65%的商品集中配送。

此外，沃尔玛的送货车队也可能是美国最大的，5000辆运输卡车全部装备了卫星定位系统，为每家分店的送货频率是每天一次，而凯玛特仅为平均5天一次。

随着世界经济的不断发展和现代科技的日新月异，社会生产方式和人们生活方式的巨大变化使消费需求进一步多样化和个性化，从而要求零售方式必须不断创新，以适应时代的变化，当代零售业态的发展呈现出了以下几种趋势：零售业态层出不穷、零售生命周期缩短、零售技术日益重要、各业态之间的竞争日趋激烈、经营向两极化方向发展、垂直营销系统进一步发展、无店铺销售迅速成长、零售界的全球化趋势。这些复杂多变的形式都要求企业的发展必须依靠强有力的信息系统支持，才能满足当今零售业销售的需求。而沃尔玛正是凭借着对零售业不同阶段的认识，使用不同的阶段的信息技术才能得以领先于其他竞争对手，从而铸造沃尔玛帝国的传奇。

资料来源：作者根据互联网资料整理。

➲ 问题：

1. 概括沃尔玛信息系统建设的特点。

2. 沃尔玛信息系统的成功给企业带来哪些启示？

第一节　企业信息管理基础

在全球化日益激烈的市场竞争中，尤其在面对移动商务环境下更加多元化的顾客需求时，企业要想在市场竞争中立于不败之地，比竞争对手更好地为顾客创造价值，就必须能对市场变化做出快速反应，同时尽可能地缩短产品的生产周期，增强产品的竞争能力，降低库存积压和产品成本，加速资金周转。企业信息系统的建设可以帮助企业提高自身的管理水平，及时掌握市场行情，及时发现与解决生产和销售过程中出现的各种问题，提高企业的工作效率和决策的科学化程度，并最终提高企业的经济效益和社会效益。

一、企业信息管理概述

在全球经济一体化的大背景下，全球化的市场正逐渐形成。企业正面临着越来越沉重的国外同行竞争的压力。由于生产者的需求不断发生变化，促使供应商们形成供应链。随着现代经济的不断发展，制造商对供应商提供的产品提出了更高的要求，生产者要求供应商提供集成度高的产品，以减少交易成本、提高效率。这些原因都迫使供应商们紧密联合起来，形成一条供应链，对企业间的信息交流提出了更高的要求。

此外，信息技术不仅被用于企业之间的业务来往，企业内部经营管理和生产过程控制信息化的步伐也在加快。网络技术、系统集成技术等信息技术的使用，使企业内部信息交流渠道更加畅通，运转更加协调。

企业信息管理是企业管理者为了实现企业目标，对企业信息和企业信息活动进行管理的过程。它是企业以先进的信息技术为手段，对信息进行采集、整理、加工、传播和利用，从而对企业的信息活动过程进行战略规划，对信息活动中的要素进行计划、组织、领导、控制的决策过程，力求资源有效配置、共享管理、协调运行、以最少的消耗创造最大的效益。企业信息管理是信息管理的一种形式，把信息作为待开发的资源，把信息和信息的活动作为企业的财富和核心。

在企业信息管理中，信息和信息活动是企业信息管理的主要对象。企业所有活动的情况都要转变成信息，以"信息流"的形式在企业信息系统中运行，以便实现信息传播、存储、共享、创新和利用。此外，传统管理中企业的信息流、物质流、资金流、价值流等，也要转变成各种"信息流"并入信息管理中。与此同时，企业信息管理的原则必须遵循信息活动的固有规律，并建立相应的管理方法和管理制度，只有这样，企业才能完成其各项管理职能。

二、企业信息管理的目标

（一）信息和数据的管理

企业信息管理的主体是信息和数据。数据是对物体和活动描述记录所形成的文字或数字，但是这些数据不完全都是有用的。对数据进行加工和处理就形成了信息。数据和信息统称为信息资源。信息资源、人力资源和自然资源一起被作为社会的三大资源，是企业最重要的资源之一。企业的信息管理所关注的是信息资源的经济效益，是如何使信息资源实现价值最大化。信息管理是提高企业效益的捷径之一，有效的信息管理可以提高企业对信息资源的利用效率，提高企业的对外反应速度和能力，为企业的经营决策、业务活动提供支持，改进企业的工作方式和工作过程。

（二）信息管理体系设计

信息管理体系建设的目标是在企业总体发展战略的基础上，建立完善、规范的信息管理体系，对企业的信息资源进行科学的管理和利用，为企业的业务活动、经营管理和决策提供强有力的信息支持，确定实现企业总体战略目标的信息需求，再分析目前企业信息管理的现状与问题，依据信息管理的理论和科学分析方法，从而设计企业的信息管理体系，使企业在发展的过程中不断提高信息化的水平，加强对多元化信息来源的分析和处理能力，以更好地应对市场变化。

三、企业信息管理的内容

企业为实现发展目标，需要从内外部获取多元化的信息资源，并将之有效地分析、处理和整合，使其能够被企业所利用。企业的经营管理活动中，信息需求的结构如表7-1所示。

表7-1　企业经营管理中的信息需求结构

企业信息需求结构	
宏观信息	包括国内外政治、经济、文化、法律等各方面的信息，也包括国际投资环境、国际市场的需求信息等
政策信息	重点是不同国家的行业管理政策和各国的财政税收政策信息等
行业信息	关于所处行业的信息、行业结构和发展趋势
技术信息	包括行业和其他行业的前沿技术和技术发展趋势

续表

企业信息需求结构		
市场信息	市场需求信息：市场潜在需求信息	
	竞争信息：反映市场竞争状况的信息	
	订单信息：反映经销商的订货信息	
	预测信息：对未来一段时间市场需求进行的预测，是企业生产和采购计划的重要依据	
	网络信息：一是经销商信息，包括经销商的个人信息、使用信息和反馈信息；二是网络信息，包括网络规模、结构等	
财务信息	主要是资金运作信息，包括资产、负债、权益、收入、费用和利润及其相互关系	
人力资源信息	反映公司各种层次的人才结构和分布使用情况以及稀缺人才，包括员工的简历、专长、教育背景等基本信息	

由表 7-1 可见，企业处在一个信息流动的环境中。在这一环境中，每个人都在不断产生信息，同时将信息传递出去，企业需要将这些庞杂的信息有效地管理起来，使之服务于企业的决策，帮助推动企业的发展。

（一）企业外部信息资源

企业决策信息来源可以分为外部信息资源和内部信息资源。内部信息资源是企业决策的基础，外部信息资源是决策的主要来源，两者共同构成了企业信息的全部内容，也是企业信息管理的主要内容。

企业外部的信息资源主要来自政府和相关企业的信息，比如国内外市场或行业分析以及来自经济咨询机构、预测机构的相关信息等，主要包括以下十类。

（1）政策信息。包括国家各项方针政策的制定、政治局势的变化、体制改革等情况。

（2）法律信息。包括国家和地方政府颁发的各项法律和规定、下达的指令。

（3）经济信息。包括国家经济形势、工农业生产状况，金融、商业信息等。

（4）社会文化信息。如各种社会实践、文化活动、风俗习惯、娱乐活动等情况。

（5）科技信息。包括科研新发展、新发明、新成果等。

（6）地理环境信息。商品将要进入的地区的人口分布、气象变化等信息。

（7）竞争信息。包括竞争对象、范围、规模、实力、手段、竞争程度等。

（8）消费需求信息。包括收入水平、家庭状况、消费结构、需求种类数量、购买动机、购买行为、购买习惯等。

（9）商品销售信息。包括商品种类、规格、样式、质量、销售渠道、市场占有率等信息。

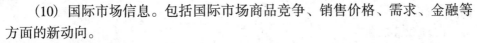

(10) 国际市场信息。包括国际市场商品竞争、销售价格、需求、金融等方面的新动向。

(二) 企业内部信息资源

企业内部信息资源产生于各部门之间以及员工之间的信息交换，它是企业制定决策必不可少的资源。这些信息包含企业各部门对于企业运营状况的记录、数据和报表，也包括员工本身具备的能力和获取的信息等。我们将企业内部信息资源归纳为以下七类：

1. 市场管理信息

企业所处的市场环境是不断变化的，企业需要准确地把握市场动态，并根据市场信息调整企业的发展战略和生产计划等。这些信息的主要来源是通过市场调查和客户的反馈，企业对于市场信息的收集和分析能力与市场人员的学识、经验密切相关，因此，企业需要提供相应的培训，并通过信息管理系统等数字化手段，将市场信息加以充分的分析和利用。

2. 财务管理信息

财务管理信息主要是指对资金的管理，利用资金、成本、收入、利润等价值指标，运用财务预测、财务决策、财务控制等手段来组织企业中价值的形成、实现和分配过程。在企业管理中，财务管理对于企业有着非常重要的作用，企业的决策是否得当、经营是否合理、技术是否先进、产销是否顺畅等情况，都可以迅速地通过企业的财务指标反映出来。

3. 技术管理信息

技术信息对于企业的发展至关重要，是企业生产、经营的必要条件。技术信息主要包括企业在进行技术研发过程中所获取、分析、整理的各种资料，企业产品开发和技术改造，设备及技术运用状况，研究成果和应用状况等。

4. 投资管理信息

投资信息主要包括企业投资需要的各种信息，例如市场研究报告、投资回报率等，还包括企业的投资收益情况，以及对各种投资者的收益保证等情况。投资信息是吸引各方面资金和与投资者进行合作的重要保证。

5. 生产管理信息

生产运作是企业最基本的活动之一。生产活动是为了达到企业的经营目标，要求企业将其所拥有的资源要素合理地组织起来，并且保证有一个合理、高效的运作系统来进行一系列的变换，以便在资源投入有限的条件下，达到最佳的产出效果。为了保证产品的质量，企业需要综合各方面的信息做出合理、正确的决策，服务于生产部门。企业的生产管理信息包括自上而下的各种生产计划、命令，企业在生产运作中的各种记录、生产进度情况、产品的产量和质量等信息。

6. 组织管理信息

组织管理信息包含企业为实现组织目标需要进行的活动，根据专业化分工的原则所确定的岗位职能信息，以及企业的规章制度等信息。这些信息是保证企业战略决策由上而下的顺利执行、由下而上的建议反馈顺利进行的必要条件，需要企业进行合理的规划和管理。

7. 营销管理信息

营销管理信息包含产品的需求信息收集，产品定价，产品促销、分销，采购管理，物流管理，渠道管理，网络营销管理和销售人员管理，服务管理及客户管理等方面内容。

第二节 移动商务信息管理

一、移动商务信息管理的重要性

在移动商务环境下，全球化竞争使市场的变化非常迅速，导致企业的自我调节变化的速度跟不上市场变化的速度，严重阻碍了企业的发展。面对一个技术日新月异、市场变化难以预料的竞争环境，由于传统的大批量生产模式存在着一定的刚性，使得企业对于快速的市场变化反应非常迟缓，难以在短时间内对市场趋势和消费者需求的变化做出灵活的决策调整。这就要求移动商务企业在信息时代除了注意信息设备的更新换代，还要注重企业的移动商务信息系统建设以及广大员工素质的培养，推进移动商务的信息化管理，以增强企业对市场的掌控能力，促进企业持续和快速的发展。

在信息时代，企业更应该注意信息的无形价值。信息时代信息空前丰富，也使企业对信息的竞争更加激烈，谁优先获得信息，谁就可能占据竞争上的战略优势。企业要真正地重视信息的价值，并付出相应的努力来获取信息，这不仅包括企业通过自身的各种投入获得信息，而且还包括通过专业的信息部门或第三方咨询机构等获得。对于移动商务企业而言，因为信息的价值将被放大，更好地利用信息资源可以帮助企业提升市场竞争力。

二、移动商务信息管理系统

随着技术的不断发展，企业的信息化步伐也在不断加快，不同功能的信息技术和子信息系统构成了企业信息系统的完整架构。一般来说，企业的信息系统主要可以分为四类：第一类是技术与管理相结合的信息系统和信息技术；第二类是管理信息系统和技术；第三类是企业实现产品生产、经营的信息系统和信息技术；第四类是现代企业信息系统网络。它们之间的共同作用帮助企业进行更加快速和高效的信息处理，提高企业的运作效率。

（一）技术与管理相结合的信息系统和信息技术

1. 供应链管理系统

供应链管理系统是基于协同供应链管理的思想，配合供应链中各实体的业务需求，使操作流程和信息系统紧密配合，做到供应链各环节的无缝链接，实现物流、信息流、单据流、商流和财务流"五流合一"的领先模式，使移动商务企业可以实现整体供应链的可视化、管理的信息化，从而获得供应链整体利益的最大化、管理成本的最小化，提高移动商务企业的总体水平。供应链管理的主要功能是：①连接企业供应链的各个环节，建立标准化的操作流程；②缩短订单处理时间，提高订单处理效率和订单满足率，降低企业的库存水平，提高库存周转率，减少资金的积压；③实现协同化、一体化的供应链管理。

2. 计算机集成制造系统

计算机集成制造系统（Computer Integrated Manufacturing System，CIMS）是随着计算机辅助设计与制造的发展而产生的。它是在信息技术自动化技术与制造的基础上，通过计算机技术把分散在产品设计制造过程中各种孤立的自动化子系统有机地集成起来，形成适用于多品种、小批量生产，实现企业整体效益的集成化和智能化制造系统。作为企业管理运作的一种手段，CIMS 尽管在短期内很难见到效益，但却可以为企业带来长期的、综合的经济和社会效益。对于移动商务企业而言，CIMS 系统不仅可以提高企业对市场的应变能力和抗风险能力，提高企业的市场竞争力，还能够优化产业结构，提高企业员工的整体素质和技术水平。

3. 知识管理系统

知识管理系统（Knowledge Management System，KMS）是企业实现知识管理的平台，它是一个以人的智能为主导，以信息技术为手段的人机结合的管理系统，其总体目标是通过将企业中的各种知识资源，包括显性知识和隐性知识，整合为动态的知识体系，以促进知识创新，通过知识创新能力的不断提高带动劳动生产率的提高，从而最终提高企业的核心竞争力。它是由知识收集子系统、知识组织子系统和知识传播子系统构成的，主要功能是整合知识资源，将分散在企业内部的业务流程、信息系统、数据库、纸质资源以及企业与合作伙伴、顾客之间的业务流程中的知识收集起来，促进隐性知识与显性知识之间的相互转化和知识共享，提高企业内部知识与资源共享的效率。

4. 电子数据处理系统

电子数据处理系统（Electronic Data Processing System，EDPS）是指利用电子原理，高速处理资料的装置及其应用技术，使主要的商务流程自动化并且使分布的办公室之间的工作整体化，在总部、各合作伙伴与客户之间建立起高度可靠且安全的通信渠道，提供视频会议、在线聊天和 FTP 文件传输等客户端程序，使企业工作更加安全化和高效化，优化企业的工作流程，减少运作成本。

5. 并行工程

并行工程（Concurrent Engineering，CE）是对产品及其相关过程进行并行、集成化处理的系统方法和综合方法。它要求产品开发人员从一开始就考虑到产品全生命周期内各阶段的因素，并强调各部门的协同工作，通过建立各决策者之间的有效信息交流与通信机制，综合考虑各种相关因素的影响，使后续环节中可能出现的问题在设计的早期阶段就被发现，并得到解决，从而使产品在设计阶段便具有良好的可制造性、可装配性和可维护性，可以最大限度地减少设计反复，缩短设计、生产准备和制造时间，提高企业快速响应市场变化的能力。

（二）管理信息系统和信息技术

管理信息系统（Management Information System，MIS）是由人和计算机网络集成，能够为企业提供所需的信息以支持企业的生产经营和决策的人机系统，其主要功能包括经营管理、资产管理、生产管理、行政管理和系统维护等。

1. 办公自动化系统

办公自动化系统（Office Automation System，OAS）是利用技术的手段提高企业的办公效率，进而实现办公自动化处理的系统。OAS 提高了企业日常管理的规范化，增加了企业的可控性，提高企业运转的效率，它涉及了企业日常行政管理、各种事项的审批、办公资源的管理以及各种信息的沟通与传递。总体来说，它是跨越生产、销售、财务等具体的业务范畴，更集中关注企业日常办公的效率和可控性，是企业提高整体运转能力不可缺少的工具。

2. 主管信息系统

主管信息系统（Executive Information System，EIS），也被称为经理信息系统，是服务于组织的高层经理的一类特殊的信息系统。EIS 能够使企业的管理人员获得更快更广泛的信息，通常被视为企业内部的组织状况报导系统，能够迅速、方便和直观地提供综合信息，并可以预警与控制企业经营中遇到的问题。此外，EIS 还是企业的人际沟通系统，管理者可以通过网络下达指示，提出行动要求，与其他管理者讨论、协商、确定工作分配，并进行工作的控制和验收等。

3. 主管支持系统

主管支持系统（Executive Support System，ESS），综合了各种信息报告系统和决策系统，形成了企业内部专为组织高层领导使用的信息系统。从其处理的信息特点来看，ESS 主要是为了满足高层领导对战略信息的需求。ESS 的分析、比较和显示的能力非常强，可以使管理者在较短的时间内获得较多的数据，并能有效地监视他们自己所负责的领域，显著地改善企业管理业绩，增加上层经理的控制幅度。

4. 决策支持系统

决策支持系统（Decision Support System，DSS）是辅助决策者通过数据、模型和知识，以人机交互方式进行的半结构化或非结构化决策的计算机系统。它是管理信息系统（MIS）向更高一级发展而产生的先进信息管理系统，它为决策者提供分析问题、建立模型、模拟决策过程和方案的环境，调用各种信息资源和分析工具，帮助决策者提高决策水平和质量。

（三）实现产品生产、经营的信息系统和信息技术

1. 计算机辅助设计系统

计算机辅助设计（Computer Aided Design，CAD）是利用计算机及其图形设备帮助设计人员进行设计工作。在工程和产品设计中，计算机可以帮助设计人员担负计算、信息存储和制图等各项工作。在设计中通常要用计算机对不同的方案进行大量的计算、分析和比较，以确定最优方案。CAD 能够减轻设计人员的劳动，缩短设计周期并提高设计质量。

2. 计算机辅助制造系统

计算机辅助制造（Computer Aided Manufacturing，CAM）是利用计算机来进行生产设备管理控制和操作的过程。它输入的信息是零件的工艺路线和工序内容，目的是开发一个集成的信息网络来检测一个广阔的相互关联的制造作业范围，并根据一个总体的管理策略控制每项作业。CAM 的应用推动企业朝着网络化、专业集成化的方向发展，提高了企业对市场变化的控制和反应能力。

3. 有效客户反应系统

有效客户反应（Efficient Consumer Response，ECR）是一种通过制造商、批发商和零售商各自经济活动的整合，以最低的成本，最快、最好地实现消费需求的流通模式。ECR 强调供应商和零售商的合作，尤其在企业间竞争加剧和需求多样化发展的今天，产销之间迫切需要建立相互信赖、相互促进的协作关

系，通过现代化的信息和手段，协调彼此的生产、经营和物流管理活动，进而在最短的时间内更好地应对客户需求变化。

（四）现代企业信息系统网络

1. 企业内联网

企业内联网（Intranet）是企业网的一种，是采用互联网技术组建的企业网。在企业内联网中除了提供 FTP、E-mail 等功能外，还提供 Web 服务。在企业内联网中采用 Web 技术后，可以使企业定时或按需发布信息，使员工得到最新、最急需的信息。从而提高工作效率。企业内联网与互联网的区别是内联网上的绝大部分资源仅供企业内部使用，不对外开放。为了防止外界的非法侵入，通常采用防火墙或者其他安全技术，将内联网和互联网隔离开来。

2. 企业外联网

企业外联网（Extranet）是一个使用 Internet/Intranet 技术使企业与其客户和其他企业相连来完成其共同目标的合作网络。Extranet 可以作为公用的 Internet 和专用的 Intranet 之间的桥梁，也可以被看做一个能被企业成员访问或与其他企业合作的企业 Intranet 的一部分。Extranet 通常与 Intranet 一样位于防火墙之后，但不像 Internet 为大众提供公共的通信服务以及 Intranet 只为企业内部服务，Extranet 是对一些有选择的合作者开放或向公众提供有选择的服务。总体来说，Extranet 访问是半私有的，用户是由关系紧密的企业结成的小组，信息在信任的圈内共享，因此，Extranet 非常适合于具有时效性的信息共享和企业间完成共有利益目的的活动。

3. 电子数据交换系统

电子数据交换系统（Electronic Data Interchange，EDI）是通过计算机通信网络将贸易、运输、保险、银行和海关等行业信息，用一种国际公认的标准格式，实现各有关部门或公司与企业之间的数据交换与处理，并完成以贸易为中心的全部过程，它是 20 世纪 80 年代发展起来的一种新颖的电子化贸易工具，是计算机、通信和现代管理技术相结合的产物。其目的是以迅速、高效、低成本的信息交换，提高贸易伙伴之间的联系，并提高企业在全球化市场中的竞争能力。

第三节　移动商务信息管理策略

一、移动商务信息管理策略的制定

为了提高企业内部信息管理的效率，在移动商务企业信息化建设时，需要遵循以下原则：

（一）以一把手负责为原则

移动商务企业在信息管理策略的制定和实施过程中，如果企业的一把手不重视，或者只在形式上重视，却没有落实到实际的实施过程，那么信息管理肯定是做不好的。在信息管理策略制定的过程中，技术问题可以由技术专家解决，但在信息管理策略制定之前，要对企业现有的业务流程进行全面的梳理和再造，以便推动信息系统的上线，提高企业的信息化程度和总体的竞争力。在企业业务流程再造的过程中，不可避免地要涉及很多的人和事，甚至还要进行组织架构上的调整，这意味着人事部门经理就要调换工作，并涉及企业内部利益再分配，是一个深层次的管理问题，单靠信息技术部门推进信息化进程将是很困难的。

141

（二）以持续稳定发展为原则

与企业其他业务建设相比，管理信息系统的建设投资大、见效慢，其成效需要在企业长期的运营管理过程中才能够逐步显现，所以无论是企业的管理者、业务部门还是负责技术开发的团队都要理解持续稳定的原则，不能将目光仅仅局限于企业短期的运行，而是要关注企业长期的发展规划。企业管理者的持续稳定是指对于信息化建设政策方面的持续稳定，业务部门要了解信息化建设的特点，给予支持和配合，并在新系统人机并行试验、试运行的过程中保持持续稳定的心态。此外，技术开发人员也要保持持续稳定的状态，以免出现断层，阻碍企业管理信息系统的上线和运行。

（三）以信息技术为基础

企业在工业革命时期的基础设施主要是以动力为核心，电力、机器等为企业的生产提供了必要的基础。进入信息时代，企业的信息基础设施（Enterprise Information Infrastructure，EII）应以计算机网络为核心，采用现代通信技术、计算机网络技术和数据库技术为企业信息化创造物质基础。

（四）以信息管理的规范化和标准化为基础

一个企业的信息管理是否真正走上正轨，其重要标志是其信息流程是否实现了规范化，数据是否实现了标准化。比如，企业中信息的编码、格式是否统一，信息流程是否有明确的规定，即信息从哪里来、到哪里去、在哪里存、在哪里加工是否有明确的规定；带有时间性的信息是否能够及时地按照要求的周期更新；历史信息是否以可查询的方式保存妥当等。所有这些信息和信息处理的规范和标准要逐步建立并作为企业信息化的一个重要方面。

（五）企业信息系统应以数据为中心

信息系统的一条基本原则是信息系统应以数据为中心，应用开发应该面向数据，而不应该面向处理过程。信息系统强调高层规划工作，即以总体数据规划为中心的总体规划和总体设计。有一套完整的"自顶向下规划和自底向上设计相结合"的策略。要把建立组织信息资源管理标准、正确制订数据库计划和研制新的业务功能模型作为重点。能否抓住机遇搞一次正规的总体数据规划，是推进企业信息化进程的关键。

（六）以企业的产出为重点

企业的产出表现为产品或服务。企业信息化要紧紧围绕着产出，为其降低成本、提高质量、快速供应、减少库存、扩大销路、缩短开发和生产周期，并增进客户消费的满意度。在移动商务大环境下，企业的创新尤为重要，企业竞争力的提升依靠的是产品和服务的创新，所以企业信息化还要有利于企业创新。

（七）要针对不同的企业采用不同的信息化方式

企业的性质和类型各异，规模大小不一样，存在的主要问题也各不相同，人员素质、管理的基础情况也不相同。因此，企业信息化没有统一模式。尽管在信息化建设技术上有一个近似的标准，但在总体设计上，包括管理模式、信息流程、数据组织等是不一样的。企业要根据自身的条件、需求和能力，实事求是，做到切实可行。

（八）企业信息化要坚持以人为本

企业信息化成功与否，要看企业中是否有一支高水平的团队。这里的高水平是指这支团队要具备应用现代信息技术的本领与能力，同时还要能够真正体现信息为管理、为经营服务的管理理念。信息技术人员要能深刻理解企业业务，业务人员要学习信息技术。对企业管理者来说，更应带头学习，建立起信息管理不可缺少的观念，这对企业来说是巨大的、无形的力量，它不仅对从事信息管理工作的专业人员是一种巨大的支持，而且对企业全体员工起着示范和带头作用。与此同时，企业信息化应当以人为本，不管是高层管理者、技术人

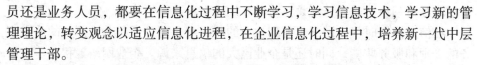

员还是业务人员，都要在信息化过程中不断学习，学习信息技术，学习新的管理理论，转变观念以适应信息化进程，在企业信息化过程中，培养新一代中层管理干部。

（九）企业信息化应以信息服务的社会化与商品化为方向

企业信息化建设和信息服务要社会化和商品化。社会化是指企业信息化建设和日常信息业务应由社会上专业技术公司承担，本企业人员协助，或本企业成立信息技术部门（IT部门），但该IT部门不仅要服务于本企业，更要服务于社会。商品化是指企业接受的信息业务不管是由社会上专业公司承担还是由本企业IT部门承担，都要按质论价，以便获得服务质量的保证。特别提到的是本企业的IT部门提供的信息服务也要按质论价，也要商品化。这样做是对IT部门服务成绩的认可，可激发IT人员的工作热情。对服务不好的要给予惩罚，这样才能保证信息服务的高水平、高质量。

二、移动商务信息管理策略的实施

（一）重视企业信息化的基础建设，处理好信息技术的集成化

1. 信息技术的集成化是企业信息化基础建设的关键

在引进设备和推进信息化的过程中，要考虑企业信息系统能否集成，能否实现体系与外界、系统与系统的兼容，能否资源的共享、优化结构。目前，在软件建设方面，国产软件功能尚不完备，系统间集成能力较差，产品开发工程化较弱，对企业的普适性不高，需要企业在信息化的过程中考虑周全，实现行业软件统一开发。

一些企业会出现产供销脱节、财务账与实际账面不符等问题，这就是生产、销售、采购、物流、财务等各流程单独运作，独立开发，而没有按照一定程序集成技术，未能形成有机的整体统一协作所造成的后果。因此，信息系统开发时要实现信息技术的集成化以及管理信息化。

另外，数据环境是实现企业信息化的基础。企业数据环境的建设应包括企业生产，经营和管理活动的数据采（收）集，加工和处理以及以"数据为中心"由低级逐步向高级发展的综合应用数据库的建设。按照数据传递标准，保证正常的信息传递及其有效的关联，达到系统资源共享，减少冗余和复杂的信息，提高信息的使用效率，使信息流通方便、快捷。对于移动商务企业而言，信息的有效集成可以保证企业的物流、资金流的运转速度，促进价值流迅速提升，实现资金流、物流和工作流的整合，进而达到企业资源的优化配置，不断提高企业管理的效率和水平，最终提高企业的经济效益和核心竞争能力。

2. 抓好网络基础设施建设，处理好建设中各方面的关系

在信息网络时代，网络延伸到社会的每一个角落，承担着大部分的公众事务的管理和服务职能，同时还是企业巨大的信息来源。企业网络工程的建设不仅推动着社会生产力的飞速发展，同时还用高科技的技术手段改变着人们的生活和工作的方式。

移动商务企业在推动信息化建设的过程中，需要及时配置相应的电脑、打印机、扫描仪、摄影机、照相机等一系列办公自动化设备，更要抓好网络基础设施，其中主要包括各种信息传输网络建设、信息传输设备研制、信息技术开发等设施建设。

此外，企业在信息化工程组织、建设与应用中应处理好几个关系：信息主干网络与广域网络建设的关系，网络平台与应用平台建设的关系，软件投资与硬件投资的关系，总体数据规划与应用开发的关系，原有子系统集成与新系统开发的关系，系统建设与提高企业员工信息化意识的关系，近期目标与长远目标的关系以及依靠自身力量与选择伙伴合作的关系等。只有平衡好这些关系，移动商务企业才能更好地实现信息化，并利用信息系统的功能，提高企业的运营管理效率，提升企业的综合实力。

3. 建设网上协同作业体系，加强和完善安全认证体系

网上协同作业体系建设的快慢直接影响着企业信息化建设的进程，因此，为保证企业移动商务的效率和效能的充分发挥，企业应该努力使其信息流、资金流、物流尽可能达到协调统一。

对于开展移动商务的企业而言，应该注意解决移动购物、交易和结算中的安全问题，制定一套安全认证体系并逐步完善，保障顾客移动支付的安全性。对于日常系统维护工作，企业也要有相应的系统安全保护机制，防止计算机病毒和黑客的攻击，确保系统不出故障。

（二）重视人才培养，建立一支高素质的信息技术队伍

人是信息化建设中重要的组成部分，人才是信息化建设的关键。企业信息化需要一支既懂技术、又懂管理，知识结构合理、技术过硬的"复合型"人才队伍。因此，移动商务企业要通过加大人才培养，将企业内部隐性的知识显性化等方式，加强企业内部的信息共享机制，造就一批精通专业知识并具有强烈的创新精神和实践能力的高层信息技术队伍。对于信息技术队伍的培训形式，可以通过人才专业培训、技术交流、对外合作等，同时还可在长期的信息化建设实践中不断挖掘人才、发现人才，充实 IT 队伍。

（三）加大企业信息化建设的投资与投入

有些企业高层对企业信息化的认识不足，这也有可能造成投资不足、经费不够等问题，使企业信息化建设难以推动。这些问题在企业信息化建设初期显得尤为凸显，主要原因是管理者对信息管理系统期望值过高，一旦在短期内收效不明显，就可能会丧失信心，减少投资，甚至会减少建设过程中的人力、物力的投入。这样将影响整个建设进程，不利于信息化建设的长期发展。这就要求管理者在信息化建设的初期就认清信息系统建设的目标，并积极倡导信息时代新思维管理模式，做好认识工作，让企业决策层重视到企业信息化建设的重要性，从而加大资金与人才的投入。

 **本章案例**

BlackBerry 创新无线解决方案融入企业

BlackBerry® 自 1999 年推出以来在全球范围内产生了非常巨大的影响。BlackBerry 开始推出的时候首先是受北美人士的推崇，那个时候的 BlackBerry 没有电话和多媒体的东西，只是做收电子邮件用。2009 年第二季度黑莓财报显示其在全球范围内已经有 2850 万个客户，在全球范围内已经与 165 个国家及市场、475 个运营商及渠道进行合作，可以说 BlackBerry 已经是全球最流行的通信工具之一。

RIM 公司是一家着重于创新的企业，利用无线解决方案在商业沟通模式上带来突破。公司同时在产品及技术发展方面不断听取客户的反馈意见，精益求精，切合客户需求。

一直以来，BlackBerry 无线解决方案的推送电子邮件技术备受认可，但实际上，BlackBerry 无线解决方案并不仅仅局限于电子邮件推送。它提供了一个基于业界标准为基础的平台，提供易用的 API，让不同的厂商可在该平台上建立不同的应用及解决方案。

综合经验，RIM 公司在发展的过程中注重与运营商及合作伙伴紧密合作，并懂得本地化的重要性。RIM 公司所提供的是创新的解决方案，而非手机产品，满足企业对连接性、稳定性和安全性的需求。在市场上，RIM 公司与运营商紧密合作，为它们提供促进盈利的解决方案，产生高额的每用户平均收入，减少客户流失量，取得运营商的可靠的合作伙伴地位。RIM 公司的创新并不局限于产品方面，也积极与第三方应用开发商合作，为 BlackBerry 的无线解决方案平台带来更多应用，满足客户的不同需求。

目前，市场上有不同的方案来帮助企业实现数据的移动化，但 BlackBerry 相信，真正的平台是能够让企业真正演进到新的商业模型，利用新的工具来帮助员工在任何地方都能使用公司的数据。

145

移动商务管理

企业在信息化方面已有的投入对提高竞争力有目共睹，EPR 提高资源管控，CRM 提升销售能力等。但随着业务点的深入，公司的移动工作人群越来越多，包括高管、销售、调研和服务人员等。他们要参加会议、拜访客户、出差考察、现场服务等，经常不在办公室。他们的效率和竞争力决定了公司的执行力和竞争力。远程访问企业数据日益从一种竞争优势变为一种竞争要求，公司的移动工作人群需要随时采集、利用和扩展有用的企业信息，从而及时做出决策或满足客户期望的全天候的服务和支持。

依据 BlackBerry 无线解决方案，公司最好从企业广泛使用的应用程序开始推行无线技术，因为这些应用程序的确定和实施最为简单，而且拥有最广泛的吸引力。

结合中国企业信息化发展的状况，从相对成熟的企业 OA、ERP、CRM 这三大系统着手部署无线应用解决方案。通过无线解决方案与公司现有的 OA、CRM、ERP 三大信息系统进行对接，让企业内部网络外延扩展到随身携带的移动终端上，既能满足企业流动办公的需求，又能与公司内部管理系统无缝链接。

基于企业现有 OA 系统部署的无线解决方案，让公司员工/管理者通过移动终端随时随地接入公司内部的 OA 系统，实现公文处理、公告发布、信息查询、日程管理等业务的实时处理，拓展了办公空间，提高了办公效率。

以 ERP 系统为基础的企业无线解决方案就可以让企业中高层管理人员随时掌控企业的运作情况，对产品研发设计、作业控制、生产计划、物料采购、市场营销、库存状况、财务、成本分析等方面都可以随时追踪、分析，产生强大整合的自动化效益，真正实现企业管理软件随时、随地、随身的办公管理理一体化。

基于企业现有 CRM 系统部署的无线解决方案，可以移动化客户关系管理的流程，因此，不需要再依赖纸面化程序或无结合的系统来管理客户。员工在办公室以外一样可以通过移动终端登录 CRM 系统，进行销售、服务、市场营销、电子商务、商务分析等操作。

资料来源：http://blog.vsharing.com/rim/，2009-09-16.

➡ 问题讨论：

1. BlackBerry 移动商务解决方案能帮助企业在哪些方面提升效能？

2. 在企业中，信息系统会起到怎样的作用？

本章小结

企业信息管理是企业管理者为了实现企业目标，对企业信息和企业信息活动进行管理的过程。它是企业以先进的信息技术为手段，对信息进行采集、整理、加工、传播和利用，从而对企业的信息活动过程进行战略规划，对信息活动中的要素进行计划、组织、领导、控制的决策过程，力求资源有效配置、共享管理、协调运行、以最少的消耗创造最大的效益。

企业决策信息来源可以分为内部信息资源和外部信息资源。内部信息资源是企业决策的基础，外部信息资源是决策的主要来源，两者共同构成了企业信息的全部内容，也是企业信息管理的主要内容。企业信息管理的内容包括企业外部信息资源，如宏观信息、政策信息、行业信息等；企业内部信息资源包括市场管理信息、财务管理信息、技术管理信息、投资管理信息、生产管理信息、组织管理信息和营销管理信息。

在移动商务环境下，全球化竞争使市场的变化非常迅速，导致企业的自我调节变化的速度跟不上市场变化的速度，严重阻碍了企业的发展。面对一个技术日新月异、市场变化难以预料的竞争环境，由于传统的大批量生产模式存在着一定的刚性，使企业对于快速的市场变化反应非常迟缓，难以在短时间内对市场趋势和消费者需求的变化作出灵活的调整决策。这就要求移动商务企业在信息时代除了注意信息设备的更新换代，还要注重企业的移动商务信息系统建设以及广大员工素质的培养，推进移动商务的信息化管理，以增强企业对市场的掌控能力，促进企业持续和快速的发展。

企业的信息系统主要可以分为四类：第一类是技术与管理相结合的信息系统和信息技术；第二类是管理信息系统和技术；第三类是企业实现产品生产、经营的信息系统和信息技术；第四类是现代企业信息系统网络。它们之间的共同作用是帮助企业进行更加快速和高效的信息处理，提高企业的运作效率。

为了提高企业内部信息管理的效率，在移动商务企业信息化建设时，需要遵循以下原则：以一把手负责为原则，以持续稳定发展为原则，以信息技术为基础，以信息管理的规范化和标准化为基础。

企业信息化应以数据为中心、以企业的产出为重点，针对不同的企业采用不同的信息化方式，坚持以人为本，并以信息服务的社会化与商品化为方向来开展信息化建设。在移动商务信息管理策略的实施过程中，重视企业信息化的基础建设，处理好信息技术的集成化，重视人才培养，建立一支高素质的信息技术队伍，并加大企业信息化建设的投资与投入。

本章复习题

1. 阐述企业信息管理的目标。
2. 列举企业制定决策的信息来源。
3. 阐述移动商务信息管理的重要性。
4. 举例说明移动商务信息系统的类别。
5. 阐述移动商务信息管理策略的制定方法。
6. 阐述移动商务信息管理的实施方法。

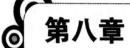

第八章

移动商务营销管理

学习目的

知识要求 通过本章的学习，掌握：

- 移动商务营销的概念和特点
- 移动商务营销的基本策略
- 精准营销和网络营销的内涵
- 移动商务的营销渠道

技能要求 通过本章的学习，能够：

- 了解移动商务营销的含义
- 了解移动商务营销的特点
- 掌握精准营销和网络营销的基本策略
- 掌握移动商务的营销渠道

学习指导

1. 本章内容包括：移动商务营销的含义；移动商务营销的特点；移动商务营销的基本策略；精准营销和网络营销的内涵；移动商务的营销渠道。

2. 学习方法：结合案例理解移动商务营销的特点，从精准营销和网络营销的特点入手掌握移动商务营销的策略，掌握移动商务的营销渠道。

3. 建议学时：4学时。

用友的"移动商街"模式

当手机实现了群发功能，一种新的营销模式开始出现。从初始阶段的短信群发，到目前 Push 到用户手机上的各种移动广告，不少企业都已经意识到移动营销的重要性，但这依然算不上是真正意义上的移动营销。只有拥有独立的商务平台、拥有独立的网站、拥有忠诚的用户群，才是实现移动商务精准营销的必要条件。

然而对于大多数中小企业来说，靠自己能力单独建立一个 WAP 网站无疑是一件难事。2006 年 7 月，用友软件公司推出了移动商务领域的重磅产品——"移动商街"，明确提出建设移动商务平台、进军移动商务的战略目标。这个商街是一个拥有最广泛拥护的媒体平台，一个提供最精确用户数据的商业平台。

"移动商街"是基于移动互联网、聚集消费者与商家的虚拟商业中心，是数千万手机注册会员和上百万提供服务的商家会聚之地。在"移动商街"上，会员可以通过手机获得及时有用的消费和生活服务信息，比较、选择和消费，了解商家并参与互动，享受折扣、奖品和积分回报等实惠。入驻的商家可以通过"移动商街"平台进行市场营销、产品推广和形象展示，为会员提供商业服务，促进销售，并可实现移动交易和支付，节省成本。

"移动商街"模式的特点是 B2B2C，即提供移动商务平台和服务产品给企业和商家，让企业和商家利用这个平台向消费者提供商品和服务。这个平台拥有大量的消费者，只要是手机能上网或者发送短信到指定号码就可以获得商街中商家的各种信息。到 2010 年手机用户将达到 7.38 亿户，这个特点将更加突出。

"移动商街"同时提供网页（WAP）版和短信（SMS）版。任何具有上网功能并开通 GPRS 服务功能的手机，即可直接输入"移动商街"的域名进入"移动商街"首页界面，并按区域、栏目、搜索或导航，快速进入商家的移动店铺，体验手机"逛街"的便捷和乐趣。短信互动（SMS）是用户基础最大、应用最广泛的移动增值服务，任何可以收发短信的手机，都可以通过发送"移动商街"进入"移动商街"短信版，或直接发送商家的移动实名，直达商家的移动商铺，了解产品的服务信息。同时，"移动商街"还支持二维码功能，具有拍摄功能并预置了二维码解码软件的手机，在开通了 GPRS 上网服务后，便可通过拍下二维码图案，进入商家在"移动商街"上的移动店铺。

"移动商街"是在移动互联网上建立的虚拟商业中心，为成千上万的企业和商家提供营销和交易平台，让数以亿计的手机用户能够在里面消费。通过

"自成长"式的发展积累，最终形成一个超级商圈，虚拟的商业生态链。在"移动商街"首页上，每天都有不同的商业广告刊登出来，当然商家也会为此支付一笔广告费用。与普通的商业广告类似，"移动商街"采取竞价排名、热门商家等方式，为平台上的商家提供快速提升知名度、促进销售的方法。而在营销成本上，商家可以按与传统营销不同的方式付费，即按照效果付费。每一个顾客登录店铺，商家就付一笔广告费，因为"移动商街"的移动商务模式，在后台的数据库中，可以保存顾客的访问记录，这为商家实现精准的互动营销提供了便利的条件，而移动商街也因此赚得了更高的人气和广告收入。用友"移动商街"的营销模型如图8-1所示。

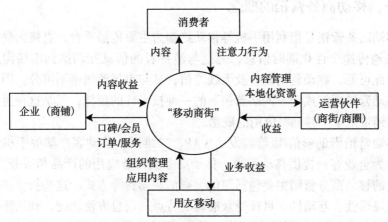

图8-1 用友"移动商街"的营销模型

资料来源：作者根据互联网资料整理。

➡ 问题：

1. 概括"移动商街"的营销方式。
2. 与传统的营销方式相比，"移动商街"的营销方式有哪些优势？

第一节 移动商务营销概述

近些年来，移动商务、移动互联网、移动支付等新兴领域的应用，使中国提前迈入了一个新的互联网时代。移动应用正从过去单纯的手机阅读、手机音乐、手机娱乐等向移动商务过渡。移动互联网环境的改善促进了相关业务的快速发展，大量高质量的应用服务促进了用户数量的增长，进而形成产业发展的良性循环，与此密不可分的移动营销的规模也不断扩大。

根据易观智库发布的《中国无线营销市场专题报告 2010》显示，以企业为投放移动营销所支付的全部直接费用为统计口径（含渠道所得），2009 年中国移动营销市场规模达 9.80 亿元，同比增长 30%。由于 3G 牌照的发放以及 WAP 类广告代理商积极扩展无线媒体资源，加之智能手机的日益普及为手机应用客户端的发展奠定了基础，手机软件、游戏下载类广告在 WAP 广告中比重逐渐增加。这些广告一般也不存在以往的付费陷阱，因此在用户中获得了良好的口碑，带动了移动营销市场的增长。

一、移动商务营销的概念

移动商务营销是指利用手机等移动终端为主要传播平台，直接向受众定向和精确地传递个性化即时信息，通过与消费者的信息互动达到市场沟通的目的。由此可见，移动营销既涉及无线通信，又与市场营销密不可分。因此，可以将移动营销理解成为"网络营销"的一种技术性的延伸，正是这种延伸，为市场营销带来了"移动"应用的概念。

移动营销借助彩信/短信群发、WAP、二维码、移动客户端等手机和无线技术，为企业客户提供移动营销、移动商务及行业应用的产品和服务。目前，市场上的移动商务营销主要包括短信、彩信、彩铃等方式。这些新营销方式不仅具有灵活性、互动性、目标受众准确的特点，而且方便快捷，到达率高，成本低，可监测性强。另外，无线技术和互联网技术的使用不受时间、地点的限制，企业与消费者的互动非常灵活，可以使企业随时掌握市场动态，了解消费者的需求，进而为他们提供更好的产品和服务。

与此同时，由于传播的信息都是数字化，移动营销的成本非常低，不仅节省了传统的印刷等实体成本和中介高额的手续费，也节省了电视、广播等巨额的广告费。另外，在进行移动营销过程中，企业还可迅速地掌握回复率及回复时间等精确数字，从而提供了监测营销活动的便捷方式。

目前，移动营销在很多方面都有着非常广泛的应用。例如，向用户提供信息咨询服务、向用户推广和宣传产品、通过用户的互动收集市场信息和用户数据等。此外，移动营销也为企业和个人带来了很多利益，企业可以随时随地与员工保持联系、掌握市场动态、了解顾客需求，并随时随地地向顾客推销产品或服务，而个人则可以随时随地地获得新闻资讯、了解市场行情、掌握产品信息以及购买所需商品等。

二、移动商务营销的特点

(一) 精确性

移动商务营销通过对目标市场的精确细分，利用手机等移动终端与目标消费者建立"一对一"的营销关系。手机媒体广告把私人移动电话和广告结合起来，形成客户、商家和运营商三方受益的局面。商家和运营商可以通过客户的注册信息以及通信网络来了解其消费者的真实情况，因为每一个手机号码都对应某一特定消费习惯的客户，商家可以通过电信运营商数据库区分出每个受众所属的消费群体。在区分出受众的消费水平、所属地域等特点后，有针对性地将有效信息传播给目标受众，便于企业开展营销活动。此外，移动终端可以即时地记录下用户的真实消费情况，便于移动商务企业根据消费者的实际情况进行消费群体的细分并建立营销客户数据库，从而实现营销的精确性。企业在建立了移动营销客户数据库后，能够详细地知道目标受众的确切身份，更有利于个性化地和客户沟通，维护客户关系。

另外，随着无线通信技术不断进步，全球定位系统（GPS）也更加精确，可以准确地知晓用户的地理位置。比如目前的基于位置的服务（LBS），当用户到达某个地点时，企业就可以通过网络自动获取用户的地理信息，并向用户发送周围相关的促销或举办的活动等信息，利用这些地理位置信息实施的精准营销，并已经在市场中初显成效。

153

(二) 及时性

移动终端本身具有便携性和即时性的特性，因此，移动营销就会随之产生即时的效果。对于企业而言，可以利用移动营销的及时性，将产品和服务的信息及时传递给目标顾客，一些团购网站会将最新的团购信息通过短信或电子邮件的方式发送给顾客，顾客则可以通过移动终端将实际的消费情况反馈给企业，企业也据此对营销效果进行评估与控制。

(三) 个性化

随着顾客需求的多元化，顾客对于个性化的产品和服务的需求也日益提升，这对于产品和服务相对简单的移动商务提出了很大的挑战，要求移动商务企业对于终端客户的需求有着更为深入的理解，并利用移动终端与使用主体的对应性，将移动营销的市场目标定位到个人，根据不同用户的使用习惯和消费水平等因素，实施更加准确的营销，提供给用户差异化的产品和服务，以提高顾客的满意度。

三、移动商务营销的实施

基于移动商务营销的以上特点，在营销实施的过程中，企业应当注意以下问题，以保证达到较好的营销效果。

（一）用户体验至上

在移动商务的大背景下，市场竞争日益激烈，企业的产品或服务要想取得成功，"用户体验"至关重要。而移动终端屏幕较小、处理速度相对较慢，用户浏览大的图片、视频受速度和流量问题的影响，用户体验往往并不十分理想。对于移动商务企业而言，如何在终端技术水平相对有限的情况下，为用户呈现尽可能丰富的资讯、尽可能个性化的服务，是移动商务企业面临的重要课题。

目前，日本的一家 SNS 社交网站 mobagetown 是一个捆绑了免费游戏、社交网络功能以及虚拟社区功能的移动互联网网站，只能通过手机等移动终端接入网络。mobagetown 自 2006 年 2 月开放以来，用户数呈爆炸式增长，在一年半的时间里用户达到了 650 万户，目前平均每月的页面浏览量超过 100 亿次。mobagetown 取得成功的主要因素之一是提供免费的、高质量的休闲游戏，大约有 60 款 Falsh 在线游戏和 20 款 Java 游戏。为了玩游戏，用户不得不注册一个账号，一旦登录，SNS 的所有特征将一览无余，如博客、点评、圈子等。系统还为注册用户提供一个网络虚拟形象，为了装扮自己的形象，注册用户需要获得"MobaGold"的虚拟货币来购买衣服、配件、宠物甚至家具、房间等。这充分说明，在移动商务时代，谁能更了解消费者的真实需求，为用户创造愉悦的产品和服务体验，谁就拥有了成功的重要砝码。

（二）盈利策略不可急功近利

移动商务是一个新兴的商务模式，市场潜力巨大，但移动商务企业在盈利模式的策略上一定不可急功近利，在发展初期需要对市场进行慎重的思考与分析，对顾客需求有深入的研究和掌握。对于大多数企业而言，移动商务是对现有业务的一个延伸，是依靠移动终端和无线通信技术等建立起来的商业模式，对于习惯于电脑上的电子商务模式的用户而言还相对陌生，用户对于移动商务的安全问题等也存在着一定的顾虑。因此，企业需要在不断探索盈利模式的同时，对用户进行必要的引导，使用户能够更深入地了解移动商务的产品和服务。

一些企业就在利用网络营销等方式，通过 SNS 社区来为企业的移动商务发展聚集人气，提高用户对于移动商务的认知程度，以提高用户的使用黏性和依赖程度。例如，中国移动依托移动梦网的强大平台，开通了自己的 SNS

网站 139.com，启动了二维码业务，剑指移动娱乐和移动商务，还有大量行业意见领袖的移动 Labs 博客等，在原有平台的基础上，进一步拓展移动商务发展空间。

（三）找到业务的核心竞争力

在移动商务环境下，技术更新换代非常迅速，企业想要在市场的竞争中取得成功，必须要打造自己的核心竞争力，这是支撑企业现在和未来发展、使企业在竞争中能够长时间取得主动权的关键因素。

实际上，移动商务时代并没有所谓的杀手级应用，因为每一个创新都有可能是颠覆性的，所谓的核心竞争力也只是暂时的，需要企业时刻把握市场动态，拓展其核心能力。在产业链竞争中处于相对被动的情况下，企业要想不断提高其市场占有率，就必须提升自身的业务创新能力，这决定了企业的发展方向和核心能力。

（四）把握移动营销新模型

一些移动终端的厂商、网络运营商等企业也纷纷建立适合自身发展情况的营销模型，其中一些取得了巨大的成功。例如，苹果（iPhone）的出现无疑是移动商务发展的一个里程碑式的产品，其在市场中取得的巨大成功也开创了移动终端厂商与移动运营商业务分成的新模式。其应用程序下载商城 App Store 开通 9 个月便卖出了 10 亿个下载，在 2008 年就已经占领移动软件市场 12% 的市场份额，致使一些在线社交网站也纷纷与之合作，建立了大量的苹果品牌社区，用户通过这样的在线社区可以了解与产品相关的信息，并进行在线讨论，苹果公司又可以通过这个平台宣传自己的品牌文化、促销信息等。

朱海松在《无线营销——第五媒体的互动适应性》中提出了一个可以更好地用在无线营销上的 4I 模型，4I 代表分众识别与锁定（Individual Identification）、即时信息（Instant Message）、互动的沟通（Interactive Communication）以及"我"的个性化（I Personality），如图 8-2 所示。4I 模型是以移动设备和移动网

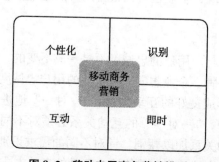

图 8-2　移动电子商务营销模型

络技术优势为保障、以用户为中心、以差别化为营销手段，实现企业营销推广目的的模型。

1. 识别

移动商务营销就是利用第五媒体（手机）与差异化的个体进行"一对一"的沟通。其中，识别即对对象进行分众，并与其建立"一对一"的关系。在这里，分众的精细化就是目标个体，而目标个体指的是差异化的个体目标用户，而不是一个抽象的群体。同时，这个目标个体是可识别的，即分众的量化。这种识别不仅包括不同用户之间的个性化需求的识别，还应包括同一用户在不同地点和不同的时间段的特定需求。个体的可识别，就是可以对目标用户进行量化管理。传统营销理论回避了到底那个消费者是谁的问题，而将消费者描述成为具有一定特性的抽象团体，这导致建立的消费者关系是模糊的、不可识别的。而移动商务营销所做到的分众识别和个体锁定，对客户关系的建立和定向广告的发布都具有促进作用。

2. 即时

即时性在移动商务营销中的体现为随时性和定时性。移动终端本身的便携性使移动商务营销人员可以及时地与目标用户进行沟通交流，加快了企业对市场的反应速度。在互动的市场之中，企业最重要的问题不在于如何控制、计划以及实施营销活动，而是在于站在顾客的角度，深入地了解顾客的需求，并对市场的变化做出快速的反应，更好地满足顾客的需求。而移动商务营销的动态反馈和互动跟踪则为这种营销提供了一种可能。此外，移动商务营销的即时性对于企业来说意味着广告等营销方式的发布时间可以是定时的。当企业对用户的消费习惯或者使用习惯有所察觉时，可以在用户最有可能产生购买行为的时间发布产品或者服务的营销信息。当然，这需要企业对用户的消费行为有着系统且量化的跟踪和调查，同时在技术上也能够有随时发布信息的手段。另外，定时性也同样可以表现为当用户到达某一特定的地理区域后触发的营销行为。目前基于移动定位系统，企业也可以根据用户的地理信息，为用户提供即时的促销信息。

3. 互动

互动即用户的参与。用户的忠诚度不是一成不变的，他们可能会随时被其他品牌吸引，转换品牌。企业想要保持较高的用户忠诚度，获得长期稳定的市场，就需要与用户形成良好的互动关系，"一对一"地进行无线互动营销。在移动商务营销过程中，"一对一"的互动关系必须对不同客户（从最有价值顾客到负价值顾客）的关系加以甄别，针对不同的需求识别出不同的个体。这样的移动互动营销才是有的放矢，才能成为互动的有效方式。

4. 个性化

移动终端的特点在实现个性化、私人化的时候表现出了固有的优势，这也都使移动商务营销活动越来越具有个性化的色彩。用户对产品和服务需求的多元化要求移动商务市场中的营销活动必须具有个性化，传递的信息也必须是个性化的。

需要注意的是，强大的数据库是实现可识别、即时性、互动性以及个性化的基础，用户许可则是实现长期移动商务营销的保证。没有数据库的支持，就无法深入分析和了解顾客的真实需求和偏好，也就不能实现用户的识别以及所提供的产品和服务的个性化，最终无法发挥出移动商务营销的优势。另外，如果没有用户许可，企业短信、邮件等推送方式只能被用户归入垃圾短信、垃圾邮件的行列当中，而无法成为有效的营销信息，并很可能引起用户的反感，给企业形象造成负面的影响。

由此可以看出，在移动商务环境下，传统的广告式营销已经难以满足企业和顾客的需求，越来越多的企业选择与顾客进行互动式的营销，实时地与顾客对话，了解其个性化的需求，并利用口碑传播的影响力，吸引更多的客户。

（五）整合产业链之外的资源

2007 年，全球快餐连锁巨头麦当劳与日本移动通信 NTT DoCoMo 公司签订合约，二者推出了基于 FeliCa 芯片技术的"Osaifu-Keitai"手机钱包服务，它允许用户在结账时，用手机在特殊的读取设备上晃一下即可完成支付过程。这一举措，使麦当劳优惠券下载网站名列日本手机网站浏览量第二名，这帮助麦当劳重登日本餐饮业销售额冠军的宝座。

移动商务将汇集提供各种功能的信息网络服务，其最终目的是为普通大众的日常生活带来更多的便利，让人们的生活通过移动商务的各项产品和服务而变得更加丰富多彩，因此创新应该不仅是局限在产业链之内，而是应该借助各种资源的优势，将移动商务融入人们日常生活的方方面面。这说明对于移动商务企业和终端厂商而言，只有把握移动商务的前沿技术和自身的核心业务，充分整合并利用产业链的强势资源，甚至是对产业链以外的相关节点进行有效的捆绑，才能为企业带来更大的发展空间，实现企业的快速发展。

第二节　移动商务营销策略

一、精准营销

(一) 精准营销的概念

精准营销 (Precision Marketing) 就是在精准定位的基础上，依托现代信息技术手段建立个性化的顾客沟通服务体系，实现企业可度量的低成本扩张之路。

精准营销有三个层面的含义：第一，精准营销思想，营销的终极追求就是无营销的营销，而到达终极思想的过渡就是逐步精准；第二，是实施精准的体系保证和手段，而这种手段是可衡量的；第三，就是达到低成本可持续发展的企业目标。

精准营销的核心思想就是精准。它通过可量化的精确的市场定位技术突破传统营销定位只能定性的局限，并借助先进的数据库技术、网络通信技术及现代高度分散物流等手段保障和顾客的长期个性化沟通，使营销达到可度量、可调控等精准要求。帮助企业摆脱了传统广告沟通的高成本束缚，使营销的低成本以及收入的快速增长成了可能。

(二) 精准营销的个性化体系

1. 精准的市场定位体系

市场的区分和定位是现代营销活动中的关键一环，只有对市场进行准确区分，才能保证有效的市场、产品和品牌定位。

移动商务企业可以通过对消费者的消费行为进行精准衡量和分析，并建立相应的数据体系，通过数据分析进行客户优选，并进行市场测试与验证来区分所做定位是否准确有效，在模拟的真实市场环境中得到真实的实验数据，以此可以实现在小的真实市场中模拟大规模的营销，这对于企业而言，意味着只要投入很少的测试费用就可以知道上千万的投入效果，可以为企业节约大量的营销成本。

2. 与顾客建立个性传播沟通体系

精准营销一般通过电话、短信、网络推销、直返式广告等方式进行营销，要求的是精准，而非大众传播。

直返式广告是对传统大众广告的改良。一般的传统广告主要是推销产品的

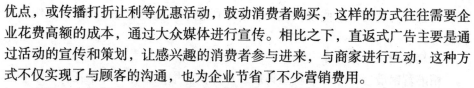

优点，或传播打折让利等优惠活动，鼓动消费者购买，这样的方式往往需要企业花费高额的成本，通过大众媒体进行宣传。相比之下，直返式广告主要是通过活动的宣传和策划，让感兴趣的消费者参与进来，与商家进行互动，这种方式不仅实现了与顾客的沟通，也为企业节省了不少营销费用。

直返式广告的设计核心是活动诱因设计。所谓活动诱因，就是顾客的兴趣点所在。直返式广告的设计原则就是使精准定位的客户群体对广告感兴趣，以吸引他们参与到感兴趣的活动中，从而实现更进一步的"一对一"沟通。这对于企业而言，意味着需要对消费者的心理和购买行为进行深入的研究，确定目标群体的兴趣点所在。

3. 适合"一对一"分销的集成销售组织

精准营销颠覆了传统的框架式营销组织架构和渠道限制，它必须有一个便捷快速的物流配送体系和可靠的结算体系。精准营销区别于传统营销之处在于，传统营销关心的是市场份额，而精准营销关心的是客户价值。精准营销的运营核心是 CRM，即顾客关系管理。所谓顾客关系管理，就是企业利用软件以及相关技术的支持，针对销售、营销、顾客服务与支持等活动，使企业流程自动化并得以改善，它是企业电子化工作中很重要的一个环节，其宗旨是为企业提供迅速响应顾客需求、缩短顾客服务时间与流程并提高顾客服务满意度的营销手段。

4. 提供个性化的产品

为了与移动商务的精准定位和沟通相适应，企业只有针对不同的消费者、不同的消费需求，设计、制造、提供个性化的产品和服务，才能精准地满足市场需求，为企业提供长久的市场竞争优势。

个性化的产品和服务在某种程度上就是定制。以戴尔公司为例，戴尔根据消费者的个性化需求，按订单订购配件，组织生产，通过标准化配件的不同组装方式，满足不同的顾客需求。同时，这对于戴尔公司本身而言，意味着无须囤积大量的产品配件，从而减少了其物流成本，增加了企业的流动资金。此外，戴尔公司还通过呼叫中心等方式，为顾客提供完善的售后服务体系，通过电话咨询的方式为用户解决技术问题。

而对于其他标准化程度不高、客户需求更加复杂的企业而言，既要实现大规模生产，实现成本最优，又要适应日益差异化的客户需求，就必须有选择地满足能够实现规模和差异化均衡的客户需求。通过精准定位、精准沟通找到差异化的需求，并通过个性化设计、制造或提供产品和服务，才能最大程度地满足有效需求，获得理想的经济效益。

总而言之，这种精准的、个性化的产品和服务体系是基于现代化的生产和流程管理而实现的,这些现代化的管理手段包括供应链管理、ERP、组织流程再造等。

5. 顾客增值服务体系

精准营销最后一个环节就是售后客户保留和增值服务。对于任何一个企业来说,完美的质量和服务只有在售后阶段才能实现,因此,售后服务环节也往往是企业竞争的关键之处。营销界一般认为,忠诚顾客带来的利润远远高于新顾客,这也就说,通过较为完善的售后服务体系可以提高顾客的忠诚度,从而为企业带来更多的利润。通过精准的顾客服务体系,留住老顾客,并通过口碑营销等方式吸引新顾客,达到顾客的链式反应。

(三) 精准营销对移动商务发展的影响

精准营销能在瞬间将信息传递至目标人群,快捷高效的实时信息传递可紧密配合企业随时开展营销活动,帮助企业随时随地、无时空局限地直达目标受众,发布快捷高效,策划制作周期短,应用灵活。

移动商务的一个突出的特点就是移动商务借助的移动手持设备与使用主体是统一的。移动商务内容和服务提供商,可以根据用户的个人信息、消费经历、使用习惯等信息,为用户推荐个性化的服务内容。这也契合了精准营销的理念,即选择最精确的受众进行营销活动。因此,充分理解精准营销理念,并将之应用到移动商务领域中,将会得到很好的效果,使移动商务的优势得以充分发挥。

此外,精准营销通过对受众行为的实时跟进、分析和更新,不断深度分析和挖掘受众属性,以便广告客户根据自己的需要筛选最合适的目标受众。顾客需求多样化的移动商务带来了更多的发展空间,移动商务企业可以通过移动终端随时地获取终端客户的信息,从而为用户提供随时、随地的个性化服务。

二、网络营销

(一) 网络营销基础

1. 网络整合营销理论

网络整合营销是在一段时间内,营销机构以消费者为核心重组企业和市场行为,综合协调使用以互联网渠道为主的各种传播方式,以统一的目标和形象,传播连续、一致的企业或产品信息,实现与消费者的双向沟通,迅速树立品牌形象,建立产品与消费者的长期密切关系,更有效地达到品牌传播和产品行销的目的。

网络整合营销是基于互联网之上,其主要有三个方面的含义:一是传播资讯具有统一性,即企业用一个声音说话,消费者无论从哪种媒体所获得的信息都是统一的、一致的；二是互动性，即公司与消费者之间展开丰富而有意义的交流，能够迅速、准确地获得信息和反馈信息；三是目标营销，即企业的一切营销活动都应围绕目标企业来进行，实现全程营销。

传统的市场营销策略是由麦肯锡教授提出的 4P 组合，即产品（Product）、价格（Price）、渠道（Place）和促进（Promotion）。这种理论的出发点是企业的利润，而没有将顾客的需求放到与企业的利润同等重要的地位上来。而网络的互动性使顾客能够真正参与整个营销过程，而且其参与的主动性和选择的主动性都得到加强。这就决定了网络营销首先要求把顾客整合到整个营销过程中来，从他们的需求出发开始整个营销过程。据此，以舒尔兹教授为首的一批营销学者提出了 4C 的市场营销理论，即消费者的需求和欲望（Consumer's Wants and Needs）、成本（Cost）、便利（Convenience）和沟通（Communication）。因此网络营销的模式是从消费者的需求出发，使营销决策在满足 4C 要求的前提下实现企业利润最大化，最终实现消费者需求的满足和企业利润最大化。在这种新营销模式之下，企业和客户之间的关系变得非常紧密，甚至牢不可破，这就形成了"一对一"的营销关系（One-to-One-Marketing），这种营销框架称为网络整合营销，它体现了以客户为出发点及企业和客户不断交互的特点。

2. 直复式营销

根据美国直复营销协会（ADMA）下的定义，直复式营销（Direct Marketing），是一种为了在任何地方产生可度量的反应和达成交易而使用一种或多种广告媒体的相互作用的市场营销体系。网络作为一种交互式的可以双向沟通的渠道和媒体，可以很方便地为企业与顾客之间架起桥梁，顾客可以直接通过网络订货和付款，企业则可以通过网络接收订单、安排生产，直接将产品送给顾客等。

直复式营销为企业提供了与目标顾客之间的双向信息交流的机会，克服了传统市场营销的"单向信息交流"方式下营销者与顾客之间无法沟通的致命弱点。直复式营销可以帮助企业实现直接的"一对一"信息交流，企业可以更充分地了解顾客的需求，提高营销决策的效率和效用。同时，直复式营销活动中，强调的是在任何时间、任何地点都可以实现企业与顾客的互动，而互联网的全球性和持续性的特点，使得顾客可以在任何时间、任何地点直接向企业提出要求或反映问题，企业也可以利用互联网实现低成本、不受时空限制的顾客服务。更重要的是，直复式营销活动的效果是可测定的。互联网作为最直接的简单沟通工具，可以帮助企业通过数据库技术和网络控制技术，更好地了解顾客的订单和需求，细分目标市场，提高营销的准确性。

3. 关系营销

所谓关系营销，是把营销活动看成是一个企业与消费者、供应商、分销商、竞争者、政府机构及其他公众发生互动作用的过程，其核心是建立和发展与这些公众的良好关系。得克萨斯州 A&M 大学的伦纳德·L.贝瑞（Leonard L. Berry）教授于 1983 年在美国市场营销学会的一份报告中最早对关系营销做出了如下的定义："关系营销是吸引、维持和增强客户关系。"在 1996 年又给出了更为全面的定义："关系营销是为了满足企业和相关利益者的目标而进行的识别、建立、维持、促进同消费者的关系并在必要时终止关系的过程，这只有通过交换和承诺才能实现。"工业市场营销专家巴巴拉·B.杰克逊（B.B. Jackson，1985）从工业营销的角度将关系营销描述为"关系营销关注于吸引、发展和保留客户关系"。摩根和亨特（Morgan 和 Hunt，1994）从经济交换与社会交换的差异来认识关系营销，认为关系营销"旨在建立、发展和维持成功关系交换的营销活动"。顾曼森（Gummesson，1990）则从企业竞争网络化的角度来定义关系营销，认为"关系营销就是市场被看做关系、互动与网络"。

（二）网络营销的定义

网络营销就是以国际互联网为基础，利用数字化的信息和网络媒体的交互性来辅助营销目标实现的一种新型的市场营销方式。简单地说，网络营销就是以互联网为主要手段进行的，为达到一定营销目的的营销手段。

网络营销时以互联网络为媒体，以新的方式、方法和理念，通过一系列网络营销策划，制定和实施营销活动，更有效地促成个人和组织交易活动实现的新型营销模式。它是企业整体营销战略的一个组成部分，是为实现企业总体或者部分的经营目标进行的，是以互联网为基本手段进行营销的网上经营环境的各种活动。网络营销的同义词包括网上营销、互联网营销、在线营销、网络行销、口碑营销、网络时间营销等，它们表述的都是同一个意思，网络营销就是以互联网为主要手段开展的营销活动。

（三）网络营销的优势

1. 以消费者为导向

网络营销是一种以消费者为导向、强调个性化的营销方式。消费者将拥有比过去更大的选择自由，他们可根据自己的个性特点和需求在全球范围内寻找满足品，而不受地域限制。通过进入感兴趣的企业网址或虚拟商店，消费者可获取更多的与产品有关的信息，根据自身的个性化需求选购商品。这种个性消费的发展将促使企业重新考虑其营销战略，需要企业以消费者的个性化需求为提供产品和服务的出发点。

2. 不受时空限制

互联网将世界上每个角落、每时每刻的信息连接在一起，使得通过国际互联网实现的网络营销可以将企业的产品或服务信息 24 小时不间断地传播到世界的每一个角落。只要可以接入互联网的地方，都可以获取这些信息，这是传统媒体所不能达到的效果。

3. 互动性

传统的媒体实现了信息的单向传播，而网络营销最大的优势是信息的互动传播，实现了企业与用户的互动。在网络营销中，用户可以随时随地地在企业的网站上获取关于产品和服务更多、更详尽的信息。此外，用户不再仅仅是产品和服务的购买者，而是参与到与企业的互动过程中，充当起产品信息的扩散者以及产品意见的分享者的角色。在这种互动的过程中，企业也可以获得宝贵的用户反馈，缩短用户与企业和品牌之间的距离，为企业更深入地了解用户的真实需求提供了良机。

4. 针对性

企业通过建立自己的网站或者在线品牌社区，一般可以建立完整的用户数据库，包括用户的地域分布、年龄、性别、收入、职业、偏好等方面的信息。这些资料可帮助企业更准确地分析市场与受众，根据不同的细分市场，有针对性地投放广告，并根据用户特点做相关的跟踪分析，对广告效果做出客观准确的评估。

163

（四）网络营销的实施

网络营销不是一种简单的新营销方法，它是通过采取新技术来改选和改进目前营销渠道和方法。这种改进涉及公司组织、文化和管理的各个方面，需要企业进行相关的规划与执行，发挥出网络营销的特点与优势。

网络营销战略的规划分为以下几个阶段：

1. 目标规划

如果企业选择了网络营销的方式，应选择识别与之相适应的营销目标、营销策略和策略组合，提出改进目标和方法，对短期目标和长期目标进行相应的规划。

2. 技术规划

技术规划就是要根据企业网络营销战略的需要，制订相应的技术开发、技术引进和人才培养计划，满足企业网络营销发展的需要，这需要企业有强大的技术投入和支持。

3. 组织规划

开展网络营销要求企业建立数据库，实行信息化管理。组织规划就是要求企业根据营销战略，对企业的组织结构和形式进行必要的调整与改革，确保网络营销战略的实现。

4. 管理规划

为满足网络营销的需要，企业需要根据组织的变化调整企业的管理，使企业的管理适应网络营销的需要，如销售人员的职责不仅是销售产品，还要记录顾客的购买情况，使这些信息能够帮助更深入地了解用户需求。

在规划网络营销战略后，企业需要对网络营销战略进行实施。网络营销战略的实施是一个系统工程，应加强对规划执行情况的及时评估，评估方案是否充分发挥战略的竞争优势，对于尚有改进余地的，要及时地进行问题识别与进一步的调整和完善。

网络营销是有别于传统的市场营销的新的营销手段，它可以在控制成本费用方面、市场开拓方面和与消费者保持关系等方面有很大竞争优势。但网络营销的实施不是简单的某一个技术方面的问题或某一个网站的建设问题，其中还涉及企业整个网络营销战略、营销部门管理和规划，以及营销策略制定和实施等方面的问题。

第三节　移动商务营销的渠道

伴随着信息传播技术的进步和传播渠道的日益丰富，移动商务的营销方式正发生巨大的变化，营销渠道也呈现出多样化的发展趋势，主要表现为渠道的增加、渠道的延伸和渠道的创新三个方面。

一、渠道增加

渠道增加的解决方案主要是指增加提供信息的渠道，其目的在于补充现有的商业渠道，如商店或分销机构，企业则利用这些渠道给客户提供营销信息。其意义在于，一是提高企业品牌的知名度，二是运用技术将低成本信息渠道与传统的面对面的销售链相融合，从而降低成本。渠道增加的方式包括广义上的各种营销和信息传播行为，如电子邮件、数字票据，以及采用各种创新手段收集客户的意见和反馈。以下是企业若干增加渠道的方法。

（一）客户和企业之间的移动对话

这种移动对话能潜移默化地产生刺激性的销售，并通过提供增值服务和忠诚来优化客户关系。例如，美国的 Travelociry 旅游公司通过建立客户信息数据

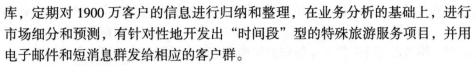
库，定期对 1900 万客户的信息进行归纳和整理，在业务分析的基础上，进行市场细分和预测，有针对性地开发出"时间段"型的特殊旅游服务项目，并用电子邮件和短消息群发给相应的客户群。

（二）移动优惠券

使用互联网进行"一对一"的营销始于 20 世纪 90 年代末期，并带来了互联网广告的繁荣。但企业很快认识到，大多数客户访问 Web 站点只是为了浏览，于是出现了夹带着移动优惠券的数字广告。无线广告的出现，使移动优惠券的应用给企业带来了新的发展机遇，它可以将广告定位于传递时间敏感、位置敏感的促销信息，易坏的存货和损耗快的产品系列也适合于移动优惠券。

移动优惠券不仅仅是推销某一特定产品的平面广告，同时还是双向的互动式载体，客户对移动优惠券的反应与其他形式的广告不同。在移动环境下，客户可以通过便携式设备方便地获取信息，同时大多数客户也不愿花费过多的时间来阅读移动优惠券，但是在排队或等候过程中，客户会愿意以浏览移动优惠券来消磨时间。

企业分发移动优惠券时不宜采用随机发放的方式，因为客户需要定制希望接受的营销内容，同时又不泄露自己的私人信息。消费者可以只接受自己感兴趣的产品或服务的优惠券，例如，折扣商品、电影赠券等。美国的电影连锁公司 General Cinema 通过无线营销公司提供淡季演出的打折电影票。女性消费者是移动优惠券的主要定位对象，商店用电子化的方式将移动优惠券发送给客户，提醒她们特价销售信息，客户只需要带着手机去商店就能享受到折扣优惠，因为手机上会显现商品的折扣代码。

（三）客户意见收集和反馈

企业通过这种方式可以识别客户的购买动机、售后满意状况和对售后服务的意见等，从而为企业进一步提供个性化的服务打下基础，同时也可以继续提供后续的产品信息。

一般可以通过以下三种途径来搜集改善服务的反馈意见，即客户、暗访员和特定群体。其中，暗访员的使用率最高，即公司专门聘用某些客户来评价自己的服务水平。采用暗访调查方法的基本假设是：直接感受公司的服务比起延迟的反馈方法所得的数据偏差小，也更为客观真实。特定群体或客户申诉产生的都是延迟的反馈，传统的客户书面申诉模式既慢而且又容易出错，而召开特定群体的会议又要比暗访的成本高。

当出现服务问题时，服务型企业一般要依赖反馈过程确保问题的改进。以连锁餐饮为例，暗访内容包括服务速度、餐饮设施、服务人员的问候语使用、账单填写的准确程度以及饭菜的质量等。例如，全球第四大快餐服务连锁店

Taco Bell 原来采用暗访员暗访后形成书面评价，然后由代理公司对评价信息整理后，形成在线报告，再上传给 Taco Bell 企业办公系统的数据库，管理人员据此形成报告后再转发给各连锁店的管理者。整个过程大概需要 4 天的时间，而且评价表在准确性方面也存在着局限性。为了加速评价过程，Taco Bell 实施了移动方案，由 Thinque 开发了基于 Windows CE 的移动系统，由系统提交问题并记录暗访的结果，用移动通信设备将采集到的数据传送到服务器上，然后直接传送到 Taco Bell 的企业数据库中。类似的应用还有移动设备代替传统顾客意见卡，航空公司和商家可以采用这种方式收集旅客和消费者的意见。

二、渠道延伸

企业通过渠道延伸使客户可以进行移动交易并检索在线信息。例如，美国的嘉信理财公司通过移动应用服务供应商的以太系统，为使用 RIM Black Berry 无线产品的客户传播实时的报价信息和新闻，客户可以交易股票、查询股票报价、浏览新闻等。一些费时、重复的过程，如订单跟踪、票据业务、存货补充都可以作为渠道延伸的对象。

（一）订单状况的跟踪调查

实时制库存方式下的订单跟踪非常重要，因为这种方式要求掌握即时的运货信息。为了解决这个问题，Sun 微系统、AD 通信系统和 UPS 等公司开始向客户提供在移动设备上的自助订单管理功能。全球最大的快递公司和包裹投递公司 UPS，1993 年即在全美推出了基于蜂窝网的无线数据业务来跟踪文件和包裹的运送。此后，UPS 不断改进技术，并开始应用无线解决方案。使用该解决方案后，UPS 可以实现包裹的跟踪；查询次日投递以及时限为 2~3 天的投递包裹费，包括通过航空或地面输送的环节；掌握投递需要的实际时间；找出交递包裹的最近位置；通过自动通知服务，了解加急邮件何时到达或收到，从而为公司节约了大量的开支，客户满意度也越来越高。

（二）移动票务

移动票务是一种新的销售渠道方式，可以增加"冲动销售"，精简目前票据业务的流程。客户可以利用电话、互联网或无线设备来订购门票，到达场地后，用移动设备向检票机发送一个带有门票信息的红外线信号即可核对门票信息，交易完全实现了电子化。企业应用移动票务时，主要解决好安全和票务的核实问题。

（三）移动补货

移动购物有强大的市场吸引力，对于需要经常购买的商品更是如此。药店、文具店、餐饮递送、超市等都需要以移动的方式进行货物补给。客户将常购买的商品存放在定制的订单上，以后只需要简单操作一下即可实现商品的再次订购，如亚马逊公司开发的"一次单击"模式实现了在线购物的简化。

三、渠道创新

新的移动商务渠道是在对尚未满足的客户需求进行估计的基础上，精心创造新的客户体验，其目标是给每个客户提供具有吸引力的、个性化的体验以期获得回报。新渠道不仅可以通过和客户的直接联系引入新的移动产品和服务，而且可以作为娱乐与教育客户的应用平台。其优势在于提供传播数字信息并创造新的交易模式。移动渠道创新简化了购买流程并提供了独特的客户体验，从而给竞争对手造成了压力。

数字产品销售。从客户的角度来看，购买数字产品，如数字音乐、书籍等带来的是新的体验。一些公司在这个领域进行多种移动尝试，针对数字产品来改变传统的购买模式。

移动娱乐。随着生活方式的转变，全球增长最快的两大产业——娱乐业和移动通信业正呈现逐渐融合的态势。对客户来说，快速和方便的娱乐服务也具有很大的吸引力。像德国贝塔斯曼这样的媒体巨头，已将数字战略作为其发展的方向，旨在通过尽可能多的渠道给客户提供娱乐等内容服务。数字服务具有以下特征：便于使用、合适、迅速、移动，贝塔斯曼、美国在线时代华纳等都在谋求占领数字领域的关键地位。它们了解数字市场的动态，并善于为竞争对手设置进入壁垒。例如，对于要进入欧洲市场的移动商务公司来说，必须要在当地有一个实体，而且还必须兼容多元化的文化，不仅能向欧洲市场提供质量技术，还要能跨越文化障碍，熟悉多种语言环境、掌握外币和不同支付习惯的知识。

普通客户消费移动娱乐的障碍在于定价模式，因为终端客户期望娱乐业务是免费的。他们认为，有关费用已经捆绑在收费业务中了。为解决这个问题，贝塔斯曼采取了分层模式，某些基本业务是免费的，某些高层业务是收费的，其他企业也可以作为借鉴。

本章案例

LBS 营销案例

　　LBS 的英文全名为 Location Based Service, 即基于位置的服务。它包括两层含义: 首先是确定移动设备或用户所在的地理位置; 其次是提供与位置相关的各类信息服务, 意指与定位相关的各类服务系统, 简称"定位服务"。LBS 的发展将为品牌的口碑营销带来新的机遇和挑战。社交网络发展之前, 通常是大品牌比较关注自己的用户口碑, 但是 LBS 的出现改变了这一现状, 不但大品牌要关注自己的口碑, 区域性品牌或者地方连锁企业更应该关注自己的口碑营销, 就算你只是一家小餐馆, 现在都必须关注自己的口碑, 因为它可能会带来新的机遇和挑战, 这些区域性的商家之前面对的只是某一特定区域的消费者, 而通过移动互联网和 LBS 营销, 其面对的将是整个世界。

　　LBS 作为一种新兴的应用, 依托 GPS 等新技术, 能够极大地方便人们的生活。基于用户地理位置信息的手机服务网站 Foursquare 最先推出了这一服务, 借助移动终端, 用户可以在自己所在的位置签到, 并通过 Twitter、Facebook 等流行的社交网络平台把自己的位置发布出去, 与朋友们一起分享。Foursquare 会把用户每次"签到"、"发言"以及"贴士"数据一一做出记录和统计, 用户标注的位置越多, 签到某个场所的频率越高, 获得的积分就越多, 从而获得相应等级的徽章 (Badget)。60 天内签到次数最大的用户, 就会成为该商家的 "Mayor" (市长), 享受到商家给予的优惠与折扣。

　　另外, 商家可以通过这个技术更充分地了解自己的消费受众, 实现精准的营销。譬如, 可以了解到哪些人经常走过自己商店的门口, 他们从事何种职业, 他们有着怎样的消费习惯, 如何才能让他们再次光顾等。针对这些问题, 基于用户地理位置信息的手机服务网站 Foursquare 针对地区商家推出了顾客消费习惯分析工具, 以便于商家查看消费者的每日出行和消费习惯。无论是市场细分、选择目标市场还是品牌定位, 均以对目标客户的充分了解为前提。借由 Foursquare 网络上签到的次数, 商家可以统计每位消费者的光顾频率, 由此区分顾客等级, 区分开高价值客户和一般客户, 根据客户的生命周期对不同客户采取相应的营销策略, 从而提高营销有效性。同时, 商家还能获得玩家对产品与服务的评价信息, 为产品开发和经营管理提供决策支持, 并根据反馈结果及时调整与修正营销策略。此外, 商家还可以通过签到过的用户资料, 观察其光临过其他哪些商家, 从而进一步了解其消费需求与特征, 据此预测需求趋势, 评估需求倾向的改变。

除了通常的产品促销，企业还可以采用 Foursquare 这一最炫的网络技术作为传播媒介，策划事件营销。事件营销是指企业通过策划具有名人效应、新闻价值以及社会影响的事件，吸引媒体、社会大众和消费者的好奇与关注，从而提高企业或产品的知名度、美誉度，树立品牌形象，并最终促进产品或服务销售增长的营销方式。与传统广告和产品促销的投入大而收效甚微相比，事件营销由于其社会影响力大，能快速提升新产品或品牌知名度，投资回报率高，常常达到四两拨千斤的神奇效果，而越来越受到人们的欢迎。

位于拉斯维加斯闹市的购物中心 Miracle Mile Shop 正是通过在其大屏幕显示签到最多的 Foursquare 用户及其对这家购物中心点评的办法，来吸引人们不断光顾。因为不断有其他人来争夺，用户必须签到更多次数，才能维持原有的位置，才能继续出现在大屏幕上。此外，与常见的 Foursquare 市场头衔争夺游戏不同，由于胜出者会出现在公共场所的大屏幕上，因此活动不但引来 Foursquare 用户间的相互竞争，甚至把路过的非用户消费者们也吸引过来，将促销效果扩展到 Foursquare 用户之外。

除此之外，许多商家目前也都推出了 LBS 的应用服务。例如星巴克在全美七大城市推出基于地理定位（LBS）的服务 Mobile Pour，用户只需在手机上确定自己的位置并下订单，踩着踏板车的星巴克咖啡配送员就会将咖啡送到用户手中；Location Labs 公司推出了一款应用名叫 Cellfire 的应用软件可以在用户进入某些商家店面的时候，通过 GPS 定位自动触发手机显示这家店正在提供的优惠券，用户只要在结账时向收银员出示接收到的手机优惠券即可，用户也可以自行定制接受哪些商户的提醒；比利时知名啤酒 Stella Artois 结合 AR 与 LBS 技术，制作了一个基于移动终端的应用程序。用户可以开启摄像头对着街道，即可显示离自己最近的酒吧，包括地址名称等信息。最特别的是，将手机往地上拍摄，还会出现箭头符号，引导一步步走到酒吧。如果喝醉了，这款应用软件还可以提供叫车服务。

资料来源：作者根据互联网资料整理。

问题讨论：

1. Foursquare 采取了哪些营销方式？
2. 基于 LBS 的营销策略相比于传统营销策略有哪些优势？

本章小结

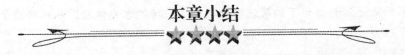

移动营销是指利用手机等移动终端为主要传播平台，直接向受众定向和精

169

确地传递个性化即时信息，通过与消费者的信息互动达到市场沟通的目的。由此可见，移动营销既涉及无线通信，又与市场营销密不可分。因此，可以将移动营销理解成为"网络营销"的一种技术性的延伸，正是这种延伸，为市场营销带来了"移动"应用的概念。

移动商务营销具有精确性、及时性和个性化的特点。移动营销通过对目标市场的精确细分，利用手机等移动终端与目标消费者建立"一对一"的营销关系；移动终端本身具有便携性和即时性的特性，因此，移动营销就会随之产生即时的效果。对于企业而言，可以利用移动营销的及时性，将产品和服务的信息及时传递给目标顾客；移动营销的市场目标定位到个人，根据不同用户的使用习惯和消费水平等因素，实施更加准确的营销，提供给用户差异化的产品和服务，以提高顾客的满意度。

在移动商务营销的实施过程中，要注重用户体验至上，盈利策略不可急功近利，找到业务的核心竞争力，并且要把握移动营销新模型，除此之外还要整合产业链之外的资源，提高移动商务营销的效果。

移动商务营销策略主要分为精准营销和网络营销。精准营销就是在精准定位的基础上，依托现代信息技术手段建立个性化的顾客沟通服务体系，实现企业可度量的低成本扩张之路。网络整合营销是在一段时间内，营销机构以消费者为核心重组企业和市场行为，综合协调使用以互联网渠道为主的各种传播方式，以统一的目标和形象，传播连续、一致的企业或产品信息，实现与消费者的双向沟通，迅速树立品牌形象，建立产品与消费者的长期密切关系，更有效地达到品牌传播和产品行销的目的。网络营销的特点是以消费者为导向、不受时空限制、具有互动性和针对性，非常符合移动商务的特点。

伴随着信息传播技术的进步和传播渠道的日益丰富，移动商务的营销方式正发生巨大的改变，营销渠道也呈现出多样化的发展趋势，主要表现为渠道的增加、渠道的延伸和渠道的创新三个方面。渠道增加的解决方案主要是指增加提供信息的渠道，其目的在于补充现有的商业渠道，如商店或分销机构，企业则利用这些渠道给客户提供营销信息；渠道延伸使客户可以进行移动交易并检索在线信息，主要的形式有订单状况的跟踪调查、移动票务和移动补货；渠道创新不仅可以通过和客户的直接联系引入新的移动产品和服务，而且可以作为娱乐与教育客户的应用平台。其优势在于提供传播数字信息并创造新的交易模式。移动渠道创新简化了购买流程并提供了独特的客户体验，从而给竞争对手造成了压力。

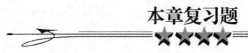

本章复习题

1. 阐述移动商务营销的概念。
2. 列举移动商务营销的特点。
3. 简要阐述移动商务的实施策略。
4. 阐述精准营销的内涵。
5. 阐述移动商务精准营销的个性化体系。
6. 阐述网络营销的内涵和特点。
7. 阐述移动商务渠道营销的三种方式。

171

第九章

移动商务物流管理

学习目的

知识要求 通过本章的学习，掌握：

● 物流的含义和基本功能
● 移动商务物流管理的内涵和主要内容
● 移动商务与物流之间的相互影响
● 移动商务物流的基本模式

技能要求 通过本章的学习，能够：

● 了解物流的基本功能
● 了解移动商务物流管理的基本内容
● 了解移动商务物流的发展趋势
● 理解第三方物流和第四方物流的联系和区别

学习指导

1. 本章内容包括：物流的含义和基本功能；移动商务物流的内涵和主要内容；移动商务物流的基本模式；移动商务物流的发展趋势。

2. 学习方法：结合案例理解物流的基本功能，理解移动商务与物流之间的相互影响，移动商务物流的基本模式及其区别，了解移动商务物流的发展趋势。

3. 建议学时：4 学时。

引导案例

戴尔的物流管理案例

戴尔计算机公司于 1984 年由现任总裁兼首席执行官 Michael Dell 创立，他同时也是目前在计算机界任期最久的首席执行官。他的简单经营理念创造出戴尔企业独树一帜的理念：依照不同需求，为客户量身定做计算机。与客户直接地沟通使戴尔更有效及明确地了解客户的需求，并迅速与客户的需求互动。这种革命性的业务模式，使戴尔成为目前全球领先的计算机系统直销商，同时也是电子商务基础建设的主要领导厂商。

戴尔通过首创的"直销模式"，直接与大型跨国企业、政府部门、教育机构、中小型企业以及个人消费者建立合作关系。同时，戴尔也是第一家提供客户免费直拨电话技术支持，并可在隔天到门服务的计算机供货商。这些服务形式现在已成为业界争相效仿的模板。

累积每日与无数客户的直接接触经验，戴尔在第一时间精准掌握了客户所需。戴尔提供客户各项安装支持和系统管理，并且指导客户在技术转换方面的相关问题。通过 Dell Ware 计划，设计多项产品及服务，搭配多元化的计算机周边硬件和计算机软件等系列产品，提供客户量身定做的解决方案。戴尔的成功经验还依赖于以下三个方面：

一、供应商管理

戴尔公司之所以能围绕直销实现 JIT（Just In Time）生产，就是因为它有一个组织严密的供应商网络。戴尔公司 95% 的物料来自这个供应网络，其中 75% 来自 30 家最大的供应商，另外 20% 来自规模略小的 20 家供应商。

戴尔公司几乎每天都要与这 50 家主要供应商分别交互一次或多次。在生产运营中，如果生产线上某一部件由于需求量突然增大导致原料不足，主管人员就会立刻联系供应商，确认对方是否可能增加下一次发货的数量。如果问题涉及硬盘之类的通用部件，主管人员就会立即与后备供应商协商。如果用尽了可供选择的所有供应渠道后，仍然没有收获，主管人员就会与公司内部的销售和营销人员磋商，通过他们的"直线订购渠道"与客户联系，争取把客户对于某些短缺部件的需求转向那些备货充足的部件。所有这些操作，都能在几个小时内完成。

戴尔有一整套的供应商遴选与认证制度。考核的标准主要是看供应商能否源源不断地提供没有瑕疵的产品。考核的对象不仅包括产品，而且涵盖了产品的生产过程，也就是说，要求供应商具有符合标准的质量控制体系。要想成为戴尔的供应商,企业必须证明其在成本、技术、服务和持续供应能力四个方面具有综合的优势,特别是供应能力必须长期稳定。由于戴尔库存控制极严,如果供应不稳定,就有可能影响戴尔对最终用户的承诺。这一考核是一个循序渐进的过程,戴尔采取了"安全量产投放"的办法,根据对供应商考核的结果,分阶段地逐步扩大采购其产品的规模,以降低新入选企业供应能力不稳定的风险。由于戴尔与供应商之间没有中间商的阻隔,所有来自客户的最新信息都被以最快的速度及时反馈给供应商,以便后者据此调整供应策略。与此同时,戴尔致力于同供应商建立长期的合作伙伴关系,特别是在一些流程和管理工具的开发上,充分考虑了与供应商的配合。

　　风险控制也是戴尔处理供应商关系时重点考虑的因素。供应商有可能无法及时调整供应能力,从而难以满足戴尔高速扩张的采购需求;供应商也可能无法适应产品的升级与技术的换代而导致供应中断;此外,政治、经济和环境因素的变化,乃至出现短缺时供应商的忠诚度等因素,都有可能影响供应链的稳定,对此,戴尔都加以充分考虑,并制定了相应的预案,以便使经营的风险得到有效的控制。

二、零库存模式

　　在库存的数量管理上,戴尔以物料的低库存与成品的零库存而声名远播,其平均物料库存只有约 5 天。在 IT 业界,与戴尔最接近的竞争对手也有 10 天以上的库存,业内的其他企业平均库存更是达到了 50 天左右。由于材料成本每周就会有 1% 的贬值,因此库存天数对产品的成本影响很大,仅低库存一项就使戴尔的产品比许多竞争对手拥有了 8% 左右的价格优势。而高效率的物流配送使戴尔的过期零部件比例保持在材料开支总额的 0.05%~0.1%,而这一比例在戴尔的对手企业都高达 2%~3%,在其他工业部门更是高达 4%~5%。当然,戴尔的库存管理并不仅仅着眼于"低",还通过双向管理其供应链,通盘考虑用户的需求与供应商的供应能力,使二者的配合达到最佳平衡点,实现"永久性库存平衡",这才是戴尔库存管理的最终目的。

三、电子化的流程管理

　　电子工具的广泛应用是戴尔供应链管理的一个显著特征,戴尔电子化的供应链系统为处于链条两端的用户和供应商分别提供了网上交易的虚拟平台。戴尔有 90% 以上的采购程序都是通过互联网完成。有了与供货商的紧密沟通渠道,工厂只需要保持两小时的库存即可应付生产。除此之外,戴尔还推出一个名为 valuechain.dell.com 的企业内联网,此网站堪称供货商的入门网站,供货商可以在上面看到专属其公司的材料报告,随时掌握材料品质、绩效评估、成本预算以及制造流程变更等信息。

不仅如此，"电子化"还贯穿了从供应商管理、产品开发、物料采购一直到生产、销售乃至客户关系管理的全过程。以销售管理为例，强大的管理信息系统不仅使戴尔能够实现成品的零库存，而且还可以大大提高物流与运输的效率。

基于以上三个方面，戴尔成了物流与供应链管理方面的典范，在业界一直享有盛誉。

资料来源：作者根据互联网资料整理。

➡ **问题：**

1. 戴尔在供应链管理方面采取了哪些方法？
2. 戴尔在物流管理上的成功给其他企业带来哪些启示？

第一节　现代物流概述

一、物流的定义

物流一词最早出现于美国，1915 年阿奇·萧在《市场流通中的若干问题》一书中就提到了物流一词，并指出"物流是与创造需求不同的一个问题"。因为在 20 世纪初，西方一些国家已经出现生产大量过剩、需求严重不足的经济危机，企业因此提出了销售和物流的问题，此时的物流指的是销售过程中的物流。

物流首先是作为"第三利润源"而引起重视的，所谓第三利润源，是针对企业的利润来源而言的。企业第一利润源来自企业销售额的增加，第二利润源是生产成本（针对制造商而言）或者进货成本（针对流通商而言）的降低，而由物流降低成本所得的利润则称为企业第三利润源。

通常意义下，物流是指物质实体从供应者向需求者的物流移动，它由一系列创造时间价值和空间价值的经济活动组成，包括运输、保管、配送、包装、装卸、流通加工及物流信息处理等多项基本活动。

二、物流的基本功能

（一）运输功能

运输是指人和物的载送及运输，运输是利用设备和工具，将物品从一个地点运送到另一个地点的物流活动。主要的运输方式分为以下几类：

1. 水路运输

水运可充分利用自然条件，投资少、费用省、运价较低。主要承担大宗货物的运输，但由于水运时间较慢，多用于时间要求不太急的货物运输。

2. 公路运输

公路运输主要承担近距离、小批量的货运以及其他运输方式难以到达的地区的货物运输。公路运输的主要优点是灵活性强，建设期短，投资较低，易于因地制宜。

3. 铁路运输

铁路运输主要承担长距离、大数量的货运。其优点是速度快，运输不受大自然条件的限制，载运量大，运输成本较低等。但灵活性相对较差，只能在固定线路上实现运输。

4. 航空运输

航空运输的单位成本很高，因此主要适合价值高、运费承担能力很强的货物，或者是紧急需要的物资等，如高档奢侈品或者救灾抢险物资等。其优点是速度快，不受地形限制，但费用较高，且容易受到天气状况的影响。

5. 管道运输

管道运输由于采用密封设备，在运输过程中可以避免散失、丢失等损失，也不存在其他运输设备本身在运输过程中消耗动力所形成的无效运输等问题。同时，管道运输的运量较大，适合于大规模且连续不断运送的物资。目前我国的管道建设还不多，主要用于运输原油和成品油，也有少数厂矿用于运输矿石。

（二）存储功能

存储是指保护、管理、贮藏商品，是指在商品生产出来之后而又没有达到消费者手中之前所进行的商品保管的过程。具体来说，就是在保证商品的质量和数量的前提之下，根据一定的保管规则，在一定的时间内将商品存放在一定场所的活动，是物流系统的一个重要组成部分。

储存可以调节商品的时间需求，进而消除商品的价格波动。通过存储，可以降低运输成本，提高运输效率，可以为顾客提供更好的个性化服务，达到更好的客户满意度。

（三）包装功能

包装是在物流过程中保护产品、方便储运、促进销售，按一定技术方法采用容器、材料及辅助物等物品包封，并予以适当的装潢和标志的工作总称。简言之，包装是指包装物和包装操作的总和。

按形态分类，包装可以分为个装、内装和外装；按功能分类，可以分为工业包装和商业包装，其中，工业包装是指以保护运输和保管过程中的物品为主要目的的包装，商业包装则是以促进商品销售为主要目的的包装；按包装方法分类，则可以分为防湿包装、防锈包装、缓冲包装、收缩包装和真空包装等。

（四）装卸和搬运功能

装卸和搬运功能是指在统一地域范围进行的，以改变物品的存放状态和空间位置为主要内容和目的的活动。装卸和搬运功能是整个物流活动中不可缺少的组成部分，它作为各个环节的结合部分是物流运行的纽带。因此，装卸搬运的合理化对缩短生产周期、降低生产过程的物流费用、加快物流速度、降低物流费用等，都起着重要的作用。此外，这一环节的质量会对生产和流通等其他环节产生很大的影响，其合理化程度的提高意味着物流服务总体质量的提升。

（五）流通加工功能

流通加工是产品从生产到消费之间的一种增值活动，属于产品的初加工。流通加工是为了提高物流速度和物品的利用率，在物品进入流通领域后，按客户的要求进行的加工活动，即在物品从生产者向消费者流动的过程中，为了促进销售、维护商品质量和提高物流效率，对物品进行一定程度的加工。

（六）配送功能

配送是物流中一种特殊的、综合的活动形式，是商流和物流的紧密结合。从物流来讲，配送几乎包括了所有的物流功能要素，是物流的一个缩影或在某个小范围中物流全部活动的体现。一般的配送集装卸、包装、保管、运输于一身，通过这一系列活动的完成，最终达到或送达指定地点的目的。

（七）信息管理功能

现代物流是需要依靠信息技术来保证物流体系正常运作的。物流系统的信息管理功能，包括进行与上述各项功能有关的计划、预测、动态的情报及有关的费用情报、生产情报、市场情报活动。可以说，信息管理是物流互动的中枢神经，该功能在物流系统中处于不可或缺的重要地位，其作用主要表现为可以缩短从接受订货到发货的时间，合理安排库存，提高搬运作业效率等。

第二节 移动商务物流

一、移动商务与物流

（一）移动商务对物流的影响

1. 移动商务将改变人们传统的物流观念

在移动商务的环境下，顾客可以随时随地通过移动终端将订购需求发送至企业的信息中心，并由信息化的物流体系来分析和规划物流方式。人们在进行物流活动时，物流体系中的各种职能和功能可以凭借虚拟化、数字化的方式表现出来。通过这种虚拟化和数字化的过程，人们可以通过各种组合方式，寻求最合理的物流途径，使商品实体在实际的运动过程中，达到效率最高、费用最节省、距离最短、时间最少的目的。

2. 移动商务将改变企业的经营形态

一方面，移动商务要求物流从社会的角度来实行系统的组织和管理，打破传统物流分散的、低效的状态。这就要求企业在组织物流的过程中，不仅要考虑本企业的物流组织和管理，而且更要考虑整个供应链上的物流运转，考虑到全社会的整体系统。另一方面，在电子商务逐步转向移动商务的过程中，物流企业之间的竞争日益激烈，这就需要物流企业相互联合，在竞争中形成协同竞争的状态，实现资源和能力的优势互补，最终达到实现物流的高效化、合理化和系统化。

3. 移动商务将改变物流的运作方式

首先，传统物流是紧紧伴随着商流来运动的，也就是单纯地考虑在一定时间内将物品从一个地点配送到指定地点的过程。而在移动商务模式下，物流的运作过程是以信息为中心的，通过物流的虚拟化和数字化，企业可以对物流信息进行及时的传递和分析，有效地实现对物流运转状况的实时监控，以便更好地实现物流的合理化。其次，信息平台对物流的实时控制是以实体物流来进行的，可以看到整个物流体系的整体运转情况，而在传统的物流活动中，对物流的实时控制都是以分散的形式进行的。

4. 移动商务将促进物流基础设施的改善和物流技术与物流管理水平的提高

首先，移动商务高效率和全球化的特点，依赖于物流的信息化和合理化，要求物流也必须达到这样的目标。而物流要达到这样的目标，良好的交通运输网络、通信网络等基础设施则是最基本的保证。其次，物流技术水平的高低决定着实现物流效率的高低，要建立一个适应移动商务运作的高效率的物流系统，对于加快提高物流的技术水平有着重要的作用，这需要企业引进一些高素质的物流人才，对企业的物流技术进行更好的管理。最后，只有提高物流的管理水平，建立科学合理的管理制度，将科学的管理手段和方法应用于物流管理当中，才能确保物流的畅通进行，实现物流的合理化和高效化，促进移动商务更好、更快的发展。

（二）物流对移动商务的影响

1. 物流是实现移动商务"以顾客为中心"的根本保证

移动商务产生在电子商务的基础上，旨在为消费者提供更加便捷的服务。消费者不仅不必到拥挤的商业街在琳琅满目的商品中寻找想要的商品，也无须将自己的购物空间局限在电脑前。移动商务能够实现随时随地下订单的功能，因此对于物流的要求也更高。试想，如果顾客订购的商品迟迟不能到货，抑或是商家送达的商品并非是顾客所购买的，顾客对于移动商务这一新兴商业模式的信任度就会大大降低。因此，物流是移动商务实现"以顾客为中心"理念的最终保证，缺少现代化的物流管理与技术，移动商务企业将无法给消费者带来真正的便捷，也就无法在与传统的商业模式或者电子商务模式的竞争中获得优势。

2. 物流能够保证生产的顺利进行

无论是在传统的贸易方式下，还是在电子商务、移动商务的贸易方式下，商品流动最根本的都是生产，而各类物流活动则是为生产的顺利进行提供了有力保证。从供应链的角度来讲，生产的全过程是从原料的采购开始的，这一环节就要求物流活动将所采购的材料在一定的时间内、以一定的价格送到指定的工厂进行下一步的生产与加工。如果这一过程的物流活动不能得到合理、规划、严格的实施，影响了预期的到货时间或者数量，就很可能影响整个生产环节，导致供应链脱节，最终造成难以弥补的损失。此外，在生产的各个工艺流程之间，也需要有原材料、半成品的物流过程，即所谓的生产物流，用以实现生产的流动性。此外，部分原料、可重复利用物资的回收也需要所谓的回收物流，废弃物的处理则需要废弃物物流。总而言之，企业商品生产的顺利实施都依赖于物流的顺利运转，这也是企业提高自身竞争优势的制胜法宝。

二、移动商务物流管理的内涵

移动商务物流管理，是对移动商务物流活动进行计划、组织、指挥、协调、控制和决策等。其目的就是使各项物流活动实现最佳的协调与配合，以降低物流成本，从而提高物流效率和经济利益。移动商务物流管理的特点主要表现在以下几个方面：

（一）目的性

移动商务将物流运作纳入专业化的市场竞争中，一方面是从节约主要物流功能成本的角度出发，让物流环节成本线性化，加强对各个环节的控制，拓展企业的盈利空间；另一方面则是通过专业设施及现代物流网络，来增强物流的时效性，从而强化企业对于时间成本的控制，争取商机、把握市场。总而言之，移动商务物流的主要目的是降低物流成本、提高物流效益，有效地提高客户服务水平。

（二）创新性

移动商务物流具有新经济的特征，物流信息是其出发点和立足点，移动商务企业要想在竞争激烈、快速变化的市场中赢得一席之地，需要强大的物流系统的支撑。移动商务活动本身就是信息高度发达的产物，各方面业务的发展都需要企业不断地创新和摸索，因此，如何对物流活动进行在线管理，还需要各界进行创新性的努力。

（三）综合性

移动商务覆盖的领域非常宽泛，包括商务、物流、信息、技术等各个领域的管理，需要企业对于各方面的内容实施综合的管理手段。此外，移动商务管理的范围不仅仅涉及企业自身，也同样涉及供应链的各个环节，如何通过网络平台的搭建，用与传统管理方法兼容的新型管理手段对整个供应链实施虚拟化的管理，是企业未来要面对的挑战。

（四）智能性

在移动商务物流管理中，先进的科学技术和管理方法被大量使用，企业借助于新型管理技术和手段，实现了物流过程的智能决策与控制。例如，吉列公司和各零售公司都建有网络机制，利用 RFID 等技术，可以实时了解自己产品的销售和库存情况。但吉列做了现场调查后发现，在更多时候，新品销售、促销结果的不好，是由于零售店没有将新品上架、没有及时补货等造成的，而这些情况，现有网络机制尚不能解决。

三、移动商务物流管理的内容

移动商务的物流是基于电子商务物流基础之上的，伴随着移动商务技术和社会需求的发展而出现的，由于移动商务所独具的电子化、信息化、自动化等特点，以及高速、便捷、灵活等诸多好处，使移动商务下的物流管理也有别于一般物流管理。实施移动商务物流管理的目标并非仅仅是简单的送货和库存，而是要对整个物流系统的优化设计以及对物流全过程的科学管理，以期达到在满足移动商务销售目标的前提下实现整个物流总成本最小化。要实现对移动商务下的物流全过程的科学管理，主要应从以下几个方面着手。

移动商务物流目标的管理：明确移动商务的销售目标，确定物流、配送的服务目标和成本目标。

移动商务物流运作流程的管理：通过对可用的物流和配送资源进行正确评估，以及市场的预测与定位，确定最佳的物流和配送运作流程，并通过系统和用户的反馈信息不断调整和优化流程。

移动商务物流资源的管理：准确分析市场需求以及企业自身的能力现状，合理配置物流资源，充分利用企业拥有的资源，提高移动商务物流的效率。

移动商务物流运作形态的管理：一方面是对物流、配送系统形态的选择，例如，企业需要根据自身发展的情况来确定是否委托第三方物流、自己承担或与其他企业合作物流；另一方面是对物流合作伙伴的选择、评估、管理与控制，在对合作伙伴管理的过程中，首先要选择与企业优势互补的合作伙伴，其次要切合企业自身的需求和标准，最后还要合理分配权责，确保合作的顺利推进。

（1）移动商务客户服务的管理：包括对市场客户的需求预测、客户信息资源的收集与分析、物流配送系统的信息跟踪与查询，以及用户反馈信息的管理等，只有不断完善客户服务体系，才能提高以顾客为导向的企业移动商务的质量和水平。

（2）移动商务物流技术的管理：包括硬技术和软技术两个方面。物流技术水平的高低直接关系到移动商务物流活动各项功能的完善和有效实现，而移动商务环境下的技术更新换代非常迅速，只有不断更新物流技术，使其具有更好的柔性，才能适应移动商务系统发展变化的需求。

（3）移动商务物流的成本管理：物流已经被视为企业发展的重要环节，低成本的物流体系可以为企业带来更丰厚的利润，这需要移动商务企业通过制定物流、配送系统的总成本控制指标及对物流全过程的成本控制与管理。

（4）移动商务物流质量的管理：好的质量是企业提高顾客满意度的根本性要求，需要企业对物流对象的质量、物流手段、物流方法的质量、工作质量的管理，并且要求全员参加。

四、移动商务物流的发展趋势

当今世界经济环境发生了巨大的变化，由于企业销售范围的扩大，企业和商业销售方式及最终消费者购买方式的转变，使送货上门等业务成为极为重要的服务内容，促使了物流业的兴起。在电子商务发展的基础上，移动商务对物流的层次又提出了新的要求，信息化、全球化、多功能化和一流的服务水平，已成为移动商务物流追求的新目标。

（一）信息化

由于信息技术的不断发展，企业信息化的不断普及，现代物流要求企业之间的信息能够被迅速的传递，生产资料和商品等能够快速地流动。电子数据交换技术与国际互联网的应用，使物流效率的提高很大程度上取决于信息管理技术。在移动商务时代，要提供最佳的服务，物流系统必须要有良好的信息处理和传输系统。而移动商务物流是建立在现代通信技术基础之上的，信息技术更好地实现了信息的快速和准确的传递，提高了仓储管理、采购、订货等物流各个环节的效率。移动商务环境下的物流通常采用的技术包括：EDI 电子数据交换技术、实现信息快速输入的条形码技术以及实现物流远程控制的 RFID 射频识别技术等。

（二）全球化

当今，企业的经营规模不断扩大，国际化经营也不断延伸，利用互联网、无线通信等技术手段，出现了一大批立足于全球生产、全球经营和全球销售的大型全球型企业。在这种情况下，企业要想取得竞争优势，获取超额的利润，就必须在全球范围内配置利用资源，通过采购、生产、营销等方面的全球化实现资源的最佳利用，发挥最大的规模效益。这对于刚刚起步的移动商务商业模式而言，意味着更大的挑战。企业不仅要考虑通过规模经济来实现降低成本，而且要考虑积极发挥范围经济，既满足多样化的要求，又能有效降低费用。此外，当企业服务于全球市场时，物流系统将会变得更加昂贵，也更加复杂，会导致前置时间延长和库存水平的上升，使得企业的成本也随之上升，如何使信息更为快速和准确地实现对物流的合理化控制，是企业需要在发展中不断探索的问题。

（三）多功能化

在移动商务全面发展的时代，物流的发展进入集约化阶段，一体化的物流配送中心不仅提供运输和仓储服务，还必须开展包括配货、配送以及各种提高附加值的流通加工服务在内的物流项目，还需要按客户的需求提供其他服务。企业不再只追求单一的、孤立的效果，而是全面的、系统的综合效果。

（四）一流的服务水平

在移动商务环境下，物流业是介于供货方和购货方之间的第三方，是以服务作为第一宗旨的。从物流的现状来看，由于需要物流服务的顾客不只集中于某一特定的地理区域，所以物流企业既要为本地区的消费者提供服务，也要为远距离的消费者提供服务。因此，如何服务好，便成了企业物流管理的中心问题。未来的产业分工将更加精细，产销分工将日趋专业化，这将大大提高社会的整体生产力和经济效益，也会使流通业成为整个国民经济活动的重要组成部分。

第三节　移动商务物流模式

移动商务背景下的物流管理，是移动商务企业的核心内容。与电子商务环境下的物流管理有所不同的是，移动商务的物流管理表现出了更强的移动性和便捷性，使企业可以更快地整合供应链各个环节的信息，大大地提高了物流的效率。例如，宝洁公司就率先试水，在2003年将移动商务的概念引入了物流管理的过程中。为了攻克向来被国内众多日用消费品牌所把持的二级市场，宝洁当时启动了它的货车销售（Van-sailing）模式，并为销售人员配备了PDA，使得销售人员在当时还没有固定覆盖网络的二级城市和乡村可以即时地将各个商店的信息以及订货的品类、规格、数量等全部记录在PDA中，并传回总部的中央处理器中进行统计和分析。通过移动商务的手段，宝洁对于客户的需求、偏好得到了更加及时和准确的反馈。另外，与电子商务企业的物流模式相似，移动商务企业的物流模式主要分为自营模式、物流联盟、第三方物流、第四方物流和物流一体化五种模式。

一、自营模式

企业自身经营物流，称为自营物流。当移动商务企业还处于刚刚起步的阶段，企业的规模还不是很大，这时，从事移动商务的企业大多选用自营模式的物流方式。企业自营物流模式意味着移动商务企业需要自行组建物流配送体系，经营和管理企业的整个物流运作过程，但并不意味着企业需要自行建立基础设施。比如，企业也会向仓储企业购买仓储服务，向运输企业购买运输服务，但是这些服务都仅限于一次或一系列分散的物流功能，并且都是临时性、交易性的服务，与企业的价值链之间是较为松散的关系，并不能根据企业的个性化需求为企业提供独特的物流服务。如果企业有很高的顾客服务需求标准，物流成本占总成本的比重较大，企业自身的物流管理能力也相对较强时，企业就一般不采用外购物流，而是采用自营方式。由于我国物流公司大多是由传统的储运公司转变而来的，物流的基础设施建设尚不完备，还不能满足移动商务的物流需求。因此，很多企业在开展电子商务和移动商务的同时，也在逐步积累物流业务的经验，即移动商务企业自身经营物流。目前，在我国，采取自营模式的移动商务企业主要是资金实力雄厚且业务规模较大的传统电子商务企业，它们在从电子商务向移动商务转型的过程中，依靠之前在企业电子商务经营时建立起的粗具规模的营销网络和物流配送体系，在开展移动商务时将其加以改进和完善，以满足移动商务环境下对于更快捷、更灵活的物流配送的要求。在这种情况下，第三方物流显然已经难以满足企业对于服务水平的要求，而选用自营物流可以使企业对物流环节有较强的控制力，易于与其他环节密切结合，可以全力专注于为本企业的运营管理服务，使企业的供应链更好地保持协调、简洁与稳定。此外，自营物流能够保证供货的准确和及时，保证顾客服务的质量，帮助企业更好地维护与顾客间的长期关系。但是，自营物流所需要的投入非常大，建成后对企业业务规模的要求很高，只有规模达到较大程度后才能实现规模经济从而降低企业的成本，否则企业会长期处于不盈利的境地。此外，这种庞大的物流体系需要占用大量的流动资金，对于市场变化较快、业务流转速度也非常迅速的移动商务行业，无疑会对企业的发展产生一定的影响。更重要的是，自营物流需要较强的物流管理能力，建成之后需要工作人员具有专业化的物流管理能力，需要移动商务企业在人才储备方面做好充分的准备。

二、物流联盟

物流联盟是制造业、销售企业、物流企业基于正式的相互协议而建立的一种物流合作关系，参加联盟的企业汇集、交换或统一物流资源以谋取共同利益；同时，这些合作企业仍保持各自的独立性。物流联盟通过企业之间的共享资源、共担风险的合作，目的是达到比各企业单独从事物流活动取得更好的效果。企业间不完全采取导致自身利益最大化的行为，也不完全采取导致共同利益最大化的行为，只是在物流方面通过契约形成优势互补、要素双向或多向流动的中间组织。联盟是动态的，只要合同结束，双方又变成追求自身利益最大化的单独个体。

选择物流联盟伙伴时，要注意物流服务提供商的种类及其经营策略。一般可以根据物流企业服务的范围大小和物流功能的整合程度这两个标准，确定物流企业的类型。物流服务的范围主要是指业务服务区域的广度、运送方式的多样性、保管和流通加工等附加服务的广度。物流功能的整合程度是指企业自身所拥有的提供物流服务所必要的物流功能的多少，必要的物流功能是指包括基本的运输功能在内的经营管理、配送、流通加工、信息、企划等各种功能。一般来说，物流联盟的各个组成企业明确自身在整个物流联盟中的优势及担当的角色，努力减少内部的冲突，明确各自的分工，将注意力集中在提供客户指定的服务上，提高企业的竞争能力和竞争效率，满足企业跨地区、全方位物流服务的要求。

三、第三方物流

第三方物流（Third-Party Logistics，3PL 或 TPL）是指独立于买卖之外的专业化物流公司，长期以合同或契约的形式承接供应链上相邻组织委托的部分或全部物流功能，因地制宜地为特定企业提供个性化的全方位物流解决方案，实现特定企业的产品或劳务快捷地向市场移动，在信息共享的基础上，实现优势互补，从而降低物流成本，提高经济效益。它是由相对"第一方"发货人和"第二方"收货人而言的第三方专业企业来承担企业物流活动的一种物流形态。第三方物流公司通过与第一方或第二方的合作来提供其专业化的物流服务，它不拥有商品，不参与商品买卖，而是为顾客提供以合同约束、结盟为基础的，系列化、个性化、信息化的物流代理服务。服务内容包括设计物流系统、报表管理、货物集运、选择承运人、选择货代人、海关代理、信息管理、仓储、咨询、运费支付和谈判等。第三方物流企业一般都是具有一定规模的物流设施设备（库房、站台、车辆等）及专业的经验和技能的物流业务经营企业。第三方物流是物流专业化的重要形式，它的发展程序体现了一个国家物流产业发展的整体水平。第三方物流是一个新兴的领域，企业采用第三方物流模式对于提高企业经营效率具有重要作用。首先，企业将自己的非核心业务外包给从事该业务的专业公司去做，转而专注于拥有核心竞争力的提高；其次，第三方物流企业作为专门从事物流工作的企业，拥有丰富的专门从事物流运作的行业专家，有利于确保企业的专业化生产，降低费用，提高企业的整体物流水平。但是企业在选择第三方物流将其物流环节外包时，首先要评估自身的核心竞争优势在何处，不能够将企业的立足之本也外包出去。另外，企业还要对第三方物流合作伙伴进行一定的监管和控制，保证企业物流服务水平和较高的顾客满意度。

目前，第三方物流的发展十分迅速，有几个方面是值得我们关注的：第一，物流业务的范围不断扩大。商业机构和各大公司面对日趋激烈的竞争，不得不将主要精力放在自身的核心业务，而将运输、仓储等相关业务环节交由更为专业的物流企业进行操作，以求节约和高效；另外，物流企业为提高服务质量，也在不断拓宽业务范围，提供配套服务。第二，很多成功的物流企业根据第一方、第二方的谈判条款，分析比较自理的操作成本和代理费用，灵活运用

186

自理和代理两种方式，提供客户定制的物流服务。第三，物流产业的发展潜力巨大，具有广阔的发展前景，而如何提高物流的效率和服务质量，同时在一定程度上降低物流成本，是大部分物流企业正在面临的难题。

四、第四方物流

第四方物流主要是指由咨询公司提供的物流咨询服务，但咨询公司并不等于第四方物流公司。目前，第四方物流在中国还仅停留在"概念化"的第四方物流公司，南方的一些物流公司、咨询公司甚至软件公司纷纷宣称自己的公司就是从事"第四方物流"服务的公司。这些公司号称拥有信息技术，其实却缺乏供应链设计能力，只是将第四方物流当做一种商业炒作模式。

第四方物流公司是应物流公司的要求，为其提供物流系统的分析和诊断，或提供物流系统优化和设计方案等。第四方物流公司的价值在于以其知识、智力、信息和经验为资本，为物流客户提供一整套的物流系统咨询服务，因此，它从事物流咨询服务就必须具备良好的物流行业背景和相关经验，但并不需要从事具体的物流活动，更不用建设物流基础设施，只是对于整个供应链提供整合方案。第四方物流的关键在于为顾客提供最佳的增值服务，即迅速、高效、低成本和个性化服务等。

第四方物流的优势体现在以下几个方面：第一，它是对整个供应链及物流系统进行整合规划。第三方物流的优势在于运输、储存、包装、装卸、配送、流通加工等实际的物流业务操作能力，在综合技能、集成技术、战略规划、区域及全球拓展能力等方面存在明显的局限性，特别是缺乏对整个供应链及物流系统进行整合规划的能力。而第四方物流的核心竞争力就在于对整个供应链及物流系统进行整合规划的能力，也是降低客户企业物流成本的根本所在。第二，它具有对供应链服务商进行资源整合的优势。第四方物流作为有领导力量的物流服务提供商，可以通过其影响整个供应链的能力，整合最优秀的第三方物流服务商、管理咨询服务商、信息技术服务商和电子商务服务商等，为客户企业提供个性化、多样化的供应链解决方案，为其创造超额价值。第三，它具有信息及服务网络优势。第四方物流公司的运作主要依靠信息与网络，其强大的信息技术支持能力和广泛的服务网络覆盖支持能力是企业客户开拓国内外市场、降低物流成本所极为看重的，也是取得客户的信赖、获得大额长期订单的优势所在。第四，第四方物流具有人才优势。第四方物流公司拥有大量高素质国际化的物流与供应链管理专业人才和团队，可以为客户企业提供全面的卓越的供应链管理与运作，提供个性化、多样化的供应链解决方案，在解决物流实际业务的同时实施与公司战略相适应的物流发展战略。发展第四方物流可以减少物流资本投入、降低资金占用。通过第四方物流，企业可以大大减少在物流设施（如仓库、配送中心、车队、物流服务网点等）方面的资本投入，降低资金占用，提高资金周转速度，减少投资风险。降低库存管理及仓储成本。第四方物流公司通过其卓越的供应链管理和运作能力可以实现供应链"零库存"的目标，为供应链上的所有企业降低仓储成本。同时，第四方物流大大提高了客户企业的库存管理水平，从而降低库存管理成本并可以改善物流服务质量，提升企业形象。

五、物流一体化

物流一体化是指以物流系统为核心，由生产企业、物流企业、销售企业直至消费者的供应链整体化和系统化。它是在第三方物流的基础上发展起来的新的物流模式。20世纪90年代，西方发达国家如美、法、德等国提出物流一体化现代理论，并应用和指导其物流发展，取得了明显效果。在这种模式下物流企业通过与生产企业建立广泛的代理或买断关系，使产品在有效的供应链内迅速移动，使参与其中的各方企业都能获益，使整个社会获得明显的经济效益。这种模式还表现为用户之间的广泛交流供应信息，从而起到调剂余缺、合理利用、共享资源的作用。在电子商务时代，这是一种比较完整意义上的物流配送模式，它是物流业发展的高级和成熟的阶段。

更进一步，物流一体化的发展可分为三个层次：物流自身一体化、微观物流一体化和宏观物流一体化。物流自身一体化是指物流系统的观念逐渐确立，运输、仓储和其他物流要素趋向完备，子系统协调运作，系统化发展。微观物流一体化是指市场主体企业将物流提高到企业战略的地位，并且出现了以物流战略作为纽带的企业联盟。宏观物流一体化是指物流业发展到这样的水平：物流业占到国民总产值的一定比例，处于社会经济生活的主导地位，它使跨国公司从内部职能专业化和国际分工程度的提高中获得规模经济效益。物流一体化是物流产业化的发展形式，它必须以第三方物流充分发育和完善为基础。物流一体化的实质是一个物流管理的问题，即专业化物流管理人员和技术人员，充分利用专业化物流设备、设施，发挥专业化物流运作的管理经验，以求取得整体最优的效果。同时，物流一体化的趋势为第三方物流的发展提供了良好的发展环境和巨大的市场需求。

本章案例

"1号店"的供应链管理案例

新兴的 B2C 电子商务零售公司"1号店",成立 3 年来从建店初期截至 2010 年营业额从 400 多万元快速增长到 8 亿元。"1号店"得以迅速发展的原因之一就是其先进的物流管理系统,它已独立研发出多套具有国际领先水平的电子商务管理系统并拥有多项专利和软件著作权,并在系统平台、采购、仓储、配送和客户关系管理等方面大力投入。另外,"1号店"注重与上游供应商端及物流端的资源整合,为顾客提供更多物美价廉的产品,打造"1号店"强有力的竞争力。目前"1号店"已经拥有 6 万多种商品,因为种类繁多,造成不少保质期短的商品进出货管理难度加大。为此,"1号店"研发出一套高效的保质期管理体系,已经通过专利申请。每一款商品进入"1号店"后,都会录入保质期,不新鲜的货物会被系统挡下来,无法上架。这同时也涉及商品的供销平衡问题,只有合理控制存货量才能避免商品过期。但无论是进口零食还是绿色鸡蛋,"1号店"都给消费者提供了丰富的甚至是实体超市无法买到的商品,来满足顾客差异化的口味和喜好。

一、其供应链的发展战略是否与公司的发展战略相一致

"1号店"的竞争优势表现在两个方面:一是"一站式购物"的定位,"1号店"的销售商品包括快消品、家居、化妆品、保健品等 10 多个类别,SKU 近 10 万个。二是"半日达"的送货承诺,以上海地区为例,上午下单下午到,下午下单晚上到(在注明可晚上送达的情况下),晚上下单第二天上午到。

凭借着这两点竞争优势,在 2010 年,"1号店"在电子商务网站中脱颖而出,在上海形成了非常火暴的场面。在 2011 年以及更长的一段时间内,"1号店"始终将品种多样化及配送及时性作为自身的发展战略。

二、如何控制产品及服务的复杂性

"1号店"计划在 2011 将 SKU 扩展至 20 万个,真正向网上超市的目标迈进,然后为了更好实施管理,不同的产品类型需要不同的采购策略、储存方式与配送方式等,为其管理提出了巨大的挑战,同时随着业务的不断扩展,对于客户的服务也将呈现出多样化的发展,将会出现"半日达"、"次日达"以及"指定日达"等多种类的服务,这都将增加"1号店"的管理复杂度。

为降低物流成本,提供公司整体的运作效率,"1号店"需有效控制产品及服务的复杂性,首先,"1号店"需完善产品组合分析的职能,并定期研究组合,消除不能增值的复杂性;其次,在广泛的供应网络中创造不同的供应链,

保证以独特的产品服务于不同的客户群体，并使用不同的信息流与物流，以最有效的方式管理产品及服务的复杂性。

三、供应链网络规划

如何在全国布局，一直是"1号店"发展过程中面临的重要问题。项目最终目的是需要在物流成本与"半日达"、"次日达"与"指定日达"服务水平之间寻找最佳的平衡点，为其未来打造高效的供应链提供可用的参考。

在供应链网络规划的过程中，除了需考虑服务与成本的优化目标外，还需将拓展的风险考虑进去，确保投资的有效性。结合对未来电子商务业务发展的趋势来看，对供应链的投资不应仅考虑如何提高其运作的效率，还要重点考虑供应链的灵活性，以满足未来多产品、小批量、多批次、短周期的运营模式。

四、从全局考虑，对供应链进行端到端的优化

在对供应链成本控制的案例研究中，优化效果表现一般的企业在供应链的各个职能部门（如采购或配送）中均提出了降低成本的要求，并采用了一系列的降低成本的技术。而供应链的优化需要端到端的优化，供应链成本最低的目标需要"1号店"供应链管理团队对成本进行端到端的控制，以优化总体业务为目标而非某项职能。

端到端的管理为"1号店"的供应链管理团队提出了较高的要求，但也有规律可循。首先，供应链的管理团队必须是跨职能部门的团队，并授权这个团队制定从采购策略、修改安全库存存货量到重新分配产品以管理缺货的各种决策，从而使其能够将采购、订单管理、配送管理等各环节紧密集成到一起，甚至有时以降低一个职能部门的绩效为代价来提高另一个职能部门的绩效，以保证整体供应链效率的最优。其次，采用系统化的方式进行采购和配送的规划，使"1号店"更有可能动态地调整库存水平和存储地点，以求在最大程度降低物流成本的同时，也不牺牲其服务质量。

近期，"1号店"又推出了"虚拟超市"的新型购物模式，基于其开发的Android、iPhone版客户端，逐步实现了多系统、多终端的覆盖。"无限1号店"的引入让购物不再设限，"虚实合一"的新型购物模式以及"随时、随地、随心"的消费理念更让手机购物成为一种时尚、一种生活态度，也成为未来手机电子商务发展的新趋势。

目前，"1号店"在上海的70多个地铁站点和北京近500个公交站点推出了虚拟超市——"无限1号店"项目，消费者只需通过"掌上1号店"手机客户端扫描商品二维码就可快速完成整个购物流程，有效地利用零散的时间碎片，享受全新的网购体验。面对正在兴起的手机购物市场，比一比购物搜索等

网站也已开始进军手机购物终端，试图打造一个集产品搜索、比价、购买、交流互动于一体的购物好帮手，以帮助消费者在购物过程中掌握更大的主动权。

资料来源：中国大物流网，www.ALL56.com，2011-08-16.

问题讨论：

1. "1号店"在物流管理方面有哪些优势？

2. 从"1号店"的成功发展经验中能获得哪些启示？

本章小结

物流是指物质实体从供应者向需求者的物流移动，它由一系列创造时间价值和空间价值的经济活动组成，包括运输、保管、配送、包装、装卸、流通加工及物流信息处理等多项基本活动。

移动商务与物流之间存在相互的影响。一方面，移动商务将改变人们传统的物流观念，改变企业的经营形态，改变物流的运作方式，并将促进物流基础设施的改善和物流技术与物流管理水平的提高。另一方面，物流是实现移动商务"以顾客为中心"的根本保证，并能够保证生产的顺利进行。

移动商务物流管理，是对移动商务物流活动进行计划、组织、指挥、协调、控制和决策等。其目的就是使各项物流活动实现最佳的协调与配合，以降低物流成本，从而提高物流效率和经济利益。移动商务物流目标的管理：明确移动商务的销售目标，确定物流、配送的服务目标和成本目标。

移动商务物流管理包括移动商务物流运作流程的管理、移动商务物流资源的管理、移动商务物流运作形态的管理。对移动商务物流运作流程的管理是指通过对可用的物流和配送资源进行正确评估，以及市场的预测与定位，确定最佳的物流和配送运作流程，并通过系统和用户的反馈信息不断调整和优化流程；对移动商务物流资源的管理是指准确分析市场需求以及企业自身的能力现状，合理配置物流资源，充分利用企业拥有的资源，提高移动商务物流的效率；对移动商务物流运作形态的管理，一方面是对物流、配送系统形态的选择，另一方面是对物流合作伙伴的选择、评估、管理与控制。

移动商务物流的基本模式包括自营模式、物流联盟、第三方物流、第四方物流和物流一体化。自营模式是指企业自身经营物流，称为自营物流。物流联盟是制造业、销售企业、物流企业基于正式的相互协议而建立的一种物流合作关系，参加联盟的企业汇集、交换或统一物流资源以谋取共同利益；同时，这些合作企业仍保持各自的独立性。第三方物流是指独立于买卖之外的专业化物流公司，长期以合同或契约的形式承接供应链上相邻组织委托的部分或全部物流功能，因地制宜地为特定企业提供个性化的全方位物流解决方案，实现特定企业的产品或劳务快捷地向市场移动。第四方物流主要是指由咨询公司提供的物流咨询服务，但咨询公司并不等于第四方物流公司。物流一体化是指以物流系统为核心，由生产企业、物流企业、销售企业直至消费者的供应链整体化和系统化。

本章复习题

1. 阐述物流的含义和基本功能。
2. 阐述传统企业物流的基本流程。
3. 阐述移动商务物流管理的内涵。
4. 论述移动商务与物流之间的相互影响作用。
5. 阐述移动商务物流管理的发展趋势。
6. 列举并阐述移动商务物流的五个基本模式。
7. 阐述第三方物流和第四方物流的区别与联系。

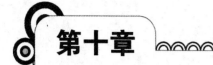

第十章

移动商务运营管理

学习目的

知识要求 通过本章的学习，掌握：

- 企业运营管理的含义
- 移动商务运营管理战略的类型
- 移动商务供应链管理的方法
- 移动商务运营管理的策略
- 业务流程重组的内涵

193

技能要求 通过本章的学习，能够：

- 了解企业运营管理的含义
- 了解移动商务运营管理战略的运用
- 掌握移动商务供应链管理的方法
- 掌握移动商务运营管理的策略
- 了解业务流程重组的基本原则和实施方法

学习指导

1. 本章内容包括：企业运营管理的含义；移动商务运营管理战略的类型；移动商务供应链管理的方法；移动商务运营管理的策略；业务流程重组的基本原则和实施方法。

2. 学习方法：结合案例理解企业运营管理的内涵、基本策略，从供应链的角度理解移动商务运营管理的策略选择，掌握移动商务运营管理的策略、基本原则和实施方法。

3. 建议学时：4学时。

日本"7-11"便利店的供应链管理案例

日本"7-11"是有着日本最先进物流系统的连锁便利店集团。"7-11"原是美国一个众所周知的便利店集团，后被日本的主要零售商伊藤洋华堂引入，日本"7-11"作为下属公司成立于1973年。

日本"7-11"把各单体商店按"7-11"的统一模式管理。自营的小型零售业，例如小杂货店或小酒店在经日本"7-11"许可后，按日本"7-11"的指导原则改建为"7-11"门店，日本"7-11"随之提供独特的标准化销售技术给各门店，并决定每个门店的销售品类。"7-11"连锁店作为新兴零售商特别受到年青一代的欢迎，从而急速扩张。现在，全日本有4000多家"7-11"商店。在运营管理的过程中，"7-11"积累了如下几个方面的成功经验：

一、频繁、小批量的进货

便利店依靠的是小批量的频繁进货，只有利用先进的物流系统才有可能发展连锁便利店，因为它使小批量的频繁进货得以实现。典型的"7-11"便利店非常小，场地面积平均仅100平方米左右，但就是这样的门店提供的日常生活用品达3000多种。虽然便利店供应的商品广泛，通常却没有储存场所，为提高产品销售量，销售场地原则上应尽量大。这样，所有商品必须能通过配送中心得到及时补充。如果一个消费者光顾商店时不能买到本应有的商品，商店就会失去一次销售机会，并使便利店的形象受损。所有的零售企业都认为这是必须避免的事情。因此，"7-11"通过信息网络从各门店收集即时的订货信息，并按照每张特定的订单信息，进行合理化、最优化的集约，为各门店提供频繁的、小批量的进货。

二、分销渠道的改进

为每个门店有效率地供应商品是配送环节的重要职责。首先要从批发商或直接从制造商那里购进各种商品，然后按需求通过配送中心配送到每个门店。许多日本批发商过去常常把自己定性为某特定制造商的专门代理商，只允许经营一家制造商的产品。在这种体系下，零售商要经营一系列商品的话，就不得不和许多不同的批发商打交道，每个批发商都要单独用货车向零售商送货，送货效率极低，而且送货时间不确定，但人们往往忽视了配送系统的低效率。为了保证有效率地供应商品，日本"7-11"不得不对旧有分销渠道进行合理化改造。

"7-11"在整合及重组分销渠道上进行了改革。在新的分销系统下，一个受委托的批发商被指定负责若干销售活动区域，授权经营来自不同制造商的产品。此外，"7-11"通过和批发商、制造商签署销售协议，能够开发有效率的分销渠道与所有门店连接。批发商是配送中心的管理者，为便利店的门店送货。而"7-11"本身并没在配送中心上投资，即使它们成了分销渠道的核心。批发商自筹资金建设配送中心，然后在"7-11"的指导下进行管理。通过这种协议，"7-11"无须承受任何沉重的投资负担就能为其门店建立一个有效率的分销系统。为了与"7-11"合作，许多批发商也愿意在配送中心上做必要的投资，作为回报，批发商得以进入一个广阔的市场。

"7-11"重组了批发商与零售商，改变了原有的分销渠道，由此，配合先进物流系统，使各种各样的商品库存适当，保管良好，并有效率地配送到所有的连锁门店。从为便利店送货的货车数量下降上可以体现出物流系统的先进程度。如果是在十几年前，每天为便利店送货的货车就有70辆，现在只有12辆左右。显然，这来自新的配送中心有效率的作业管理。

三、形成"生产—物流—销售"的综合性网络

1996年底，"7-11"在日本已拥有店铺7000家，年销售额达2兆日元，年入店顾客16.5亿人次，相当于日本总人口的10倍。然而，"7-11"并没有完全属于自己的物流和配送中心，而是凭借自身的知名度和经营实力，借用其他企业的配送中心，采取汇总配送、共同配送的方式。

起初，制造商把不同产品送至批发商处，由各批发商负责配送，每一个批发商负责一定地区的配送。后来，由生产不同产品的制造商共同出资建立配送中心，各公司把产品送至共同配送中心，再实行统一配送，以保证对"7-11"便利店的货物供应。"7-11"在物流管理中，充分运用供应链管理的思想。公司认为实现连锁经营基本政策和连锁化战略的目的是提高物流的效率、降低物流成本。物流效率化离不开由商品生产到销售的整个供应链的有效管理，即综合考虑生产厂家、批发商、配送中心、连锁公司总部、加盟店和消费者之间所形成的供应链的物流情况，争取系统的最优化。

"7-11"公司的硬件和软件信息系统，形成了生产—物流—销售的综合性网络，使商品的销售信息灵活应用于商品供应计划及物流中，防止因无计划所造成的低效率和浪费，使以顾客需求为出发点的生产、物流、销售三个环节紧密结合。该系统能根据商品的销售情况，定期发出订单；当生产厂家、批发商接到订单后，开始制造或筹备所需商品；共同配送中心则根据总部、生产厂家和批发商提供的商品明细表和指示单，对不同商店配送商品。由于向批发商、配送中心订货的数据能迅速、定期地发送，使接受订货到送货的作业均实现程

序化和计划化。

"7-11"的成功在于其供应链管理方法的成功，它已经建立了坚实的信息系统，可使公司对市场需求及时全面地获得反馈，并与供应商及物流服务提供商建立了强大的合作网络。其物流系统极为灵活，可一日三次向各店输送鲜活易坏产品。此外，其数据系统面广，能收集详细的销售数据，包括产品识别、数量、购买时日及客户的年龄和性别的估计。这些数据会被及时传送给总部计算机信息系统进行处理。依靠强大的供应链管理系统，"7-11"在市场竞争中始终保持快速的应对能力。

资料来源：http://www.fjycw.com/，2011-03-31.

➡ 问题：

1. 试概括"7-11"的供应链管理策略。
2. 结合案例谈谈"7-11"的成功给我们带来怎样的启示。

第一节 企业运营管理

一、企业运营管理的含义

企业运营管理，作为企业生存盈利的关键要素，它决定着一个企业的市场经营成果，从长远来看，能否找到适合企业经营需要的运作模式并不断完善决定着一个企业的未来。

不同的企业运营模式具有不同的盈利潜力和竞争优势，企业运营管理为企业所带来的竞争优势最终可以归结为能为顾客创造更多的价值。企业提出创新的运营模式，也就是要提升客户价值创造能力，最终使企业得以持续发展。

如今，在全球经济一体化的大背景下，企业要想求生存谋发展，必须善于吸取经济变革的新因素，大力培育企业的核心竞争能力，才能在长时期内超过同行业平均水平投资回报率，为企业创造出可持续性的竞争优势，使企业能在竞争中保持长期的主动性。一个企业的竞争优势综合体现在客户、质量、时间、成本和服务等企业运营管理的关键要素的指标体系上，这些反映了企业实际的市场竞争能力。

二、企业运营管理战略

企业运营管理战略是运营管理中最重要的一部分，它为企业的运营管理指

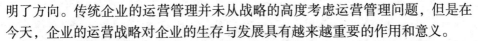

明了方向。传统企业的运营管理并未从战略的高度考虑运营管理问题，但是在今天，企业的运营战略对企业的生存与发展具有越来越重要的作用和意义。

企业运营战略是指在企业经营战略的总体框架下，如何通过运营管理活动来支持和完成企业的总体战略目标。可以将运营战略视为使企业运营管理的目标与企业总体战略协调一致的规划过程的一部分。企业运营战略的设计是对运营管理过程和运营生产管理的基本问题所作出的根本性谋划。

由此可以看出，运营战略的目的是为支持和完成企业的总体战略目标服务的。运营战略的研究对象是生产运营过程和生产运营系统的基本问题，所谓的基本问题是指包括产品选择、工厂选址、设施布置、生产运营的组织形式、竞争优势要素等，帮助企业制定包括生产运营过程和生产运营系统的长远目标、发展方向和重点、基本行动方针、基本步骤等一系列指导思想和决策原则。

运营战略作为企业整体战略体系中的一项职能战略，主要解决在运营管理职能领域内如何支持和配合企业在市场中获得竞争优势的问题。运营战略一般分为两大类：一类是结构性战略，包括设施选址、运营能力、纵向集成和流程选择等长期的战略决策问题；另一类是基础性战略，包括劳动力的数量和技能水平、产品的质量问题、生产计划和控制以及企业的组织结构等时间跨度相对较短的决策问题。

企业的运营战略是由企业的竞争优势要素构建的。竞争优势要素包括：低成本、产品质量和可靠性、快速交付、柔性和服务。这与企业核心能力的塑造密切相关。企业的核心能力就是企业独有的、对竞争优势要素的获取能力，因此，企业的核心能力必须要与竞争优势要素协调一致。

(一) 运营战略的竞争优势要素

不同的企业需要不同的竞争优势要素用以保持竞争力，而运营战略成功的关键是明确竞争的重点优势要素，并了解每个竞争重点优势要素的选择后果，做出必要的权衡。另外，竞争力是指企业在经营活动中超过其竞争对手的能力，是一个企业能够长期地以比其他企业（或竞争对手）更有效的方式提供市场所需要的产品和服务的能力。竞争力是决定一个企业生存和发展的重要因素，是企业取得竞争优势的前提与保障。

相关领域的学者将企业的竞争要素归纳为以下五类，这些要素决定了企业提供的产品和服务的差异化，也决定了企业的竞争优势。

1. 低成本

价格是顾客必须对产品或服务支付的金额。显然，在质量、功能相同的条件下，顾客将选择价格较低的产品或服务。对企业而言，价格竞争的实质是成本竞争，生产运营成本越低，企业在价格上就越有竞争优势。

2.产品质量和可靠性

提供优质产品。质量分为两类：产品（服务）质量和过程质量。产品质量包括产品的功能、耐用性、可靠性、外观造型、产品的合格率等，质量的好坏反映产品满足顾客需要的程度。企业为提高竞争优势可以一方面保持产品的高质量水平，另一方面需要提供更好的产品或服务。过程质量的目标是生产没有缺陷的产品，可以预防性地解决产品的质量问题。

3.快速交付

顾客对交付产品或提供服务在时间上的要求包括快速或按时的交货能力。在同一质量水平下，企业间竞争优势的差异的重要表现就是时间性。据国外资料分析表明，高质量、高功能在国际竞争中的作用逐步下降，而代之以呈上升趋势的是准时或快速交货的竞争能力。

4.柔性

从战略的观点看待企业的竞争力，柔性是由与企业运营过程设计直接相关的两个方面构成的：一是企业为客户提供多种产品和服务的能力，最大的柔性意味着提供顾客化的产品与服务的能力，以满足独特的需求，被称为"大规模定制"；二是企业快速转换工艺生产新产品的能力或者快速转换服务流程提供服务的能力。

5.服务

在当今的企业环境中，为获取竞争优势，企业开始为客户提供多样化的增值服务。这对提供产品、提供服务的企业都是十分重要的。

（二）运营战略的竞争理论

研究战略理论的目的是为了给企业提供一种广泛适用性的框架、程序或模式，指导企业应树立什么样的战略指导思想，如何投入竞争，应确定什么样的竞争目标，实现这些目标时需要采取什么样的方针、策略与方法。运营战略是与企业总体战略紧密联系而又服务于总体战略的，是企业战略理论的具体细化、发展与应用。

运营战略竞争理论是研究如何使运营系统的各要素有机结合，形成整体优势的思想体系。随着科技的进步，运营战略的思想体系与传统观念已经发生了很明显的变化。

首先，传统的观点认为运营战略应以成本和效率为中心，强调规模经济和高产出；而最新的战略竞争理论则强调对产品竞争实力的保障，以保障和发展竞争优势为出发点来实现企业的竞争优势。

其次，现代竞争理论是从保持竞争优势出发，把运营系统各要素（如生产类型、技术、管理系统等）有机地结合起来形成整体优势；而不是像传统观点那样，过分强调品种少、批量大、技术高、质量好，注重某个要素的优势。

总之，运营战略竞争理论是以竞争为导向并以取得竞争优势为基础来拟定和实施运营战略决策的。按照迈克尔·波特的竞争战略理论观点，运营竞争战略可以分为以下三种基本类型：

1. 总成本领先战略

这是在某一产业领域内使成本低于竞争对手而取得领先地位的战略，其着眼点是取得价格竞争优势。在这种战略下，一般是运营系统具有一定的规模优势和技术高、产量大等优势。成本领先战略要求企业加强对费用的控制，以及最大限度地减少研究开发、服务、推销、广告等方面的成本。为了达到这些目标，有必要在管理方面对成本控制给予高度重视。尽管质量、服务以及其他方面也不容忽视，但贯穿整个战略中的主题是使成本低于竞争对手。显然，处于低成本地位的企业可以获得高于行业平均水平的收益。其低成本意味着当其他企业在竞争过程中已失去利润时，这个公司仍然可以获取利润。

2. 差异化战略

这种战略要求运营系统与其竞争特色的优势相适应，但也要注意成本因素。这种战略是通过公司所有部门的努力，使公司产品在一个或几个方面与竞争对手的产品有所不同。如赋予产品特殊的功能、高超的质量、优质的服务、独特的品牌等。这种战略将增加公司在产品设计、研发等方面的投入，使产品的成本上升。但是，顾客出于对产品的偏爱而愿意接受较高的价格，这将弥补公司采用差别化战略而带来的成本上升。

3. 目标集聚战略

实际上是一种市场细分市场战略，这种战略的前提是企业能够以更高的效率、更好的效果为某一细分市场中的特殊顾客群服务，采用目标集聚战略的企业通常具有超过行业平均收益水平的潜力。采用目标集聚战略的公司通常将全力集中于某一特定区域的市场或顾客群。这类公司通常采用低成本战略或差别化战略，但仅仅关注于特定的目标市场。采用低成本战略的企业，将资源集中在整个市场的一个或几个细分市场，旨在成为服务于该细分市场的最低成本的公司。

对于大多数服务企业来说，提供服务就是企业的全部经营活动。因此，服务运营战略通常与企业总体战略联系在一起。制定服务运营战略的基本思想是以顾客为中心，即顾客是设计服务系统、制定企业战略和运行管理的核心企业，需要在此基础上确定竞争重点和目标，这些目标包括为用户提供良好的服务、服务的快捷性与方便性、合理的服务价格、服务内容的多样性、在服务中占有重要地位的有形产品的质量、服务技术水平与设施水平等。

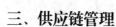

三、供应链管理

在全球化市场竞争日益激烈的环境下，产品更新换代的周期越来越短，产品种类也日益多样化。与此同时，顾客对于产品的需求也不只限于高质量的产品，对产品的交货期和与产品相关的服务水平的期望也越来越高。如何更好地满足顾客的需求，在激烈的市场竞争中提高市场占有率、降低成本以获得良好的经营业绩是每一个企业所面临的难题。在这样的背景下，供应链管理（Supply Chain Management，SCM）应运而生，这要求企业在制定战略和实际运营的过程中，要将企业置于整个供应链中来考虑，寻求企业更好的发展。

目前，学术界对供应链管理尚未形成统一的定义，美国供应链协会认为："供应链，囊括了设计生产与交付最终产品和服务的一切努力，从供应商的供应商到客户的客户。供应链管理包括管理供应与需求，原材料、备品备件的采购、制造与装配，物件的存放及库存查询，订单的录入与管理，渠道分销及最终交付用户。"

总体来说，供应链管理是对整个供应链中各参与组织、部门之间的物流、信息流与资金流进行计划、协调与控制等，其目的是通过优化和提高相关过程的速度和确定性，使相关活动的价值增值最大化，以提高组织运作的整体效益和效率。一般来说，供应链是由自主或半自主的实体企业组成的网络，这些实体企业共同负责与一类或多类产品相关的各项活动。实体企业主要由供应商、制造商、仓库、配送中心和零售商等组成，处于核心地位的企业称做供应链的核心企业。

在本书中，我们将供应链管理定义为在满足一定的客户服务水平的条件下，为了使整个供应链系统成本达到最小，而把供应商、制造商、仓库、配送中心和渠道商等有效地组织在一起，来进行产品制造、转运、分销及销售的管理方法。供应链管理包括计划、采购、制造、配送、退货五大基本内容。

（一）计划

这是供应链管理的策略性部分，企业需要有一个策略来管理所有的资源，以满足顾客对企业产品和服务的需求。好的计划是建立一系列的方法监控和管理供应链，使它能够有效、低成本地为顾客递送高质量和高价值的产品或服务。

（二）采购

采购是供应链管理中的重要环节，企业需要选择能为其产品和服务提供货品和服务的供应商，并与供应商建立一套定价、配送和付款流程，并创造方法监控和改善管理，同时创造一套有效的方法来对供应商进行管理，其中包括提

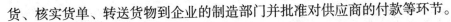

货、核实货单、转送货物到企业的制造部门并批准对供应商的付款等环节。

(三) 制造

这一过程包括安排生产、测试、打包和准备送货所需的活动，是供应链中测量内容最多的部分，包括质量水平、产品产量和工人的生产效率等的测量。

(四) 配送

很多人将之称为物流，它是调整用户的订单收据、建立仓库网络、派递送人员提货并送货到顾客手中、建立货品计价系统、接收付款等。

(五) 退货

这是供应链管理中的问题处理部分。企业需要建立网络接收客户退回的次品和多余产品，并在客户应用产品出现问题时为之提供支持。

第二节　移动商务运营管理

一、移动商务运营的特点

电子商务是移动商务的基础，因此，移动商务在一定程度上具备电子商务的一些特点。电子商务的特点是综合运用信息技术、以提高贸易伙伴间商业运作效率，并将一次交易全过程的数据和资料用电子方式实现。除此之外，移动商务又同时具备了移动性、个性化等特点，在整个商业运作过程中实现交易无纸化、直接化和移动化。移动商务使贸易环节中各个参与者更紧密地联系起来，可以更快地满足客户的需求，在全球范围内选择贸易伙伴，以最小的投入获得最大的利润。

移动商务的运营有以下几个方面的特点：

(一) 交易虚拟化

通过移动商务，贸易双方从贸易磋商、签订合同到支付等，都可以随时随地地进行，无须当面进行，均可以通过移动终端和互联网完成，整个交易过程完全虚拟化。对卖方来说，可以到网络管理机构申请域名，制作自己的网页，组织产品信息呈现在页面上，或者可以开发基于移动终端的客户端，将产品一一呈现。这种虚拟化的技术可以使买方根据自己的需求选择商品，并将信息及时反馈给卖方。通过信息的交互传递，买卖双方可以签订电子合同，并进入移动支付的流程，这一过程实现交易的虚拟化。

（二）交易成本低

移动商务使买卖双方的交易成本大大降低，具体表现在：

（1）距离越远，互联网上进行信息传递的成本相对于信件、电话、传真而言就越低。此外，移动商务在运营过程中可以缩短传递时间、减少数据的重复录入，降低信息成本。

（2）买卖双方可以通过移动终端和互联网进行商务活动，无须中介者参与，减少了交易的环节，减少了企业的流通成本。

（3）卖方可以通过互联网进行产品介绍、宣传，避免了传统方式下的广告制作及印刷制品等费用，降低了宣传成本。尤其是在移动商务环境下，可以实现精确到每个用户的精准营销，可大大提高营销的效果。

（4）企业内部联网实现移动办公，可以提高企业内部信息传递的效率，节省了时间，同时降低了管理成本。通过移动办公，信息可以自下而上、自上而下地快速传递，总部可以将分布在其他地区的子公司、分公司的信息及时地汇总并进行分析处理，及时地对各地市场情况作出反应，及时生产、及时销售、降低存货、快捷配送，从而降低产品和服务的成本。

（三）交易效率高

由于互联网将贸易中的商业报文标准化，使商业报文在世界各地的传递能在瞬间完成。计算机能够自动处理数据，使原料采购、产品生产、需求与销售、银行汇兑、保险、货物托运及申报等过程无须专人干预，就能在最短时间内完成。由此可以看到，移动商务克服了传统贸易方式的费用高、易出错、处理速度慢等缺点，极大地缩短了交易时间，使整个交易非常快捷与方便。

（四）交易透明化

移动商务使买卖双方交易的洽谈、签约以及货款的支付、交货通知等整个交易过程都可以通过移动终端与互联网进行。通畅、快捷的信息传输可以保证各种信息之间互相核对自动化、实时化，防止伪造信息的可能性。例如，在EDI系统中，由于加强了发证单位和验证的单位通信、核对，假的许可证就不易漏网。

（五）提升企业竞争力

移动商务使许许多多的中小企业也可以通过网络实现全天候、国际化的商务活动，并可以通过网络进行宣传、营销，可以创造更多的销售机会，从而提高企业的竞争力。

二、移动商务运营管理的策略

对企业来说，移动商务是一种新的经营手段。随着网络和移动商务的发展，越来越多的企业开始以移动商务的方式实现管理和营销的时候，便形成了一个移动商务的经营和市场环境，这是一个全新的竞争激烈的国际化市场。

（一）多元化经营策略

多元化战略是指企业同时经营两个以上行业，提供多种基本经济用途不同的产品或服务，从而进入不同市场的企业经营战略。它是企业发展到一定阶段，为寻求长远发展而采取的一种扩张行为。多元化战略的优势是：可使企业获得更多的市场机会，充分运用企业各种资源实现多种业务整合，充实系列产品结构或丰富产品组合结构；多元化经营比较灵活，能迅速地从不良业务中退出，从而有效地规避、分散或减少"过度专业化"的风险；实施多元化战略的企业能充分利用品牌效应、员工潜能、营销渠道，以及管理经验和物质资源，为市场提供多样化的产品或服务。简言之，多元化经营战略在增强企业实力、分散经营风险、发挥资源潜力、树立企业形象等方面具有十分重要的作用。在国外，美国的通用电器、日本的三菱、韩国的 LG 等一批企业通过实施多元化战略取得了突出的经营业绩。近年来，我国的海尔、康佳、春兰、红塔等企业也在开展多元化经营方面获得了一定的成功。

然而，多元化战略的弊端也是显而易见的，主要有以下三点：

一是管理难度增大，尤其是当企业进入与原来业务相关度不高的新领域时，企业原有的管理理念、模式和经验可能难以奏效，使协调各种关系的成本提高，并可能造成组织结构不稳定，增大经营失控的风险。

二是资源分散，企业资源与资金被分摊到多项业务中，这一方面可能会导致原有核心竞争力的丧失而其他核心竞争力难以培育起来，另一方面可能陷入资源短缺、周转不灵、不得不收缩或破产的境地。韩国大宇、日本索尼、中国的巨人集团也是因此而出现了企业运营管理方面的问题。

三是影响企业统一化策略（Corporate Identity System，CIS）的有效实施，实施多元化经营的企业多是其主业业绩好的知名企业，多元化经营后，多产品对企业原有品牌价值的分享可能会影响企业主业所创立的品牌基础。

（二）专业化经营策略

专业化战略是指企业通过从事符合自身资源条件与能力的某一领域的生产经营业务来谋求其不断发展。20 世纪 80 年代初，迈克尔·波特从企业竞争战略的角度提出了适用于任何性质与规模企业的三种基本竞争战略，其中之一就是专业化战略。波特的专业化竞争战略是指企业主攻某一特定市场，以求在局部市场上拥有竞争优势。由于企业的经营与市场竞争是分不开的，因此经营战略与竞争战略是密切联系在一起的。专业化经营战略的优势：企业可集中各种资源优势于最熟悉的业务领域，从而开发培育出具有竞争力的产品；便于企业整合战略的运作，实现规模化生产，取得行业内的成本优势；有利于 CIS 战略的贯彻实施，使企业品牌与产品的有机融合。从竞争的角度看，企业业务的专业化能够以更高的效率、更好的效果为某一狭窄的战略对象服务，从而在较广阔的竞争范围内超过对手。波特认为这样做的结果是可以使企业盈利的潜力超过行业内的普遍水平。实施专业化战略也有不利的方面：由于企业业务集中于某一领域，因此，可能失去其他一些市场机会；这一战略的关键是要在一个细分市场寻找特殊目标，通过为这一特殊目标服务在市场上占据一席之地，由于市场竞争程度的日趋激烈，对许多企业来说很难找到或创造出一个能长期运用专业化经营战略的核心产品；专业化容易形成较高的退出壁垒，当发生经营危机时企业因难以退出，而陷入"过度专业化"的危机。

第三节　移动商务与业务流程重组

在移动商务背景下，产品和服务的更新换代非常迅速，这需要企业提升自身的快速反应能力，通过更加扁平化的组织结构，更灵活地做出决策，以应对动态变化的市场环境。这需要传统的企业打破原有组织内部的框架，聚焦于核心业务流程，围绕核心业务流程重新设计组织架构，提高企业自身的竞争优势。

一、业务流程重组的含义

业务流程重组（Business Process Reengineering，BPR）理论首先是由美国著名企业管理大师迈克尔·汉默在 1990 年提出的，一些知名企业，如 IBM、通用汽车等在实施了业务流程重组后均取得了巨大的成功。因此，BPR 理论也是当今企业和管理学界研究的热点。

关于 BPR 的定义有很多，有的观点认为 BPR 就是对组织中及组织间的工作流程与程序的分析和设计；有的观点认为 BPR 就是使用信息技术从根本上改变企业流程以达成主要企业目标的方法性程序；有的观点则认为 BPR 是对企业流程的基本分析与重新设计，以获取绩效上的重大改变。尽管不同观点的描述不尽相同，但它们的内涵是相似的，即 BPR 的实质是一个全新的企业经营过程，这个过程要不受现有部门和工序分割的限制，以一种最简单、最直接的方式来设计企业经营过程，需要面向经营过程设置企业的组织结构，以实现企业的重组。

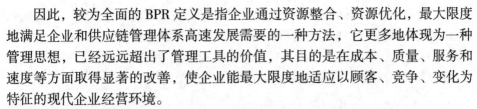

因此，较为全面的 BPR 定义是指企业通过资源整合、资源优化，最大限度地满足企业和供应链管理体系高速发展需要的一种方法，它更多地体现为一种管理思想，已经远远超出了管理工具的价值，其目的是在成本、质量、服务和速度等方面取得显著的改善，使企业能最大限度地适应以顾客、竞争、变化为特征的现代企业经营环境。

企业在业务流程重组的过程中，应关注以下几个方面的内容：

（一）专注于业务流程

业务流程重组关注的对象是企业的业务流程，而在传统的企业中，业务流程常常由于企业内部各职能部门的划分而变得不完整或不顺畅，人们关注的往往是不同部门的职能，而非业务流程线条的刻画。这是因为职能界限非常清晰，而流程是看不见、摸不着，分散在各个部门中，需要部门间的协调产生合力，最终实现业务流程的推进，然而，不同部门之间因为职能的不同，其诉求也不尽相同，不同部门之间会因为缺乏有效的沟通，导致业务流程难以得到有效的管理。而业务流程重组就是要打破职能型组织模式，建立以业务流程为核心的组织模式，使各职能单元能够更有效地为业务流程运作提供服务性的支持。总而言之，业务流程重组的焦点即"流程"，而非"职能"。

（二）根本性的再思考

"根本性"表明业务流程重组关注的是事物发展的本来面目，需要企业在面临问题时要还原事情的本质，而不是关注它外在的表现形式，这需要企业在实施业务流程重组时关注企业发展的核心问题，如"我们为什么要做现在的这项工作"、"我们为什么要采用这种方式来完成这项工作"、"我们为什么必须自己去完成这项工作而不是让别人来完成"等。通过对这些企业运营最根本的问题的思考，企业将会发现自己赖以生存或运营的商业假设是过时的甚至是错误的。因此，业务流程重组要求企业彻底摒弃过去已有的框架，不能被现有的运作模式所束缚，而是对根本性的问题进行深入的思考。

（三）彻底性的重新设计

彻底性的重新设计表明业务流程重组应该对事物进行追根溯源，而不是对自己已经从内在的流程进行肤浅的改变或者调整性的修补完善，而是抛弃所有不合适的做法，还原企业业务流程本来的面貌，从根本上重新设计新的流程，创造全新的完成工作的方法，对企业进行彻底的改革。

（四）戏剧性的提高

戏剧性的提高表明业务流程重组追求的不是一般意义上的业务提升或略有改善、稍有好转等，而是要使企业业绩有显著的增长、极大的飞跃和产生戏剧性的变化，这也是流程重组工作的特点和取得成功的标志。一些学者为"显著改善"制定了一个目标，即要达到"周期缩短 70%，成本降低 40%，顾客满意度和企业收益提高 40%，市场份额增长 20%"。实际上相当一部分企业的实施结果超过了这一期望值，如 IBM 信用卡公司通过业务流程重组使信用卡发放周期由原来的 7 天缩短到 4 小时，工作效率提高了上百倍。

二、业务流程重组的基本原则

（一）组织设计以流程为中心

移动商务企业在实施业务流程重组的过程中，需要秉持的最根本的理念是"组织为流程而定，而非流程为组织而定"。根据业务流程管理与协调的要求设立部门，通过在流程中建立控制程序来尽量压缩管理层级，建立扁平式管理组织，提高管理效率。

传统的企业组织是以职能为中心进行设计的，不同的部门具有不同的职能。这种组织结构使流程消失在具有不同职能的部门和人员之中。业务流程重组就是要实现从职能管理到面向业务流程管理的转变。业务流程重组强调管理要面向产品（或服务）和顾客，将决策点定位于业务流程执行的地方，在业务流程中建立控制程序。从而大大消除原有各部门间的摩擦，降低管理费用和管理成本，减少无效劳动和提高对顾客的反应速度。

（二）用系统的观点注重整体流程最优化

在传统的劳动分工的条件下，不同的部门具有各自独立的职能，各部门都专注于本部门效率的提高，而忽视了企业的整体目标的提升。业务流程重组实际上是系统思想在重组企业业务流程过程中的具体实施，它强调整体全局最优而不是单个环节或作业任务的最优。客户与供应商是企业整体流程的一部分。现代竞争不是单一企业与单一企业间的竞争，而是一个企业供应链与另一个企业供应链之间的竞争。这就要求在进行业务流程重组时不仅要考虑企业内部的业务处理流程，还应对客户、企业自身与供应商组成的整个供应链中的全部业务流程进行重新设计。

（三）充分发挥个人和团队相结合的作用

在传统的组织结构中，基于"作业者没有决策能力"这一假设，决策者和作业者是严格分开的，造成"决策者因为不能及时掌握各种信息而无法做出正确的决策，作业者虽掌握各种信息但因没有决策权只好错失良机"的结果。业务流程重组就是要求充分发挥每个人在整个业务流程中的作用。重组后的企业业务处理流程化要求在每个流程业务处理过程中最大限度地发挥每个人的工作潜能与责任心，流程与流程之间则强调人与人之间的合作精神。只有加强团队合作才能保证业务流程高效、有序、顺畅的进行。

（四）服务对象以客户为中心

客户既包括外部客户也包括企业内部的客户，企业营销人员面对的主要是外部客户，而财务管理、生产、库存等部门接触的主要是内部客户。在传统的组织结构下，每一个员工的工作业绩基本是由"上司"评价决定的，迫使员工以"上司满意"作为自身工作成功的目标，而忽视自身服务对象——客户的需要。业务流程重组的首要原则是应该把传统的"以上司满意为标准"转变为"以客户满意为标准"，这是检验业务流程重组是否成功的重要条件。

三、移动商务业务流程重组实施

（一）组建实施业务流程重组团队

企业重组是关系到整个企业命运、前途和业务的大工程，企业需要建立起坚实的组织结构，有组织、有计划地实施再造工程。由于业务流程重组涉及面很广，对各个部门和员工利益的冲击较大，必然会遭遇各方面的抵触情绪，在实施过程中的难度可想而知。因此，必须有很好的领导和组织保证，换句话说，一个重组工程组织至少应有两方面人员组成：重组指导委员会和重组团队。

重组指导委员会由企业的高层领导组成，它负责制定企业重组的总体战略，监督重组的进度，把握重组工程的方向，重组指导委员会应是重组中的首要角色，因为他们可以把握重组的方向，并负责纠正重组中可能出现的偏差。

因而，领导者要有激情，对流程重组行动要有强烈的认同感，要有强烈的沟通和组织协调能力。重组流程是企业中一种自上而下的行动，必须要由企业领导亲自推动，为流程重组的实施排除各种障碍。事实证明，一些企业的流程重组行动之所以流于形式、虎头蛇尾，与领导者缺乏坚定的信念与实施的魄力有关。因此，为推进业务流程重组的顺利实施，领导者必须身体力行，并充分发挥员工在业务流程重组中的主观能动性和创造性。

企业重组的次要因素是重组团队，流程重组成员中必须有合理的组成，不仅要有企业内部成员，还需要有外部成员出谋划策。外部成员一般是企业精心挑选的咨询顾问或有关专家。IBM 信贷公司在进行流程重组工作时就从外部专门聘请流程重组的顾问研究从根本上解决问题的办法。外部人员不在被重组的流程中工作，会站在一个较为客观的视角，也敢于提出各种新见解，这使得团队的视野变得更加开阔。

总而言之，团队成员的能力、水平和知识结构都十分重要，因为这在很大程度上决定了重组工作的成败。因此，企业在组建团队时对成员的要求很高，挑选也必须比较严格。

（二）核心流程分析和备选流程选择

在组建好团队之后，接下来就进入实质工作阶段。

一般来说，一个企业不会同时对其全部流程进行再设计，因为这样既不可行，也没有必要。待重组流程应根据企业的实际情况，分轻重缓急，有计划、有步骤地进行。流程再造小组与高层管理者利用竞争分析、价值链分析、关键成功因素分析等技术方法，对公司的各种业务流程在公司战略中的重要性进行评估，确认支持公司目标的主要流程。这些主要的流程在理论上可能是产品流程、服务流程或管理流程，依据这些流程与公司目标之间关系的重要程度，将这些主要的流程进行排序，并选出其中最重要的一个流程作为起始的重组项目，即流程重组的备选流程。选定的备选流程应该是企业的核心流程，核心流程是由与企业竞争优势的相关流程和活动、决策、信息及物流等组成的。

由麦肯锡公司提出的核心流程技术分析法，就是从跨职能的部门与其他部门之间的联系入手，将改进工作与一系列共享的战略目标相联系，把公司的业务看做由 3~4 个核心流程组成的，使核心流程消除了职能分工和地理分布造成的业务单位与公司的边界线，从而减少了对生产数量、完全成本、质量等产生的影响。核心流程的确认要求公司管理层对价值链进行重新思考，对组织结构进行重新评价。

在核心流程的确认过程中，有四条原则比较适用：

（1）核心流程应明确竞争的战略方向和关键问题。

（2）核心流程应有明确的所有者和用户。

（3）核心流程的定义应当被外部用户清楚理解，就像被内部职员清楚理解一样。

（4）核心流程之间的依赖应当分散而且最小化。

以 IBM 公司的信贷业务为例，在传统业务流程下，每笔贷款申请无论其数额大小，完成整个业务流程平均需要一周时间，甚至有时需要两周。而且，在申请表进入流程后就完全与销售业务代表无关，销售业务代表也就无法清楚了解其处理的进程。从市场销售的立场来看，这样的过程非常不合理。客户可能去寻找其他的融资渠道，致使 IBM 信贷公司失去一笔又一笔的贷款业务；更为严重的后果是，客户可能因为对融资服务的不满而放弃与 IBM 的合作，转而与竞争对手公司进行合作，尤其是小订单的客户。对这样已经到了非改不可的业务流程，企业必须花大力气进行彻底的重组。

（三）再造流程分析和流程重新设计

在这一阶段，移动商务企业需要完成的工作主要包括：对备选流程的进一步分析；制订流程重组计划；对备选流程进行诊断，分析流程中存在的病状；

重新设计流程；设计与之相适应的人力资源结构；选择电子商务平台等。

1. 备选流程的进一步分析

了解公司的战略目标、备选流程以及可能采用的移动商务技术工具之后，高层管理队伍下一步应当对备选流程以及它们与公司为客户提供产品和服务之间的关系进行深层次的评价，通过运用一致性分析方法，对每一流程中的关键行为的潜在影响进行讨论和确认，一致性分析的结果将表明每一流程重组的难易程度。对每一流程的深层次分析完成之后，应当把流程按有关的标准进行优先排序，如与公司目标关系的重要程度、移动商务技术工具的可行性、重组的困难和风险程度等。通过优先排序，选出最关键的流程，决定对该流程进行重组。在决定了一个流程重组时，应当将该流程的定义和边界限描绘出来，去除流程组成中所有的模糊成分，同时应当明确资源的评价和深层次的预选问题，以进一步确认所选定的流程。

2. 制订流程重组计划

流程重组工作小组应根据核心流程的进一步分析，确定流程重组的项目计划，大致描述项目的资源要求、预算、历程以及要达到的目标。在确定流程重组要达到的目标时，需要设置高水平的"延伸目标"，通常延伸目标是以世界一流标准为基础的，或以行业领导者所设立的"最佳实践"来确定的，此外还要提供判断项目成功与否的流程属性标准。根据流程的初步分析，流程重组的行为目标可能是非常宏大的，但重新设计的流程是可以得到的。这种行为目标应当直接来自以市场为基础的公司目标，如较好的产品质量、较高的顾客与供应商满意度以及最短的送达时间。为确立流程属性，采纳流程用户需求分析是明智的，该分析包括最终流程用户需求分析，目的在于确保流程目标和属性支持所确定用户的需求。

3. 对备选流程进行诊断

诊断分析阶段应当使重组项目所有工作文件化（包括捕捉活动、资源、控制、商务规则和信息流），并认真分析现有流程的症状。

重组流程需要了解现有流程，包含了活动、信息以及其他相关流程特性之间相互关系的表达，这个过程必须发展成一个深层次的流程图，并把它分解成若干个子流程，甚至进行几个层次的分解可能也是必要的。通过对现有流程的识别绘制出流程图，为流程重组提供依据。识别流程要改变过去以不同的职能描述工作的做法，把关注的焦点放在流程上，把与某一任务有关的各项活动和它们之间的关系描述出来，绘制企业业务的流程图，通过流程图就可以直观地认识流程、分析流程以及对流程进行再设计。

4. 重新设计流程

开发设计的关键是充分释放重组小组的创造力，这一步工作一般是通过头脑风暴会议来完成的。通过使用一些创造性技术和启发性的语言去激发新的思维，或者采用公开论坛和非关键因素讨论的形式以引导大家产生新的设计思想。这些思想往往是一种创意而不是详细的方案，须制订一个全面的训练和教育计划以使员工能够更好地了解新职务所要求的技能和知识。这样既可以加强小组成员之间的有效合作又可以充分发挥个人的技能和知识水平。

四、对业务流程重组的评审

经过流程重组后，虽然设计出了新的流程，但这些流程是否能达到企业的目标、是不是都可行，还有待于进一步评估。主要工作包括：

（1）写出流程重组的代价与收益分析报告。

（2）评估实施新流程将会对企业竞争地位产生的影响。

（3）评估新流程对企业组织结构和顾客及供应商等外部因素的影响。

（4）为高级管理者提供可资参考的案例。

（5）向公司高级经理人员汇报流程重组的方案，使得项目得以实施。

以上是对业务流程重组进行评审时一般要求的工作，不同的企业对此的要求是不一样的，评估工作需要根据企业的目标来展开，并建立起有关成本、效益、风险等方面的评估标准，据此对前一阶段的重组行动方案做出评估，从中选出最适合的方案。

此外，对重新设计流程的评价和诊断的有效反馈是非常必要的，这种反馈一方面是对重新设计的流程的实施效果的检验，另一方面也为新流程的进一步调整提供依据。新流程与它所使用的信息技术需要有一个协调和磨合的过程，可能会需要经历一个不断调整与改进的过程，直到系统最终达到可接受的行为结果为止。

五、实施和改进

全新的流程设计好以后接下来便是将设计付诸实施。企业在实施业务流程重组时，应选择一些小的范围先进行实验性的运作，然后再全面实施。一般步骤为：

1. 选择进行试点的流程

在选择试点流程时应考虑选择成功概率高而且效果明显的流程，以保证能为其他流程重组的实施提供经验。

2. 组建新流程实施的团队

在新流程中，任务是由团队来完成的，在进行试点时，组建新流程实施的团队既可检验流程的效果，又可以提出改进的建议和策略。

3. 选择新流程的服务对象和外部参与者

最好选择一些对流程重组活动有所了解的客户和供应商等，这样才会达成默契，体现出相互合作的关系。

4. 实施试点流程并提出改进意见

对实施过程中发现的不足和不符合要求的地方要进行及时的改进，条件成熟后就可以考虑在大范围内实施。

 **本章案例**

"移商企业应用套件"开启全程移动商务

通过手机收集和处理全国上千个业务网点销售数据的新应用，正成为企业管理营销的新方法。日前，用友移动商务公司正式发布"移商企业应用套件"新品，借助该产品，企业和商家用户通过手机，可以实现数据采集、市场信息管理和移动工作管理等丰富应用，提高后台管理效率。从前台到后台，企业移动电子商务应用实现"全程贯通"。目前，该产品已经在联想集团、松下集团、合生元等多家企业率先成功应用。这些客户也是入驻用友"移动商街"的样板企业。

该产品融合了用友在企业管理应用方面 20 年的丰富经验，结合移动终端的特点，并使企业移动应用的范围从与手机终端的信息互动和移动电子商务，扩展到移动商务运营管理更深的层次，新品的发布既契合了当前企业移动商务应用发展的大趋势，也是用友移动打造全程移动电子商务，实施"应用升级"战略的必然选择。

据 IDC 数据统计，2008 年中国企业移动应用市场整体规模将接近 138 亿美元，持续保持高速增长态势。"移商"这个新名词，用来指代企业利用移动商务应用提高效率的新方式，已经逐渐深入人心。这都为"移商企业应用套件"的发布提供了良好的市场环境。据杨健介绍，新品的发布，使得用友移动成为国内第一家能够为企业全程移动商务提供服务的公司。这对于移动商务行业的发展，具有里程碑式的意义。

用友移动作为用友集团旗下核心企业，聚集移动商务产业，为企业提供全程移动商务服务。2007 年 5 月推出的移动商街，作为虚拟的移动商业中心，为企业和商家提供前端的营销平台，本次推出的"移商企业应用套件"则为企业和商家提升应用，充分搭上移动互联网和移动终端高速发展的快车，进一步扩大销售，为降低推广成本提供了更实用的工具。

据统计，超过30%的公司员工经常处于移动状态。因此，企业的管理模式和战略也在发生变化，比如客户管理、库存管理、营销管理，甚至改变一些企业流程。专家认为，企业应该将移动商务应用视为运营战略的一部分。"移商企业应用套件"正满足了这种需求，强化了企业和商家移动应用的前后端之间相互促进的关系。

据介绍，"移商企业应用套件"主要包含 MAP（Mobile Application Platform）基础业务平台以及基于该平台的各种企业级移动应用，如销售数据采集、市场信息管理、移动销售管理等。尤其适用于分支机构广、作业人员分布广、流动性强、对数据实效性要求高和销售渠道广泛的企业和商家。该产品通过移动商务应用，将显著提高企业和商家的管理效率和市场推广效率，有助于企业和商家实现管理升级，准确及时地把握 3G 移动互联网商机。其中移商采集系统，是通过移动终端将零售终端的销售数据实时收集，并提供当天的销售分析，使管理层实时查看所有销售一线的销售状况，及时调整销售策略。

资料来源：李正豪. "移商企业应用套件"开启全程移动商务［J］. 通信世界，2008（4）.

→ 问题讨论：

1. 用友的"移商企业应用套件"将会为企业运营管理带来怎样的变化？
2. 案例给移动商务运营管理带来了哪些启示？

本章小结

企业运营管理作为企业生存盈利的关键要素，它决定着一个企业的市场经营成果。从长远来看，能否找到适合企业经营需要的运作模式并不断完善，决定着一个企业的未来。

企业运营战略是指在企业经营战略的总体框架下，如何通过运营管理活动来支持和完成企业的总体战略目标。可以将运营战略视为使企业运营管理的目标与企业总体战略协调一致的规划过程的一部分。企业运营战略的设计是对运营管理过程和运营生产管理的基本问题所作出的根本性谋划。

运营竞争战略也可以分为三种基本类型：总成本领先战略、差异化战略和目标集聚战略。总成本领先战略是在某一产业领域内使成本低于竞争对手而取得领先地位的战略，其着眼点是取得价格竞争优势；差异化战略是通过公司所有部门的努力，使公司产品在一个或几个方面与竞争对手的产品有所不同；目

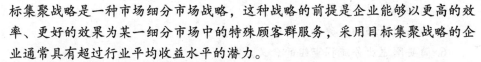

标集聚战略是一种市场细分市场战略，这种战略的前提是企业能够以更高的效率、更好的效果为某一细分市场中的特殊顾客群服务，采用目标集聚战略的企业通常具有超过行业平均收益水平的潜力。

日益加剧的市场竞争和消费者需求的多样化，要求企业在制定战略和实际运营的过程中，要将企业置于整个供应链中来考虑，寻求企业更好的发展。供应链管理定义为在满足一定的客户服务水平的条件下，为了使整个供应链系统成本达到最小，而把供应商、制造商、仓库、配送中心和渠道商等有效地组织在一起，来进行产品制造、转运、分销及销售的管理方法。供应链管理包括计划、采购、制造、配送、退货五大基本内容。

移动商务使贸易环节中各个参与者更紧密地联系起来，可以更快地满足客户的需求，在全球范围内选择贸易伙伴，以最小的投入获得最大的利润。其特点是交易虚拟化、交易成本低、交易效率高、交易透明化，并能提升企业竞争力。移动商务企业在运营管理的过程中可以采用多元化经营战略或专业化经营战略。多元化战略是指企业同时经营两个以上行业，提供多种基本经济用途不同的产品或服务，从而进入不同市场的企业经营战略；专业化战略是指企业通过从事符合自身资源条件与能力的某一领域的生产经营业务来谋求其不断发展。

业务流程重组是指企业通过资源整合、资源优化，最大限度地满足企业和供应链管理体系高速发展需要的一种方法。它更多地体现为一种管理思想，已经远远超出了管理工具的价值。其目的是在成本、质量、服务和速度等方面取得显著的改善，使企业能最大限度地适应以顾客、竞争、变化为特征的现代企业经营环境。

业务流程重组的基本原则包括组织设计以流程为中心，用系统的观点注重整体流程最优化，充分发挥个人和团队相结合的作用，并始终将客户作为服务的中心。在移动商务业务流程重组实施过程中，首先要组建实施业务流程重组团队，然后进行核心流程分析和备选流程重新设计以及再造流程分析和流程重新设计，并对业务流程重组进行评审，在实施过程中不断改进。

213

本章复习题

1. 简要阐述企业运营管理的意义。
2. 列举企业运营管理战略的基本类型。
3. 简要阐述运营管理战略对于企业的作用。

4. 简要阐述供应链管理的内涵。

5. 简要阐述移动商务供应链管理的特点。

6. 简要阐述业务流程重组的含义。

7. 简要阐述业务流程重组的实施方法。

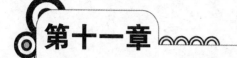

第十一章

虚拟企业及其经营管理

学习目的

知识要求 通过本章的学习，掌握：

● 虚拟企业的基本概念
● 虚拟企业的运作模式
● 虚拟企业的经营管理方法
● 虚拟企业管理的优势与障碍

技能要求 通过本章的学习，能够：

● 了解虚拟企业的运作模式
● 掌握虚拟企业生产、开发和销售的管理方法
● 了解虚拟企业管理的优势与障碍
● 了解虚拟企业运作中可能会出现的问题及解决方法

学习指导

1. 本章内容包括：虚拟企业的运作模式；虚拟企业的生产管理模式；虚拟企业的开发管理模式；虚拟企业的销售管理模式；虚拟企业管理的优势与障碍。

2. 学习方法：在理解虚拟企业运作模式的基础上，从生产管理、开发管理、销售管理三个方面了解虚拟企业的管理模式以及虚拟企业运作中可能存在的问题及解决方法。

3. 建议学时：4学时。

波音公司虚拟生产案例

波音公司的波音 787 飞机项目可谓是 21 世纪前 10 年数字化技术应用的经典项目之一。它实现了 135 个地点、180 个供应商的协同工作。产品全生命周期管理（PLM）作为波音 787 飞机项目中全球数字化设计、制造、测试、销售、市场以及交付的协作平台，对波音 787 飞机实现全球化虚拟生产起到了关键性作用。

波音 787 飞机是波音公司在全世界外包生产程度最高的机型。从其研制、定型、转化到融资几乎都通过全球网络实现。在波音 787 飞机的设计和制造上，波音与其全球伙伴达成了史无前例的协同，是波音史上完工最快、造价最低的一次。据统计，在波音 787 飞机的 400 多万个零部件中，波音公司本身只负责生产大约 10%——尾翼和最后组装，其余的生产是由全球 40 多家合作伙伴完成的。波音 787 飞机的设计由美国、日本、俄罗斯和意大利共同完成。波音 787 飞机的研发和制造涉及美国、日本、法国、英国、意大利、瑞典、加拿大、韩国、澳大利亚、中国等多个国家和地区的顶级供应商。在整个过程中，PLM 技术起到了至关重要的作用。

一、PLM 为波音 787 飞机项目提供了一个分布式、世界范围的协同工作空间

波音 787 飞机项目基于 PLM 创造了一个称做全球协作环境（CCE）的虚拟研发工作区。它通过网络使所有项目参与者（包括波音公司的各部门、波音 787 飞机项目的合作伙伴、系统原设备供应商及客户等）不论身处何地都像在同一个机构工作一样，并按照统一的标准进行概念设计、产品设计、产品制造和产品支持。

二、PLM 使波音 787 飞机项目成为第一个在产品全生命周期实现全三维模型与数字仿真的民用飞机项目

利用 PLM，波音 787 飞机项目成为第一次在如此大尺寸且复杂的项目上应用 3D 模型与仿真技术，而且从项目的一开始到生产再到产品保障，全程采用三维模型和数字仿真技术的民机项目。在 CATIA 所建立的针对产品整个开发过程的三维数字化产品定义和模拟的环境中，准确、直观的三维模型成了传递设计和产品规划信息的基本手段，过程中的所有参与者都可以访问到零件、装配和系统的三维数据模型。

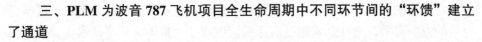

三、PLM 为波音 787 飞机项目全生命周期中不同环节间的"环馈"建立了通道

PLM 使得波音 787 飞机项目基于准确的 3D 零件、装配工装模型、虚拟技术装配以及仿真技术，建立了比波音 777 飞机项目更加完善的数字化设计、仿真和制造环境。这种数字化环境建立了设计人员和制造人员的沟通渠道，实现了飞机设计和制造工程师之间畅通的交流，避免在投产时才发现设计的不可制造性，极大减少了波音 787 飞机项目中的返工现象。同时，在实际投产前就可对生产系统和流程进行优化，以避免由于没有对产品设计和生产规划进行测试，而在产品生命周期后期发生的错误所带来的成本代价。

四、PLM 实现了波音 787 飞机动画般的"虚拟出厂"

2006 年 12 月 6 日，波音公司使用最新的 3D 技术显示出虚拟的 787 梦想飞机下线场面，PLM 的应用为波音 787 飞机项目实现首次虚拟出厂提供了重要的技术支持。PLM 实现了从设计到生产车间、从生产到客户支援每一个环节的虚拟显示，最终实现了波音 787 飞机项目数字式总装到"飞机全寿命期电影"的一次革命。

资料来源：笔者根据互联网资料整理。

➡ **问题：**

1. 波音公司的虚拟生产有哪些优势？
2. 从案例中能获得哪些启示？

第一节 虚拟企业

一、虚拟企业的概念

（一）虚拟企业的定义

对于很多企业而言，虚拟企业（Virtual Enterprise）意味着使组织重获新生的企业模式。对于虚拟企业的定义，企业界和学术界的专家、学者都有不同的看法。1991 年，美国艾科卡研究所为国会提交了一份题为《21 世纪制造企业战略》的研究报告，在这份报告中提出了虚拟企业这一富有创造性的构想，即在企业之间以市场为导向建立动态联盟，以便充分利用整个社会的制造资源，在激烈的市场竞争中取胜。达维多和马隆于 1992 年在《虚拟公司》一书中首次对虚拟企业的理念进行了系统的阐述。本书认为虚拟企业是由一些独立的公司组成的临时性的网络，在这些独立的公司中，包括企业的供应商、客户，甚至是企业的竞争对手，这些企业通过信息系统组成一个整体，共享技术，共同承担风险和成本，并可以进入彼此的市场。与传统企业不同的是，虚拟企业没有办公中心，没有严格的组织章程、等级制度，也没有垂直的组织架构。

此外，有一些学者基于虚拟团队的定义给出了虚拟企业的定义。所谓虚拟团队，是指为了一个共同的目标，通过相互合作、共同完成任务而彼此相关联的一组人，在现代通信技术的支持下，超越时间、空间和组织来开展工作。根据这一定义，阿胡贾和卡尔利为虚拟企业下了一个定义：它是一种根据地理位置来划分的组织形式，其成员受一个长期的目标和共同利益的约束，并且通过信息技术来交流和协调工作。为了有效管理虚拟企业，通常需要管理者灵活运用各种管理手段，比如人才管理、关系管理、工作管理、知识管理和技术管理策略等，还必须具备客观衡量虚拟工作业绩的手段，如以生产率和成本为基础的衡量方法。

在本书中，我们采用如下关于虚拟企业的定义。虚拟企业，是指当市场出现新机遇时，具有不同资源与优势的企业为了共同开拓市场，共同应对其他竞争者而组织的、建立在信息网络基础上的企业联盟体，它们共享技术与信息，分担费用与风险，互利互惠。由于企业所能获得的资源是有限的，企业常常要借助于其他企业的资源来完成超常目标，因此企业自发地要求突破自身的组织界限，与其他对此目标有共识的企业实现全方位的战略联盟，共同建立虚拟企业，以达成这一目标。

（二）虚拟企业的特点

虚拟企业打破了传统企业的边界，使企业之间的界限变得模糊化。从法律意义上讲，虚拟企业不是完整的经济实体，也就不具备独立的法人资格。一些具有共同战略目标和互补资源的企业为了实现共同的利益而结成战略联盟，组成虚拟企业。这些企业可能处于产业链的不同位置，从供应商的供应商到顾客的顾客，还有可能是同行业中的竞争对手。因此，虚拟企业具有以下特点：

1. 流动性和灵活性

虚拟企业是不同的企业出于共同的需要而结成的联盟，一旦达到了合作的目的，这种联盟便可能宣告结束，虚拟企业就可能不复存在。因此，虚拟企业可能是临时性的，为了实现一定阶段内企业的目标而建立的，也有可能是长期性的战略合作。此外，虚拟企业的参与者也是具有流动性的，通过这种动态的结构和灵活的方式，虚拟企业具有更强的适应快速市场变化的能力，在竞争中能够获得更强的竞争优势。

2. 以信息网络为基础

从之前的对于虚拟企业的定义中可以看出，虚拟企业是建立在当今发达的信息网络基础之上的一种企业的合作方式。在虚拟企业的实际运营中，为了保证虚拟企业的顺利运行，快速的信息共享是关键，而使用现代信息技术和通信手段使得这种沟通更为便利，例如通过内联网（Intranet）和电子邮件的信息传递在现代企业内部已经非常普遍。此外，在虚拟企业中，需要跨企业的"通用语言"，企业通过采用通用数据进行信息交换，使所有参与联盟的企业都能共享设计、生产以及营销的相关信息，从而能够真正协调步调，保证虚拟企业中的各方能够较好地协调资源，使虚拟企业拥有较强的竞争优势。

3. 运用并行工程

虚拟企业在运行过程中运用并行工程而不是串行工程来分解和安排各个参与企业要做的工作。虚拟企业在完成某一项目或任务时，项目或任务按照并行工程的思想被分解为相对独立的工作模块，促使承担分解任务的各方能够充分调动和使用他们的资源而不必担心核心技术或核心知识被泄露。与此同时，各个合作模块可以并行作业，项目或任务的主持者可以利用先进的信息通信手段在其间不断地沟通与协调，从而保证各个工作模块最终的互相衔接。这样既缩短了时间，又节约了成本，同时还促进了各参与企业有效地配置自己的资源，以及虚拟企业整体资源的充分利用。

4. 技术上存在优势

虚拟企业一般在技术上占有一定的优势，这是因为虚拟企业是集合了各参与方的优势而形成的，尤其是技术上的优势，因此在产品或服务的技术开发上更容易形成强大的竞争优势，使其开发的产品或服务在市场上处于领先水平，拥有超过任何单个实体企业的竞争优势。

5. 网络化经营

虚拟企业可以看做一个企业网络。该企业网络中的每个成员都要贡献一定的资源与其他成员共享，而且这个企业网络运行的集合竞争优势和竞争力水平大于各个参与者的竞争优势和竞争力水平的简单相加。虚拟企业的上述特征决定了虚拟企业具有较强的适应市场能力的柔性与灵活性，各方优势资源集中更催生出极强的竞争优势与竞争力。

因此，企业虚拟这种虚拟运作模式在当今快速多变的市场与技术环境中是获取竞争优势以提高竞争力的一种很有前途的合作方式，它正在被越来越多的企业所认可和采纳。

二、虚拟企业的运作模式

企业运作模式指组成企业的各个方面的表现形式、运作方法，包括设施规划方案、组织机构形式、产品结构、生产方式、物流形式、销售方式等。企业运作模式与企业的生产的产品类型、生产方式以及企业所处的内外部环境有着密切的联系，企业选择正确的运作模式对于企业的发展有着决定性的作用。

虚拟企业运作模式是指建立在现代通信技术，尤其是在互联网技术的基础上，超越国界的一种企业的运作模式，是企业发展的必然趋势。这样的虚拟企业是为适应快速、多变的市场需求，制造商联合供应商、经销商、顾客，以共同地、及时地开发、生产、销售多样化、用户化的产品的一种企业模式。从资源配置的角度来看，虚拟企业运作模式是一个资源整合体，这些资源来自不同的企业成员并被整合，具有"1+1>2"的功效。

三、虚拟企业的运作平台

（一）信息网络

虚拟企业是信息时代的产物，只有充分利用先进的信息技术与设施，虚拟企业才能对顾客需要做出及时的反应。信息时代是信息和知识在社会中扮演主要角色的时代，衡量一个时代是否进入信息时代通常有以下五个主要因素：

（1）劳动力结构已出现根本性转变，从事信息工作的人员占在业人员总量的50%以上。

（2）信息经济占国民经济总产值的50%以上。

（3）已经建立起先进的信息网络系统。

（4）知识已成为社会发展的巨大资源和主要推动力。

（5）社会生活已经信息化。

虚拟企业是准市场企业，兼具中等程度的企业与市场特性，通过大量的双边规则与其他企业发展联系，企业活动在很大范围，甚至全球范围内开展，需要高效快速传递，否则分散化的工作关系无法有效协调。

（二）知识网络

知识是信息的内容，信息是知识的显化。知识是指人类对自身、社会及自然的经验、认识、记忆，以及思维方式、技能等，信息是知识的载体，知识只有通过信息化，才能被传输、商品化、社会化，并可以为人类共享。知识网络是指通过信息网络将各具核心能力的企业连接起来，构成"核心能力"网络。虚拟企业既要利用企业内部的知识网络，更要将内部网络与其他虚拟企业的知识网络连接，形成一个全球范围之内的知识网络。知识网络的出现，使传统的创新模式被新的创新模式所取代，通过科学、工程、产品开发、生产、营销之间的反馈和交互作用来创新。企业创建知识网络的步骤包括：

（1）建立知识资料库，收集能与本企业形成能力互补的优秀企业的详细信息。

（2）与上述企业建立长期伙伴关系，互相向对方让渡各自核心能力使用的

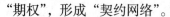

"期权"，形成"契约网络"。

（3）通过信息网络将契约网络内的企业联结起来，形成知识网络。

（三）物流网络

工业时代中，物流的承担者包括商品市场与要素市场，其交易成本很高，运作速度也很慢。而在商品市场中，一般由商业流通系统承担市场的功能，通过一级批发商、二级批发商以及零售商等将产品传递到顾客手中，生产企业根据市场需求信息来组织生产经营活动，而这些信息是首先由零售商从顾客那里得到，再由零售商向上一级机构传递，一直到生产企业那里。即使生产企业采取的是直销模式，也无法从根本上摆脱原来商品流通体系的影响。根据营销学中的牛鞭效应，供应链上的信息流从终端客户向原始供应商端传递的时候，由于无法有效地实现信息共享，需求信息难免失真、失效，使得物流系统长期在低效率下运转。虚拟企业有效运作是建立在物流网络基础上的，建立程序主要是：

（1）根据经济项目选择合作对象，形成暂时起作用的知识网络。

（2）根据该经济项目的客户对象主要特征，选择物流的核心企业，将它们纳入准备运转的知识网络。

（3）在知识网络内建立契约网络，从而形成物流网络。

（四）契约网络

知识网络、物流网络的形成，都离不开契约网络。虚拟企业既不是单纯企业，又不是单纯市场，而具有"半企业、半市场"的特征。从契约角度研究，虚拟企业是通过大量双边规则的实际形态就是虚拟企业形成的"契约网络"。契约网络的建立首先是要确认合作对象的核心能力是否具有互补关系，在此基础上形成骨架性的契约网络，即一级网络；然后在此架构下再由任何一个企业向下继续发展次级契约网络来完成。契约网络的维护主要不是靠制度规范、谈判等手段，而是靠彼此之间的诚信来维持长期合作关系，否则就难以保证虚拟企业低成本运作特征。

总而言之，信息网络、知识网络、物流网络、契约网络四个平台构成了虚拟企业运作的整体平台。知识网络、物流网络的建立以信息网络、契约网络为基础，而物流网络、知识网络又使信息网络、契约网络本身具有实际运用价值，契约网络的形成也需借助信息网络。四个网络具有一定的重叠关系，知识网络与信息网络有重叠之处，契约网络内含在物流网络与知识网络之中。

第二节　虚拟企业的经营管理

一、虚拟生产管理

（一）虚拟生产的含义

虚拟生产是虚拟经营的最初形式，是指企业将其产品的直接生产功能弱化，把生产功能用外包的办法转移到别的企业去完成，而只留下自己最具优势并且附加值最高的开发和营销功能，并强化这些部门的组织管理。最著名的例子是美国生产运动鞋的耐克（NIKE）公司。耐克公司本身没有一条生产线，而是集中企业的所有资源，专攻设计和营销两个环节，运动鞋的生产则采用定单的方式放到人工成本低的发展中国家进行。耐克公司以虚拟生产的方式成为世界上最大的运动鞋制造商之一。一些国外著名的电器制造商近年来也采用了虚拟生产的模式，如日本的索尼、松下等电器公司，其在中国市场上销售的产品基本上都是由马来西亚、新加坡、泰国等劳动力成本较低的国家生产的，而公司总部则集中进行新产品的开发和营销战略的实施。

概括来说，虚拟生产是为响应快速变化的市场需求，充分利用计算机技术和互联网技术打破传统的空间概念，组建管理扁平化、竞争与合作相结合的动态联盟，并围绕各自的核心竞争力开展生产活动的生产模式。

虚拟生产实现了在整个生产过程中，货物、信息和服务高度个性化综合，无论是产品、服务还是价格都是消费者选择和赋予的函数，生产部门可以利用这些信息快速对顾客的需求做出反应，按顾客要求定制不同种类、任意批量的产品，企业可以集成顾客、销售商、供应商以及生产者各方面的意见，在网络中进行动态的个性化设计，直到需求者满意为止。虚拟企业的出现，就是要从必要的商务过程或资源（人或物理设备）中整合出来的新的生产能力，而不是仅仅局限于它们的地理位置，也就是说，生产是否在一个公司或是在一个合作的公司中进行并不重要。

（二）虚拟生产的技术基础

虚拟生产模式的实现是以技术领域的不断进步为前提的。自 20 世纪 70 年代以来，以微电子技术为基础的计算机技术和通信技术取得长足发展，并逐渐向经济和社会的各个领域渗透，引起世界范围内的新技术创新浪潮，产生了如计算机辅助设计、计算机辅助制造等较先进的设计和制造手段。之后产生的计算机集成制造系统使企业的经营计划、产品开发、产品制造和营销等一系列活动可以构成一个完整的系统。而并行工程技术则是将一个系统的工程分成相对独立的模块同时进行，可以使开发人员同时考虑这一系统中的各个组成部分。以上两者的结合使用，形成了面向制造的计算机支持的协同工作技术，从而使虚拟生产成为可能。

（三）虚拟生产的管理基础

标志虚拟生产模式转变的另一个决定因素是管理方式的转变。当今世界，高度信息化彻底改变了企业的管理方式。首先，组织结构日益扁平化，金字塔式的层级结构正逐渐向更加自由和民主的网状结构转变，等级观念变得越来越模糊，这使一线员工拥有了一定的决策权，同时也使企业内部的沟通和交流变得更加顺畅，成了帮助企业在市场中取得竞争优势的关键。20世纪90年代初期美国人的大部分公司已经迅速地将其中间管理阶层削减了1/3以上，这表明了未来企业发展的趋势将是大企业的管理层级比今天的企业减少一半以上，组织结构也更为简单和灵活。其次，企业管理更加强调可以快速重组的单元，在相对稳定的职能部门的基础上，引入能够自治并享有充分的自主权的团队工作来完成短期项目，将使企业的组织方式更加灵活。

二、虚拟开发管理

（一）虚拟开发的含义

虚拟产品开发（Virtual Product Development，VPD）是指在不实际生产产品实物的情况下，利用计算机技术在虚拟状态下构思、设计、制造、测试和分析产品，以有效解决那些反映在时间、成本、质量等方面存在的问题。

VPD技术是建立在可以用计算机完成产品整个开发过程这一构想的基础之上。工程师完全是在计算机上建立产品模型，对模型进行分析，然后改进产品设计方案，用数字模型代替原来的实物原型，进行分析、试验改进原有的设计。这样常常只需制作一次最终的实物原型，使新产品开发一次获得成功。采用VPD技术后，汽车工业新车型开发的时间可由36个月缩短到24个月以内，竞争优势得到显著增强。现在VPD技术已在汽车、航天、机车、医疗用品等诸多领域成功地应用，对工业界产生了强大的冲击作用。

一些国际知名的企业也将VPD作为企业产品开发的重要手段。VPD团队是由从事产品设计、分析、制造、仿真和支持等各合作的各科人员网络所组成。他们通过网络通信组建成"虚拟"的产品开发小组，将设计人员、工程师分析专家、供应厂商以及客户连成一体，实现异地合作开发。对于实施VPD工程师来说，需要采取不同的思考方法和完成设计任务的方法，管理者也需要对技术人员和管理人员进行培训，提高员工的能力来应对快速的市场变化。

企业通过 VPD 这种新技术牢牢把控住产品开发过程，这样企业就能对客户的需求变化做出快速灵活的反应，并且完全按照规定的时间、成本和质量要求快速地将产品推向市场。

（二）虚拟开发的发展趋势

1. 数字化

虚拟环境下开发的产品是全数字化的产品，产品的开发过程、测试过程、检验过程、制造过程、销售过程等将告别现在的纸制介质，并与数字化产品信息紧密结合。数字化将是虚拟产品开发技术的重要发展方向，基于数字化虚拟产品技术的各个分支将得到全面的发展。

2. 智能化

将人的知识和智能融入虚拟产品开发技术中，使新产品开发过程实现自动化，将智能化的知识和数字产品结合起来，使整个开发过程具有自律、分布、智能、仿生和分形等特点。

3. 虚拟化

虚拟化包括虚拟环境的建立，还包括虚拟环境下产品的表达、虚拟产品装配模型和虚拟产品模型分析，进而发展到产品的虚拟制造（VM）和虚拟企业（VE）等。

三、虚拟销售管理

（一）虚拟销售的含义

虚拟销售（Virtual Shopping）是指企业或公司总部与下属销售网络之间的"产权"关系相互分离，销售虚拟化，促使企业的销售网络成为拥有独立法人资格的销售公司。此类虚拟化的销售方式，不仅可以节省公司总部的管理成本与市场推广费用，充分利用独立的销售公司的分销渠道以广泛推广企业的产品，促使本企业致力于产品与技术的创新，不断提升企业品牌产品的竞争优势，而且还可以推动销售公司的快速成长，网罗大批优秀的营销人才，不断扩展企业产品的营销网络。

服装加工行业的美特斯邦威公司是实行虚拟销售最为典型的企业之一。公司采取特许连锁经营的方式，通过契约将特许权转让给加盟店。加盟店在使用美特斯邦威公司统一的商标、商号、服务方式的同时，根据区域的不同情况分别向美特斯邦威公司缴纳 5 万~35 万元的特许费。由此，公司不但节省了 1 亿多元的投资，而且还通过特许费的方式筹集到一大笔无息发展资金。公司总部把精力主要用在产品设计、市场管理和品牌经营方面，它们与中国香港、上海等地的著名设计师合作，每年推出约 1000 个新款式，取得了良好的经济效益。

（二）虚拟销售的优点

在当今日益复杂和富于竞争性的社会中，企业面对着大量庞杂的信息和令人目不暇接的产品，采用虚拟化的销售方式，不仅可以为企业节省管理费用和市场推广费用，帮助企业充分利用独立的销售公司的分销渠道以广泛推广企业的产品，促使本企业致力于产品与技术的创新，不断提升企业品牌产品的竞争优势，而且还可以推动销售公司的快速增长，吸引大批优秀的营销人才，不断拓展企业产品的营销网络。

第三节　虚拟企业经营管理的优势与障碍

一、虚拟企业经营对企业发展的意义

虚拟经营是知识经济时代的产物，具有对市场全球化、经营一体化和商品经营微利化竞争的适应性。在经营与竞争中通过企业间的合理分工和相互合作，充分发挥各自的特征和优势，分散企业经营与投资的风险，并充分利用社会资源。在知识经济时代市场竞争中，企业需要更新传统管理思维，创新经营模式，充分认识虚拟经营对企业现代化经营的启发作用和借鉴意义，注重虚拟经营模式和理念的创新运用。在不断推进技术创新的同时，也要不断地实施管理创新、组织创新，实现在生产模式上、管理机制上的飞跃，从而不断地发展和壮大企业。

（一）提高企业的市场应变能力

随着产品的技术含量越来越高，更新速度越来越快，单靠一个企业自身的力量想以最快的速度推出符合市场要求的产品越来越难，而且还会出现成本费用高等更深层的困难和矛盾。企业虚拟化经营，是程度不同地借助其他企业的力量，在更大范围内进行资源的优化配置组合，借助其他企业的资源优势，提高其产品的综合市场竞争力，在与不同企业不同类型的合作中，能够形成不同类型的组合形式，在合作中形成更加灵活的市场应变能力和综合竞争力。

（二）分担风险并获得规模经济和范围经济

通过企业虚拟经营中建立的各种合作关系，可以有效避免单个企业在研发过程中的盲目性和因孤军作战引起的全社会范围内的重复劳动和资源浪费，帮助企业提高技术研发的成功率，同时又可以共同承担经营中的风险。与此同时，随着市场和技术的日益全球化，大规模的、跨行业的全球化生产已经成了企业发展面临的重要课题，而如何实现最大的规模经济和范围经济，使企业在降低经营成本的基础上全面提升其全球竞争中的综合实力，也是企业发展需要解决的难题。虚拟化经营的分工与协作是帮助企业实现规模经济和产生范围经济效果的重要经营方式和途径。

（三）防止过度竞争，寻求共赢

为了顺应经济的全球化趋势，企业也在全球范围内寻求扩张的可能性。一些大企业的市场渗透力和市场占有率有了显著的提高，然而，市场容量和资源都是相对有限的，市场分割最终会在大企业之间告一段落。这时，如果大企业之间继续展开恶性竞争，不仅会降低各自的盈利能力和水平，而且容易造成两败俱伤，最终使终端客户的利益受到损害。因此，为避免丧失企业将来的竞争能力和地位，避免诸如在竞争、成本、价格等方面引起的矛盾和纠纷，企业间可以通过虚拟化经营的某种合作方式，变竞争对手为合作伙伴，以此加强合作，优势互补，形成竞争有序的市场环境，寻求共赢，也将更好地维护消费者的长远利益，并创造更大的客户价值。

（四）打破地区封锁与非关税壁垒

虚拟企业经营实现了各种形式的跨地区、跨国界的合作，这将会有助于企业的产品以多种属性进入某一市场，尤其是双方均是虚拟化组织经营程度较高的企业，其产品便为双方共有，将外来产品变为自产产品，将防范对象变为受保护对象，从而可以不同程度地打破或削弱地方保护及非关税壁垒对企业正常发展的影响。

二、虚拟企业经营中存在的问题

通过比较虚拟企业与传统企业在沟通过程中的不同之处，可以看到计算机技术给虚拟企业带来沟通便利的同时，也带来沟通过程中的若干问题，针对这些问题应采取相应的对策。

（一）缺乏沟通

在虚拟企业中，沟通一般都是较为正式的，缺乏面对面的沟通。这样虽然提高了沟通效率，减少了一些不必要的时间浪费，但是也存在着一定的弊端。缺乏面对面沟通就无法像面对面沟通那样充分地表达自己的意见和观点，也无法在沟通过程中解决随时可能产生的问题。此外，虚拟企业成员之间通常进行远程沟通，使得成员无法深入了解和体验组织文化，不利于虚拟企业中凝聚力的形成，常常使成员之间的关系趋于疏远，导致成员缺乏对虚拟企业共同目标的认同。

因此，管理者在虚拟企业的经营和管理中，要注重引导员工保持有效的沟通，鼓励非正式的沟通，这样可以使组织成员不断地从其他成员方面获取必要的信息，提高企业的凝聚力和合作精神。例如定期举办网络聊天会、网络座谈会、网络辩论会等，建立员工个人关系的沟通，使成员之间的关系更加紧密和默契。

（二）组织文化的差异

虚拟企业的成员很多时候来自不同的国家、种族和组织，不同文化间的融合对于虚拟企业的发展而言是较大的挑战。组织和文化的差异首先表现为语言的不同，语言的不同是沟通的直接障碍，这可能需要不同语言之间的翻译，而在翻译过程中又极易出现信息的扭曲和丢失，同时也会大大降低沟通的效率和效果。另外，虚拟企业成员来源广泛，不同企业和地域的员工会带来不同的企业文化和区域文化，使虚拟企业成员容易产生文化和观念上的摩擦和碰撞，为组织间的沟通和合作带来一定的阻力。

针对组织和文化的差异，虚拟企业的管理者应该努力营造沟通软环境。比如，定期开展文化敏感性培训，通过这样的培训使成员对文化差异的状况及可能会带来的问题有一定的认识，并逐渐提高对不同文化的接受程度，尊重他人的语言风格及行为习惯，消除成员之间的习惯性防范心理和行为，减少文化对沟通造成的不利影响；另外，在虚拟企业建立的过程中，管理者可以考虑选择具有互补性文化的成员组建虚拟企业，这种互补性的文化可以激发虚拟企业成员的学习热情，增强相互间的吸引力，从而使虚拟企业高度融合，形成一个默契和谐的整体。

（三）成员的能力差异

成员的技术差异为虚拟企业的经营带来了一定的弊端。虚拟企业成员来自世界各地，依赖现代通信技术进行沟通，虽然各个成员都有自己的核心能力，但其能力和所擅长的专业会存在一定的差异。针对这一问题，虚拟企业可通过各种形式的培训使成员了解和掌握现代通信技术，熟练使用现代通信工具，缩小虚拟企业各成员之间的技术差异。

三、强化虚拟企业经营

虚拟企业在组织上的不稳定性和管理上的复杂性，需要管理者在实际的经营和操纵中，对于可能发生的问题进行合理的预测和防范，通过一些激励手段有效地促进组织成员间的交流合作，提高虚拟企业的组织效能，强化虚拟企业的经营。在实施这一经营战略的过程中，管理者应当在以下几个方面进行思考和改进。

（一）树立全新的企业经营理念

我国大多数中小企业在经营观念上存在目光短浅、思路狭窄等问题，成为影响企业发展战略的主要因素。要想利用虚拟化这一新的组织方式就要树立全新的企业经营理念。虚拟企业的经营是超常规的经营模式，企业进行虚拟经营就要塑造面向知识经济时代的全新的理念，使有关人员切实理解，坚持虚拟企业的战略和精神。首先，应树立"以顾客为中心"的经营观念，即改变传统大批量、定制化模式下，企业以低成本、高质量为中心的经营理念，主动分析市场需求，从用户立场出发，以顾客为经营中心，整合多个伙伴企业的资源，围绕客户这个中心服务，要善于找准顾客需求、挖掘客户潜在需求、引导客户创造需求。其次，树立"双赢"的企业合作观念，即克服传统的竞争观念，建立务实的合作观念，营造一种坦诚的"虚拟文化"，强调企业成员间的互惠互利，通过多层次、多角度的合作，谋求共同的发展，实现"双赢"。最后，树立"终身学习"的观念，保持良好的学习氛围，要用互动的组织化学习取代孤立的个体化学习，通过内外部相互交流提高职工队伍的素质，增强组织竞争力。

（二）积极培育并不断增强自身的核心竞争力

中小企业能否在这场虚拟革命中取胜，关键看它是否有自身赖以生存的核心竞争力。虚拟企业之所以能实现联合，是因为彼此核心能力的互补和共享。中小企业要着力培育自身特有的，竞争对手难以模仿的核心能力，并重点予以保护。这种核心能力是企业的专有资源，它可以是企业拥有的品牌、技术、销售网络、人才等。技术进步和创新的快速发展促进企业没有足够的能力在整个产品上拥有垄断优势，成员企业具有能够协调互补的核心能力是构建虚拟企业的必要条件，也是决定其成败的首要因素。每个合作企业的核心竞争力都会使整个虚拟企业更具有竞争力，并且通过把自己处于弱势的职能虚拟化，借助外部资源实现优势互补，从而获得更大的发展。

（三）培养学习型管理人才

虚拟企业之间没有领导与被领导的关系，只有共同的利益均衡点。虚拟企业的经理不再是命令的发布者，而是彼此的协调者，这种新的角色需要新型的领导者。他要以聪明智慧和人格魅力赢得虚拟企业的共识。许多成功的大型企业不乏领袖型领导人才，但对于广大中小企业领导层来说，自身素质的提高，人格魅力的养成就显得格外重要。对于中小企业管理人员来说，他应该勇于创新，敢冒风险，具有自我奉献和牺牲精神；善于创建组织的共同未来愿景，能通过组织内环境的创造性变革改变组织外部生存环境；善于沟通和激励，能清楚地向下属阐明目标与要求，鼓励下属为顺利开展工作提供建议、协助，为达到目标而努力。中层管理人员在虚拟企业中由考评、监督者的角色转变为教练的角色，为其所领导的小组顺利开展工作提供建议、协助和激励。虚拟企业是各合作企业核心竞争力的联盟，要求企业的所有员工应具有更多的知识和更强的适应能力。因此，中小企业建立学习型组织，营造终身学习的企业氛围是十分必要和有效的。

（四）构建好虚拟企业的信息系统

虚拟企业作为由不同企业组成的动态联盟组织，顺畅、高效、快捷、低成本的信息流是它顺利运作的基本保证。它的信息系统方面要适应业务流程不断变化的要求，满足成员企业动态变化的要求。因此，虚拟企业的管理系统必须具备开放性、兼容性、弹性、安全可靠等特点。对于中小型企业来讲，信息化建设是其实现事半功倍的必然途径。因此，中小企业一定要舍得在信息系统建设上投资，建立全方位的信息交互网络系统。

总之，在经济全球化、竞争激烈化的条件下，中小企业实现虚拟化经营是企业发挥后发优势、以小博大、以弱胜强的制胜法宝。

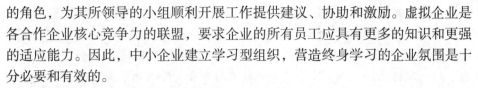

本章案例

耐克：虚拟生产，营销管控

有一则家喻户晓的耐克神话：在美国俄勒冈州比弗顿市，四层楼高的耐克总部里看不见一双鞋，员工们只忙着做两件事：一件事是建立全球营销网络，另一件事是管理它遍布全球的公司。不用一台生产设备，耐克总公司缔造了一个遍及全球的帝国。一双耐克鞋，生产者只能获得几美分的收益，而凭借其在全球的销售，耐克总公司却能获得几十甚至上百美元的利润。

但那些将耐克视为企业杰出案例纷纷效尤的人们或许忘了，在1982年耐克曾经经历过一个举步维艰的阶段，阿迪达斯、匡威、锐步强敌环伺，销售额大幅下滑，在很多人眼里，耐克只是一家"挫败的、内部士气低落的二流制造企业"。

耐克的应对是将权力下放，增加了产品的品种，推动产品线的差异化。由原先的以篮球鞋为主转变到近几年的高尔夫运动用品系列，并以老虎伍兹为代言人，同时加强足球鞋的推广，以迎合足球运动人口的增加。目前足球运动用品系列的营业额已高达10亿美元，占有全球25%的市场，在欧洲市场更高达35%的市场占有率。在管理战略的转变之下，公司用18个月的时间使局势稳定了下来，1993~1997年，耐克的销售额呈爆炸性增长，从20亿美元上升到90亿美元。

此外，和很多企业一样，耐克利用收购其他公司加速扩张，继1988年之后，耐克相继收购了 ColeHaan 公司，在 1995 年兼并了冰鞋制造商 Bauer 公司、2002 年收购滑板及服饰制造商 Hurley International 公司，以及在 2004 年收购了运动鞋制造商 Converse 公司。耐克进行收购的策略就是寻求那些产品能互补、经营风格相似，以及有一定研发能力的企业，并利用收购打压对手。

在现在耐克公司的业务结构中，ColeHaan 的鞋已经实现销售额约 3 亿美元，而耐克最初买下该公司只花了 8000 万美元。至于 Converse 公司，在被收购前，其销售额一直下滑，但是在收购后，反而出现了 25% 的增长。不仅如此，ColeHaan 公司的鞋类产品正好可以融入耐克先进制鞋技术，而如 Bauer 和 Hurley International 公司都有自己的研发中心，耐克在推出新品时，大部分都是参照它们的专业设计意见，而 Converse 则恰好弥补了耐克在帆布鞋领域的空白。

在并购的过程中，耐克也曾经犯下不少错误：在最初买下 ColeHaan 以后，耐克一相情愿地把自己的想法贯穿到 ColeHaan 中，并沿用粗放型的管理模式，结果导致后者的强烈不满，在矛盾激化时，ColeHaan 甚至要求耐克的管理人员"滚出工厂"。在意识到自己的错误之后，耐克集团对并购的公司采取了开放的管理方式，并赋予其独立自主的权力。公司适时的反馈让耐克保证了重新获得市场的能力。

在以并购作为企业扩张模式的同时，耐克继续在公司内部进行改造，把一个大的鞋类部门分为几个较小的部门，每个小部门分管一种体育项目的运动鞋，加快产品的开发进程。耐克对企业的整个运作链也在进行调整，尤其是存货控制体系和海外销售体系。耐克要求经销商必须提前 6~8 个月就预定其总销量的 80%，这样才给予 10% 的折扣。这使得耐克可以对订货情况了如指掌，并有足够的时间来安排，避免过多的存货，保证获得理想的出厂价。

此外，耐克在生产上采取了一种虚拟化策略，所有产品都不由自己生产制造，而是全部外包给其他的生产厂家加工。将公司的所有人力、物力、财力等资源集中起来，集中投入产品设计和市场营销中去，培植公司的产品设计和市场营销能力。

虚拟企业的优点是"用最大的组织来实现最大的权能"。一个企业自身资源有限，组织结构功能有限，在为实现某一市场战略而组成的虚拟企业中，每个成员只充当其中某部分结构功能，通过信息网络，支持着为虚拟企业依空间分布的生产而设立的复杂的后勤保障工作，这样的企业结构和传统的组织结构相比，有较大的结构成本优势，大大提高了企业的竞争力。

虚拟企业从传统的权力直线制变成了平等协调制，从传统的上下级关系变成了平等的协调关系。虚拟企业的经理不再是命令发布者，而是彼此的协调者，虚拟企业要想发挥它的优势，必须进行知识管理（KM），进行整个虚拟企业及相关合作单位之间的知识的挖掘、开发、保值、分享等业务，使个人的知识变为组织的知识，最大限度地整合资源。

同时，文化冲突对虚拟企业的负面影响会使虚拟企业全球化战略失败。因此，创造文化协同效应尤为重要。面对不确定的、不断变化的合作伙伴，如何避免沟通中信息的缺失，进行跨文化、跨背景、跨地域的沟通，将对虚拟企业的成败起到非常关键的作用。

资料来源：中国管理传播网，http://manage.org.cn，2007-02-28.

问题讨论：

1. 概括耐克公司虚拟经营的策略。
2. 虚拟经营对企业提出了哪些要求？

本章小结

虚拟企业是由一些独立的公司组成的临时性的网络，在这些独立的公司中，包括企业的供应商、客户，甚至是企业的竞争对手，这些企业通过信息系统组成一个整体，共享技术，共同承担风险和成本，并可以进入彼此的市场。

虚拟企业打破了传统企业的边界，使企业之间的界限变得模糊化。一些具有共同战略目标和互补资源的企业为了实现共同的利益而结成战略联盟，组成虚拟企业。因此，虚拟企业具有以下特点：流动性和灵活性，虚拟企业具有更强的适应快速市场变化的能力，在竞争中能够获得更强的竞争优势；以信息网络为基础，为了保证虚拟企业的顺利运行，快速的信息共享是关键，而使用现代信息技术和通信手段使这种沟通更为便利；运用并行工程，项目或任务按照并行工程的思想被分解为相对独立的工作模块，促使承担分解任务的各方能够充分调动和使用他们的资源而不必担心核心技术或核心知识被泄露；技术上存在优势，虚拟企业一般在技术上占有一定的优势，这是因为虚拟企业是集合了各参与方的优势而形成的，尤其是技术上的优势，因此在产品或服务的技术开发上更容易形成强大的竞争优势；网络化经营，该企业网络中的每个成员都要贡献一定的资源与其他成员共享，而且这个企业网络运行的集合竞争优势和竞争力水平大于各个参与者的竞争优势和竞争力水平的简单相加。

虚拟企业运作模式是指建立在现代通信技术，尤其是在互联网技术的基础上，超越国界的一种企业的运作模式，是企业发展的必然趋势。这样的虚拟企业是为适应快速、多变的市场需求，制造商联合供应商、经销商、顾客，以共同地、及时地开发、生产、销售多样化、用户化的产品的一种企业模式。

虚拟生产是虚拟经营的最初形式，是指企业将其产品的直接生产功能弱化，把生产功能用外包的办法转移到别的企业去完成，而只留下自己最具优势并且附加值最高的开发和营销功能，并强化这些部门的组织管理。虚拟产品开发是指在不实际生产产品实物的情况下，利用计算机技术在虚拟状态下构思、设计、制造、测试和分析产品，以有效解决那些反映在时间、成本、质量等方面存在的问题。虚拟销售是指企业或公司总部与下属销售网络之间的"产权"关系相互分离，销售虚拟化，促使企业的销售网络成为拥有独立法人资格的销售公司。

虚拟经营是知识经济时代的产物，具有对市场全球化、经营一体化和商品经营微利化竞争的适应性。在经营与竞争中通过企业间的合理分工和相互合作，充分发挥各自的特征和优势，分散企业经营与投资的风险，并充分利用社会资源。提高企业的市场应变能力，分担风险并获得规模经济和范围经济，防止过度竞争，寻求共赢，打破地区封锁与非关税壁垒。

虚拟企业经营中，也可能会出现一些问题。因为在虚拟企业中，沟通一般都是较为正式的，缺乏面对面的沟通。另外，虚拟企业的成员很多时候来自不同的国家、种族和组织，不同文化间的融合对于虚拟企业的发展而言是较大的挑战。而且虚拟企业成员的技术差异也为虚拟企业的经营带来了一定的弊端。虚拟企业成员来自世界各地，依赖现代通信技术进行沟通，虽然各个成员都有自己的核心能力，但其能力和所擅长的专业会存在一定的差异。

实施虚拟运营战略的过程中，管理者应当首先树立全新的企业经营理念，积极培育并不断增强自身的核心竞争力，培养学习型管理人才，并且构建好虚拟企业的信息系统以支撑虚拟企业的运营。

本章复习题

1. 阐述虚拟企业的基本概念。

2. 阐述虚拟企业的运作模式。

3. 阐述虚拟企业的运作平台。

4. 阐述虚拟企业的生产管理方法。

5. 阐述虚拟企业的开发管理方法。

6. 阐述虚拟企业的销售管理方法。

7. 简要阐明虚拟企业运营对企业发展的意义。

8. 论述虚拟企业经营中存在的问题。

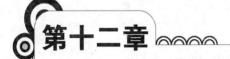

第十二章

移动商务安全与隐私

学习目的

知识要求 通过本章的学习，掌握：

- 移动终端以及无线基础设施的安全问题
- WLAN 安全体系和 WPKI 体系的基本内容
- 移动商务发展中所涉及的法律问题
- 移动商务法律保护的重要意义

技能要求 通过本章的学习，能够：

- 了解移动商务发展中存在的安全问题
- 了解移动商务采取的主要安全技术手段
- 了解移动商务发展中所涉及的法律问题
- 了解移动商务的法律体系建设情况
- 了解移动商务法律保护的重要意义

233

学习指导

1. 本章内容包括：移动商务发展中存在的安全问题；移动商务采取的主要安全技术手段；移动商务发展中所涉及的法律问题；移动商务法律保护的重要意义。

2. 学习方法：结合案例了解移动商务发展中可能存在的安全问题，了解一些安全技术手段，移动商务发展过程中设计的法律问题以及法律保护的重要意义。

3. 建议学时：4 学时。

网络银行的安全问题

目前，随着电子商务和移动商务的快速发展，网银在在线支付中扮演着越来越重要的角色，为人们的日常生活和商务交易带来了极大的便利。但是，正当消费者接受并尝试着这一新鲜事物带来的新奇和便捷时，因安全问题引发的欺诈案件却接踵而来。这使得消费者开始产生质疑，不得不重新审视网络银行的可信度。网络银行的安全究竟该如何认识？问题是出在银行，还是出在消费者自身缺乏防范意识？安全问题确实已成为网络银行发展过程中的一个聚焦。

在西方发达国家，网络银行业务一般分为三类，即信息服务、客户交流服务和银行交易服务。信息服务是银行通过互联网向客户提供产品和服务。客户交流服务包括电子邮件、账户查询、贷款申请等。银行交易服务包括个人业务和公司业务，前者包括转账、汇款、代缴费用、按揭贷款、证券买卖、外汇买卖等；后者包括结算、信贷、投资等。银行交易服务是网络银行的主体业务。

网络银行的特点是客户只要拥有账号和密码，便能在世界各地通过互联网，进入网络银行处理交易。与传统银行业务相比，网络银行的优势体现在，不仅能够大大降低银行的经营成本，还有利于扩大客户群，交叉销售产品，吸引和保留优质客户。由于客户采用的是公共浏览器软件和公共网络资源，节省了银行对客户端的软硬件开发和维护费用。网络银行的无时空限制的特点，打破了传统业务受地域和时间的限制，能在任何时候、任何地方为客户提供金融服务；并且在整合各类交叉销售产品信息的基础上，实现金融创新，为客户提供更具个性化的服务。

网络银行发展的模式有两种：一种是完全依赖于互联网的无形的电子银行，也叫"虚拟银行"；另一种是在现有的传统银行的基础上，利用互联网开展传统的银行业务交易服务。因此，事实上，我国还没有出现真正意义上的网络银行，也就是"虚拟银行"，国内现在的网络银行基本都属于第二种模式。

对于银行来讲，历来是"信用第一"。网络银行既然是互联网的产物，互联网所带来的一切安全隐患，自然会波及网络银行，影响其信用。因此，网络银行的安全问题不仅是客户最担心的事情，也为各传统银行所关注和重视。网络银行面临的安全隐患除了来自数据传输风险、应用系统设计的缺陷和计算机病毒的攻击三个方面外，利用网络银行进行欺诈的行为是当前危害最大、影响最恶劣的一个安全问题。这些欺诈手段包括假冒银行网站、电子邮件欺诈和网上交易陷阱等。假冒银行网站具有很强的隐蔽性，其域名通常和真实银行的域名相差一个字母或数字，主页则与真实银行的非常相似。欺诈邮件是提供一个与银行或购物网站极为相似的链接，收到此类邮件的用户一旦单击这个链接，紧接着页面就会提示用户继续输入自己的账户信息；如果用户填写了此类信息，这些信息将最终落入诈骗者手中。而网上交易陷阱则是，一些不知名的购物网站通常会打出超低价商品等信息，待用户单击付款链接时就将用户的银行资料骗取出去。

面对发生在网络银行上形形色色的安全问题，中国工商银行电子银行部副处长尚阳介绍说，利用网上银行进行欺诈行为，骗取客户资金，目前主要有四种类型：一是不法分子通过电子邮件冒充知名公司，特别是冒充银行，以系统升级等名义诱骗不知情的用户单击进入假网站，并要求他们同时输入自己的账号、网上银行登录密码、支付密码等敏感信息。二是不法分子利用网络聊天，以网友的身份低价兜售网络游戏装备、数字卡等商品，诱骗用户登录犯罪嫌疑人提供的假网站地址，输入银行账号、登录密码和支付密码。三是不法分子利用一些人喜欢下载、打开一些来路不明的程序、游戏、邮件等不良上网习惯，有可能通过这些程序、邮件等将木马病毒置入客户的计算机内，一旦客户利用这种"中毒"的计算机登录网上银行，客户的账号和密码就有可能被不法分子窃取。例如，人们在网吧等公共电脑上网时，网吧电脑内有可能预先埋伏木马程序，账号、密码等敏感信息。四是不法分子利用人们怕麻烦而将密码设置得过于简单的心理，通过试探等方式可能猜测出密码。所以，为了保证信息和资金的安全，我们不仅需要具备辨识网络诈骗的能力，更需要养成良好的网上银行使用习惯。当然，如果用户申请了客户证书，就可以有效防范目前常见的各种网络犯罪，确保用户资金安全无忧。

华夏银行是在 2000 年开始着手网络银行业务的。自 2001 年 5 月 17 日发生第一笔网上银行交易，截至 2005 年 6 月，网上银行的企业客户数接近 1.2 万个、个人注册客户数近 21 万个；累计交易金额超过 7500 亿元，交易笔数超过 44 万笔。

据华夏银行网络银行部网银业务室副经理高静文介绍说，国家计算机网络应急技术处理协调中心（CNCERT/CC）的报告显示，2004 年上半年，我国的主机被用于进行各类网络欺诈的事件有 20 起左右，同年 7~10 月已经超过了 110 起。随着网上银行应用的普及，这样的欺诈事件会越来越多，犯罪分子利用的技术手段也越来越先进。他们窃取银行客户账号和密码，给用户的资金安全造成了严重的威胁。

为此，华夏银行在技术策略、管理策略和业务策略等方面形成了一套完善的综合安全管理体系，在银行端和客户端采取了多重技术和业务安全保障措施。他们的技术措施包括：架构设计采用统一出入口的集中模式。网上银行的所有业务操作均通过华夏银行总行的门户网站登录进行，集中化的管理有利于集中优势人力、物力和技术，确保交易的安全性，降低了假网站出现的概率。在公共网络和银行网站之间、网站和交易服务器之间、交易服务器和银行内部网之间采用了三种不同规格型号的防火墙，隔离了相关网络。其作用是通过这三道防火墙可分别防止非法访问网站，防止网站访问者对网银的非法入侵，以及有效保护银行内部网，同时防止内部网对网银交易服务器的入侵。与工商银行一样，华夏银行采用的也是 128 位 SSL 数据加密协议和 CFCA 颁发的数字证书。数字加密协议在用户和网银服务器之间建立了秘密而可靠的链接，确保信息传输的完整性和安全性。数字证书则保障了交易的完整性、机密性和不可否认性。

资料来源：笔者根据互联网资料整理。

➡ 问题：

1. 网银存在着怎样的风险？这样的风险是否存在于移动商务环境中？
2. 中国工商银行和华夏银行分别采取了怎样的网上银行安全措施？

第一节　移动商务的安全问题

一、移动终端的保护问题

移动商务所用的终端设备主要包括个人数字助理 PDA、智能手机、平板电脑、便携式计算机、GPS 导航设备等。尽管移动商务为人们带来了许多便利，但随着移动设备功能的不断增加，移动终端的安全问题也引起了越来越广泛的关注。

移动商务为人们提供的服务呈现多元化的趋势，这将不可避免地会带来新的漏洞和使用风险。以前个人用户手机类移动设备的丢失，损失的一般是通信方面的个人信息，而目前，移动终端所承载的信息量很大，甚至还涉及办公、商业交易等方面的资料，一旦丢失，给用户带来的损失将有可能非常大，个人和企业面临的风险也将大大增加。

一项由致力于创建最佳计算机安全解决方案的迈克菲公司（McAfee）与美国卡内基梅隆大学近期联合发表的移动安全报告显示，受访者当前最关注的三类移动终端的安全忧虑分别是：因意外意识设备导致个人或工作数据丢失、设备遭窃以及因设备损坏导致的数据丢失。我们将从以下四个方面来分析移动终端目前主要面临的安全问题。

（一）加密和认证难以使用

尽管移动终端具有较强的便捷性和移动性，但其计算能力和存储能力都十分有限，电池"续航"能力也相对较弱，这就限制了复杂加密程序在移动终端上的应用，从而使移动终端加密和认证技术难以实现。

传统的电子商务是基于 PC 机和互联网来实现的，在计算和存储能力方面都有显著的优势，也已经形成了较为完善的安全系统。相比之下，刚刚发展起来的移动商务是基于移动终端的应用，受限于移动终端的体积和功能，原有的加密和认证技术还难以很好地被利用，从而带来了不小的安全隐患。

为了降低加密所需的计算强度，同时又保证较高的安全性能，移动设备目前主要利用椭圆曲线（ECC）加密技术。相比于目前应用非常广泛的 RSA 算法，ECC 算法的优势在于，在同等安全的情况下，ECC 所需要的密钥长度远比 RSA 低。这也就是说，ECC 需要的密码位数较少，这样运行处理的速度就会相对较快，需要传送的密码字节也很少，非常适合移动商务需要快速反应的发展潮流，因此在身份认证、数字签名和移动通信安全保密等领域被广泛认可，拥有非常广阔的市场前景。

（二）SIM 卡识别易被复制

手机 SIM 卡是移动商务中身份识别的重要标志，而其他身份识别技术还尚不健全，因此，一旦 SIM 卡被恶意复制，用户的个人身份和信息很容易被泄露和假冒，为犯罪分子利用这样的漏洞实施诈骗留了很大余地。

SIM 卡被复制就是指自己的卡无意中被犯罪分子占有，他们将 SIM 卡中解密后复制到另一张空的 SIM 卡上，卡一旦被复制后，就意味着手机话费已经被盗取，同时犯罪分子还有可能利用这张复制的 SIM 卡进行手机诈骗，这为移动商务的发展带来了不小的安全隐患。

（三）移动终端容易丢失或被盗

目前，移动终端尤其是智能电话等已经悄然成为人们日常生活中不可或缺的工具，也是人们沟通、工作、信息分享和相互协作的主要方式。根据近日诺顿 2011 年最新发布的"手机安全调查"，中国有 74% 的成年用户遭受过手机丢失或被盗之苦，但只有 45% 的用户会设置手机密码保护。这表明，移动设备的信息安全保护对个人用户来说非常重要，尤其在移动商务的大环境下，移动设备的安全同样涉及企业的商业信息，其丢失和被盗带来的损失将有可能难以估量。

（四）用户对移动终端安全的保护意识欠缺

根据互联网数据中心 DCCI 发布的手机安全软件市场调研报告显示，有将近三成的移动互联网用户遭遇过手机安全威胁，五成以上的用户担心手机安全问题，但仍有超过 30% 的用户认为手机安全威胁并不重要，可见，用户手机安全意识亟待提高。一些用户认为设置密码很麻烦，也认为丢失或者中毒一类的事情发生的概率较小，因此如前文所提到的数据，只有 45% 的用户会为手机设置密码。但是移动终端的安全隐患却在日益增加，不法分子已经逐渐将目光放在了安全性能较低的移动终端上来，相比之下，人们的移动终端安全意识还是非常欠缺的。

二、无线基础设施的保护问题

（一）WAP GAP 安全问题

WAP 是无线应用协议（Wireless Application Protocol）的英文缩写，它继承了 OSI 模式，是一种开放式的全球规范。WAP 以互联网上的 HTTP/HTML 为基础，并针对无线通信中移动终端体积较小、计算能力较弱等特点做出了改进，适用于 GSM 、CDMA 等大多数无线网络。WAP 应用模型包括 WAP 无线用户、WAP 网关和 WAP 内容服务器。其中 WAP 网关起着无线通信协议和万维网协议之间转换的桥梁作用，在网关与服务器之间是通过 HTTP 协议进行通信的，WAP 内容服务器则储存着大量的信息，可供 WAP 无线用户访问、浏览和查询等。但是，在 WAP 应用中也同样受到来自假冒、窃听、非授权访问等方面的安全威胁。

WAP 体系架构中保障通信安全的一个重要层次就是 WTLS。WTLS 在传输层上工作，主要是为通信双方提供机密性、数据完整性和身份验证等安全保护，但 WTLS 协议仅仅是提供由无线用户到 WAP 网关的数据加密，而从 WAP 网关到内容服务器则是通过 SSL 协议传送的。但是，这两种协议之间并不相互兼容，而是需要 WAP 网关进行转换。在无线用户与服务器之间是通过 WAP 网关建立的间接的安全连接，这种连接不是点到点安全的，在传输的过程中就会产生一个被称为"安全缺口"（Security Gap）的安全漏洞，也称 WAP GAP。换言之，信息首先要通过 WLTS 的加密传送到 WAP 网关，WAP 网关要将这些信息解密后，再通过 SSL 加密传送到内容服务器，而这些信息在 WAP 网关上会在短暂的时间内处于未加密的状态，容易受到黑客的攻击，这将会给无线网络带来一定的安全隐患。

（二）WLAN 安全问题

WLAN 是无线局域网（Wireless Local Area Network）的英文缩写，是一种

相当便利的数据传输系统。随着网络的普及和信息安全的进步，WLAN 凭借可以灵活、方便地适应各种网络环境的设置变化，在众多领域得到了广泛应用。从家庭、企业到公众网络运营都有了无线局域网的身影。但正是由于 WLAN 的移动性和方便性，以及 WLAN 的无线传输特性，使得 WLAN 在传统网络威胁的基础上，增加了新的安全威胁。IEEE 802.11 中包含了服务标识符（SSID）和 WEP 加密等安全机制，为无线局域网提供了一定的安全性，但是仍有很多漏洞，无线网络隐藏的巨大安全隐患也渐渐显现出来。

1. 容易侵入

无线局域网非常容易被发现，为了能够使用户发现无线网络的存在，网络必须发送有特定参数的信标帧，这样就给攻击者提供了必要的网络信息。入侵者可以通过高灵敏度天线从公路边、楼宇中以及其他任何地方对网络发起攻击而不需要任何物理方式的侵入。

2. 非法的 AP（Access Point）

无线局域网易于访问和配置简单的特性，为网络管理和安全保护带来了很大的麻烦。因为任何人的计算机都可以通过自己购买的 AP，无须经过授权就可以连入网络。一些企业和个人未经授权就自建无线局域网，用户通过非法 AP 接入就会给网络带来很大的安全隐患。

3. 未经授权使用服务

一半以上的用户在使用 AP 时只是在其默认的配置基础上进行很少的修改，几乎所有的 AP 都按照默认配置来开启 WEP 进行加密或者使用原厂提供的默认密钥。由于无线局域网的开放式访问方式，未经授权擅自使用网络资源不仅会增加带宽费用，更可能会导致法律纠纷。而且未经授权的用户没有遵守服务提供商提出的服务条款，可能会导致 ISP 中断服务。

4. 服务和性能的限制

无线局域网的传输带宽是有限的，由于物理层的开销，使无线局域网的实际最高有效吞吐量仅为标准的一半，并且该带宽是被 AP 所有用户共享的。

无线带宽可以被几种方式吞噬：来自有线网络远远超过无线网络带宽的网络流量，如果攻击者从快速以太网发送大量的 Ping 流量，就会轻易地吞噬 AP 有限的带宽；如果发送广播流量，就会同时阻塞多个 AP；攻击者可以在与无线网络相同的无线信道内发送信号，这样被攻击的网络就会通过 csMA/CA 机制进行自动适应，同样影响无线网络的传输。

5. 地址欺骗和会话拦截

由于 IEEE 802.11 无线局域网对数据帧不进行认证操作，攻击者可以通过欺骗帧去重定向数据流，通过非常简单的方法，攻击者可以轻易获得网络中站点的 MAC 地址，这些地址可以被用来恶意攻击时使用。

除攻击者通过欺骗帧进行攻击外，攻击者还可以通过截获会话帧发现 AP 中存在的认证缺陷，通过监测 AP 发出的广播帧发现 AP 的存在。然而，由于 IEEE 802.11 没有要求 AP 必须证明自己真是一个 AP，攻击者很容易装扮成 AP 进入网络，通过这样的 AP，攻击者可以进一步获取认证身份信息从而进入网络。在没有采用 802.11i 对每一个 802.11MAC 帧进行认证的技术前，通过会话拦截实现的网络入侵是无法避免的。

6. 流量分析与流量侦听

IEEE 802.11 无法防止攻击者采用被动方式监听网络流量，而任何无线网络分析仪都可以不受任何阻碍地截获未进行加密的网络流量。目前，WEP 有漏洞可以被攻击者利用，它仅能保护用户和网络通信的初始数据，并且管理和控制帧是不能被 WEP 加密和认证的，这样就给攻击者以欺骗帧中止网络通信提供了机会。

7. 高级入侵

一旦攻击者进入无线网络，它将成为进一步入侵其他系统的起点。很多网络都有一套经过精心设置的安全设备作为网络的外壳，以防止非法攻击，但是在外壳保护的网络内部却是非常的脆弱容易受到攻击的。无线网络可以通过简单配置就可快速地接入网络主干，但这样会使网络暴露在攻击者面前。即使有一定边界安全设备的网络，同样也会使网络暴露出来从而遭到攻击。

（三）蓝牙无线个人网安全问题

蓝牙是一个开放性的、短距离无线通信技术标准，它可以用于在较小范围内通过无线连接的方式实现固定设备以及移动设备之间的网络互连，可以在各种数字设备之间灵活、安全、低成本、小功耗的话音和数据通信。但是正是由于其开放性，出现了以下几类安全问题的隐患。

1. 手机病毒

从 2004 年开始，利用蓝牙传播手机病毒就已经开始了。当时最有名的当属卡比尔病毒，它能利用蓝牙向外不停地发送信息导致手机很快没电。类似的消息也层出不穷，种种迹象都表明，蓝牙的缺陷和漏洞正被人利用来窃取手机上的个人信息，一些犯罪分子甚至可以使用软件修改和清除蓝牙手机上的电话本和其他个人信息。

2. PIN 问题

蓝牙系统的安全性依赖于 PIN 码（Personal Identification Number）的保护，但是用户有可能将其存在设备上，或者输入过于简单，导致 PIN 受到攻击被破解，使用户的个人信息被窃取。

3. 链路密钥

鉴权和加密都是基于双方共享的链路密钥,如果某一设备利用早就得到链路密钥以及一个伪蓝牙地址计算出加密密钥,从而就可以实现对数据流的监听。尽管这种攻击需要花费较长的时间,但贝尔实验室已证实了其可能性。

三、病毒与黑客的防治问题

(一)黑客对网络和移动终端的攻击越来越多

随着移动商务的发展越来越快,黑客和病毒编写者也选择将无线网络和移动终端作为攻击对象。2011 年 3 月,奥地利电信核心网遭受了黑客攻击,导致维也纳地区断网两小时,有 4 万多名用户在这期间得不到互联网服务。发展迅速的移动智能终端也成了黑客们攻击的焦点,根据互联网安全软件赛门铁克发布的《互联网安全威胁报告》显示,2010 年网络攻击的数量比 2009 年增加了 1 倍,智能手机和社交网站成了网络黑客攻击的新目标。

黑客之所以盯上智能手机,首先源于智能手机巨大的用户群。根据第三方互联网数据研究机构 CNZZ 的统计,2011 年 2 月智能手机用户在所有上网人群中的占有率达到 0.9%,使用率为 0.83%,同时增长速度十分迅猛,预计在短期内两项指标便均可以突破 1%。智能手机用户数已经远超 PC 电脑的用户,并且市场还在不断地快速增长。其次智能手机操作系统普遍存在的系统漏洞也让黑客有了可乘之机。如安卓操作系统和苹果手机操作系统都被曝存在安全漏洞,使用微软系统的手机也无法免于恶性病毒的侵扰。而国内许多用户十分流行的"破解"和"刷机"行为,往往也导致了智能手机存在重大安全隐患。

(二)病毒易于迅速传播

手机病毒是一种破坏性程序,和计算机病毒(程序)一样具有传染性、破坏性。手机病毒可利用发送短信、彩信、电子邮件、浏览网站、下载铃声等方式进行传播。手机病毒可能会导致用户手机死机、关机、资料被删、向外发送垃圾邮件、拨打电话等,甚至还会损毁 SIM 卡、芯片等硬件,导致使用者无法正常使用手机。

手机病毒传播能力极强,手机中招病毒呈爆炸式增长。病毒一旦被激活,就会将手机的 SIM 卡信息传回病毒服务器,然后病毒服务器会向手机通讯录中的联系人发送含有病毒的广告短信,这样病毒将会以传销的方式继续传播下去。

根据中国互联网反病毒联盟的数据统计,2010 年我国新增了 1600 个手机恶意程序,被感染的智能终端高达 800 万部以上,手机蠕虫、手机僵尸、手机木马等病毒给用户造成了巨大的危害。

第十二章 移动商务安全与隐私

（三）移动终端难以安装杀毒软件

在技术上，手机反病毒技术明显落后于电脑反病毒技术。确保手机的安全性远比确保电脑安全性更为重要，但是手机由于受到硬件配置和操作系统设计特点等限制，使得在手机上并不适合运行为电脑设计的反病毒软件。此外，手机操作系统不一和手机型号繁多也是手机反病毒软件研发面临的大问题。目前流行的手机操作系统有 Symbian、Windows Mobile、Linux 等，此外还有一些市场份额较小的操作系统，而手机厂商更是多如牛毛。

第二节 移动商务的主要安全技术

一、WLAN 安全体系

（一）MAC 物理地址访问控制

MAC（Media Access Control）地址，又称为物理地址、硬件地址，用来定义网络设备的位置，是网络设备的全球唯一标识码，用于和网络 IP 地址相连接。形象地说，MAC 地址就如同我们身份证上的身份证号码，用来标记主机的网络位置。现在大多数的高端交换机都可以支持基于物理端口配置 MAC 地址过滤表，用于限定只有与 MAC 地址过滤表中规定的一些网络设备有关的数据包才能够使用该端口进行传递。通过 MAC 地址过滤技术可以保证授权的 MAC 地址才能对网络资源进行访问。

基于 MAC 地址访问控制不需要额外的客户端软件，当一个客户端连接到交换机上会自动地进行认证过程。基于 MAC 地址访问控制功能允许用户配置一张 MAC 地址表，交换机可以通过存储在交换机内部或者远端认证服务器上面的 MAC 地址列表来控制合法或者非法的用户访问。

（二）WEP 加密

WEP（Wired Equivalent Privacy）是 802.11b 标准里定义的一个用于无线局域网地的安全性协议，被用来为 WLAN 提供与有线局域网同级的安全性，所有经过 Wi–Fi 认证的设备都支持该安全协定。WEP 采用 64 位或 128 位加密密钥的 RC4 加密算法，保证传输数据不会以明文方式被截获。该方法需要在每套移动设备和 AP 上配置密码，部署相对比较麻烦；使用静态非交换式密钥，可以阻挡一般的数据截获攻击，一般用于 SOHO、中小型企业的安全加密。

（三）服务区别号 SSID 安全机制

SSID 全名 Service Set Identifier，译为服务设置识别码，是无线网络最基本的身份认证机制。SSID 是一群无线区域网路装置所共享的域名，举凡无线网络各个节点皆需设定相同的 SSID 才能相互传输。所以无线工作站必须出示正确的 SSID，与无线 AP 或无线宽带路由器的 SSID 相同，才能访问无线 AP 或无线宽带路由器；假如出示的 SSID 与无线 AP 或无线宽带路由器的 SSID 不同，那么无线 AP 或无线宽带路由器将拒绝它通过本服务区上网。因此 SSID 可以提供简单的口令认证机制，从而实现一定的无线网络安全。

二、WPKI 无线公开密钥体系

WPKI 即"无线公开密钥体系"，它是将互联网电子商务中 PKI（Public Key Infrastructure）安全机制引入无线网络环境中的一套遵循既定标准的密钥及证书管理平台体系，用它来管理在移动网络环境中使用的公开密钥和数字证书，有效建立安全和值得信赖的无线网络环境。

WPKI 将互联网电子商务中 PKI 的安全机制引入移动商务中。WPKI 采用公钥基础设施、证书管理策略、软件和硬件等技术，有效地建立了安全和值得信赖的无线网络通信环境。WPKI 以 WAP 的安全机制为基础，通过管理实体间关系、密钥和证书来增强电子商务安全。WPKI 的主要组件包括：移动终端、PKI Portal、认证中心（CA）、证书数据库（PKI Directory）、WAP 网关，在应用模型中还涉及源服务器等设备，WPKI 的基本结构和数据流向如图 12-1 所示。

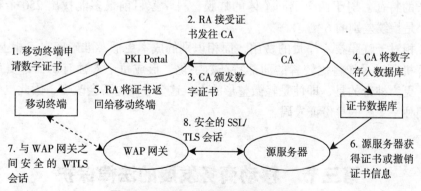

图 12-1　WPKI 的基本结构和数据流向

● 移动终端：具有 WAP 浏览功能的移动设备，包含智能卡或者 SIM 卡。
● CA：主要执行证书颁发、更新、撤销和验证，其核心功能就是颁发和管理数字证书。

- 证书数据库：存放证书和证书失效清单 CRL 表，以方便证书的存取和查询。
- PKI Portal：与 WAP 网关一样，一般作为移动终端和现行 PKI 之间的链接桥梁。
- WAP 网关：用于连接无线和有线网络，以及实现 WTLS/WAP 和 SSL/HTTP 协议间的转化。
- 源服务器：向用户提供内容服务。

这六部分之间的关系共同构成了 WPKI 体系，能够为无线用户和服务提供者提供安全服务。

三、生物特征识别技术

现在，越来越多的密码被盗造成的终端资料窃取事件给我们的生活带来烦恼和隐患，利用生物特征来识别真假的技术，可以很好地解决这一问题。

在先进的生物特征识别技术面前，即使是人们难以区分的双胞胎也能分辨出许多不同之处。常用的生物特征主要包括指纹、掌纹、虹膜、面相和声音等。

指纹和掌纹识别技术应用时间最早，它采集方便，现在各国都建立了庞大的指纹库来预防和打击犯罪，不过它的准确率相对不高。而虹膜识别技术则是目前准确率最高的生物特征识别技术之一。

虹膜指的是人类眼球的瞳孔周围带有颜色的部分，每个人的虹膜都有极其复杂的特征。对于两个不同个体的虹膜，科学家目前最多能找出 250 个特征点，是指纹差别的 6 倍。

相对于虹膜技术昂贵的费用，面相识别的成本更低，准确率也不相上下。计算机通过录像将比较者的面部特征数字化，形成每个人独有的面部身份号码，更为神奇的是，即使是轻微整形的人，这个号码也不会改变，因此也成为我们独一无二的身份证号码。

第三节　移动商务发展的法律保护

一、影响移动商务发展的法律问题

在移动商务的发展过程中，仅靠安全技术的支持是远远不够的，还需要在法律、道德层面进行一定的约束，建立一个健全的移动商务法律体系，保护用户的个人隐私和交易安全，使用户可以更放心地获取移动商务信息、更安全的在线购物等，同时也尽可能地解决移动商务范畴内的知识产权纠纷，为移动商务的发展营造一个良好的法律环境。

（一）隐私安全问题

在移动商务活动汇总，消费者通过无线网络和移动终端进行商品或服务的消费，在这一过程中，不可避免地要披露自己的个人信息，例如手机号码、身份证号、邮箱地址、地理位置等，这些个人的隐私信息被一些不法商家利用，给消费者带来很大的困扰。诸如垃圾短信、骚扰电话、垃圾邮件等隐私侵犯时有发生。根据中国互联网协会组织的中国手机短信调查活动中的调查数据显示，2010 年下半年，中国手机用户平均每周收到垃圾短信 11.4 条，比 2009 年增长了 34.1%，收到垃圾短信占全部信息的比例为 21.1%。在这些信息中，中奖类诈骗、冒充银行扣款类诈骗高居前两位，还有房地产广告信息等，这不仅侵犯了用户的个人隐私，还很有可能给消费者带来经济损失。

1. 垃圾短信

在移动通信给人们带来便利和效率的同时，也带来了很多烦恼，遍地而来的垃圾短信广告困扰着人们的生活。在移动用户进行商业交易时，会把手机号码留给对方。一些街头的社会调查时，也往往需要被调查者填入手机号码，这些都为不法分子提供了获取手机号码的渠道。垃圾短信使人们对移动商务充满恐惧，而不敢在网络上使用自己的移动设备从事商务活动。目前，还没有相关的法律法规来规范短信广告，运营商还只是在技术层面来限制垃圾短信的群发。目前，工信部正在起草手机短信的规章制度，相信不久的将来会还手机短信一片绿色的空间。

2. 定位新业务的隐私威胁

定位是移动业务的新应用，其技术包括：全球定位系统 GPS（Global Positioning System），该种技术利用 3 颗以上 GPS 卫星来精确（误差在几米之内）定位地面上的人和车辆；基于手机的定位技术 TOA，该技术根据从 GPS 返回响应信号的时间信息定位手机所处的位置。定位在受到广泛使用的同时，也暴露了其不利的一面——隐私问题。移动酒吧就是一个典型的例子，当你在路上时，这种服务可以在你的 PDA 上列出离你最近的 5 个酒吧的位置和其特色。或者当你途经一个商店时，会自动向你的手机发送广告信息。定位服务在给我们带来便利的同时，也影响到了个人隐私。利用这种技术，执法部门和政府可以监听信道上的数据，并能够跟踪一个人的物理位置。如果定位技术被恐怖分子利用，他们通过定位通信用户的位置，可以对其抢劫和绑架而实施犯罪活动。

（二）交易安全问题

伴随着移动商务产生的移动支付，因其随时、随地和便捷的特性给人们的生活带来了极大的便利，也为人们提出了新的法律课题，交易安全已经上升到了法律层面。

移动支付，是指消费者使用移动电子设备通过移动运营商向约定银行提供的计算机网络系统发出支付指令，由银行通过计算机网络将货币支付给商业机构的一种消费支付方式。移动支付以银行卡账户为资金支持，以手机和计算机网络为交易工具，为消费者带来了很大的方便。

移动支付涉及当事人众多、法律关系复杂，再加上服务器、互联网、无线传输、管理软件等错综复杂的先进技术，因此在移动支付过程中，经常会出现因过失或故意而致使资金划拨迟延或资金划拨错误，造成损失的现象。但是我国缺乏相应的法律法规或合同约定不明，一时很难明确法律责任。为了促进移动支付的健康发展，必须对有关纠纷从法律上加以解决，要求有关当事人承担相应的法律责任。

1. 未经授权的移动支付

美国1978年的《电子资金划拨法》对"未经授权的电子支付"作出相应规定，即"由消费者以外的未获发动支付指令实际授权的人所发动的，从该消费者账户划出资金而该消费者并未从该支付中受益的电子支付"。同样，在移动支付的过程中也会发生未经授权的支付现象。在实践中未经授权的支付现象表现为黑客侵入盗用密码，支付工具密码丢失、被盗而被非授权人使用等，使得欺诈人伪装以付款人的身份进行支付。在一般情况下，"未经授权的移动支付"所造成的损失应当有条件地在消费者和银行之间进行分担，这样可以在消费者和银行之间寻求一种平衡，促进移动支付的健康发展。

2. 错误、迟延的移动支付

在移动支付中，银行的义务就是正确地执行电子支付指令，完成移动支付。但是在实践中，常常会因为消费者或者消费者的违约行为或者因为服务器故障、网络传送等原因导致错误或者迟延支付。错误的移动支付是指由于消费者所发出的电子支付指令本身错误或者由于网络传输错误导致支付指令错误而使银行做出了错误的移动支付，或者是消费者的电子支付指令正确，但银行在执行支付指令时发生错误。而迟延的移动支付是指由于服务器或者网络故障的原因而导致支付延迟，或者是指由于纠正上述错误所导致支付延迟。

根据《民法》和《合同法》的原理，对于移动支付中错误、迟延支付造成的损失承担问题，属于合同中的实际违约问题，并应采用合同责任中的过错推定责任原则来确定应当由谁来承担，也就是说，从违约事实以及损害事实中推定致害一方的当事人在主观上有过错，除非能证明其无过错。我国《合同法》第121条规定，当事人一方因第三方的原因造成违约的，应当向对方承担违约责任。当事人一方和第三人之间的纠纷，依照法律规定或者按照约定解决。根据该条款规定，因服务器故障或者网络原因导致的错误、迟延支付时，消费者应当承担违约责任，但可以向第三方进行追偿。

此外，《经济合同法》、《银行法》、《消费者权益保护法》等一系列法律都可以为移动交易安全提供法律保障。

（三）知识产权问题

互联网时代，由于大多数企业普遍缺乏知识产权保护意识，以至于在互联网发展初期企业品牌遭到抢注，从而失去了自身品牌在互联网时代进行宣传的最好时机，无不让人扼腕叹息。而如今，正是移动商务发展初期，移动企业若想在未来商业竞争中取得先机，就必须重视知识产权的保护。

然而，移动商务环境下的知识产权保护现状不容乐观。一些公司发布的非常创收的软件，在发布之后很快被破解，在其他手机网站上都可以免费下载，这给移动商务企业带来了很大挑战。由于中国手机不像电脑是标准化的，手机终端差异非常大，品牌和规格都不一样，所以手机软件用技术手段进行反盗版，目前还有一些难度。移动商务除了版权侵权外，专利、域名、商标等都会受到知识产权的侵权。

1. 版权问题

在立法方面，我国政府先后出台了《互联网著作权行政保护办法》、《信息网络传播权保护条例》等法律法规，互联网著作权行政保护《办法》界定了著作权人、互联网内容提供者、互联网接入服务提供者、互联网信息服务提供者在保护网上著作权方面的权利、义务，规定了相应的处罚措施，主要特点是规定了互联网著作权行政保护中的通知和反通知。

我国于2007年正式加入《世界知识产权组织版权条约》和《世界知识产权组织表演和录音制品条约》两个条约。这将会对互联网产业中的版权保护产生积极作用：首先，有利于加强我国在知识产权保护方面与国际社会的合作，借鉴国际社会在互联网领域版权保护的成功经验，完善我国的著作权法律制度；其次，有利于提高我国互联网版权保护水平，促进互联网产业的迅速发展；最后，有利于表明我国积极参加建立互联网版权保护国际新秩序的态度。这些都为移动商务的版权保护提供了法律保障，为推动移动商务更健康的发展奠定了法制基础。

版权侵权存在以下问题：

（1）直接侵权，即未经作者或其他版权许可人而以任何方式复制、出版、发行、改编、翻译、广播、表演、展出、摄制影片等，均构成对版权的直接侵犯。此外，关于互联网服务提供者由于其服务者的侵权行为，和其计算机系统在提供服务过程中的自动复制而被牵涉的侵权责任问题，尚属于争论的范畴，还需要在法律上进行进一步的明确。

（2）间接侵权，主要是指互联网服务提供者（ISP）为用户的侵权行为承担的侵权责任。在网络上的间接侵权责任问题上，服务提供者应该承担责任的大小，也在研究当中。

2. 域名保护

域名，又被称做网址，是连接到国际互联网上的计算机地址，是为了便于人们发送和接收电子邮件或访问某个网站而设计的。域名是一种独立的知识产权。域名争端及其法律调制问题一直是全球范围内激烈争论的焦点，也是传统法律理论所未涉及的。

我国尚不存在专门调整域名与商标法律冲突的法律法规，2001 年 7 月 24 日，为与国际接轨，并符合 TRIPS 以应对加入世界贸易组织的要求，最高人民法院出台了司法解释《关于审理涉及计算机网络域名纠纷民事案件适用法律若干问题的解释》，此解释是我国目前最直接的调整域名纠纷的法律依据。为解决目前我国处理此问题的困境，借鉴国际上各国的司法解决途径，最重要的是制定适应于互联网络发展的专门域名保护法。根据互联网的特点，从对域名知识产权保护的角度出发，我国应该加快立法步伐，尽快制定适合互联网络时代的域名保护法，明确域名的法律地位以及域名纠纷的处理原则及解决方式，使对域名这一知识产权中的新兴客体的保护有法可依。但是，在没有制定专门域名保护法之前，为了便于域名纠纷在司法实践中有法可依，应该先扩大对现有知识产权法中某些条款的解释。

3. 专利保护

著名电子商务网站"亚马逊"（amazon.com）拥有一项专利技术，这种被称为"1-click"的专利技术允许在线用户仅通过一次单击便完成整个购买过程。当亚马逊发现另一家商务网站 Barnesandnoble.com 也在采用相似的技术时，它将对方告上了法庭。请求法庭判决对方承担侵犯专利权的责任，并赔偿原告的经济损失。最终，法官向被告发出了初步的禁令，要求其立即停止使用该销售方式。这开启了业界专利保护的先河，随着互联网的发展以及商业模式的不断创新，越来越多的企业开始注重对于核心专利的保护，专利保护意识明显提高。据公开的统计数字显示，截至 2010 年，腾讯公司专利申请数为 3358 件，其中授权数量已超过千件，与互联网巨头处于同一数量级。

4. 商标权

商标的作用是为消费者提供网上识别质量商品或服务及其来源的可能性，对于商标权的保护也就意味着保护消费者的权益，避免其被欺骗、混淆、不当联系和消费者网购时发生的误购等。对于企业来说，对于商标权的有效保护也可以使商标及其价值免受损害，保障企业在互联网时代的正当竞争。消费者选购某一种商品，并不只因为商标的形象使消费者识别出了他所认可的商品来源，更重要的是因为商标本身具有的某种价值，而法律保护则是减少产品来源地混淆的可能性，避免商标价值淡化。

移动商务环境下，商标不仅仅局限于产品上，商家网络主页上的商标是目前互联网上商标保护面临的又一主要挑战。这主要包括将他人商标移作自己网页的图标，或者将他人的注册商标设计为自己网页的一部分，使访问网站的消费者产生混淆，又或者是将他人的注册商标用作链接而使消费者混淆等情形，这势必会损害商标权人的利益。

二、移动商务法律保障的必要性

（一）移动商务的发展需要法律的保护

移动商务作为一种新兴的商务模式，从发展开始就受到了各方的广泛关注，而市场的需求也朝着更加便捷、快速的方向发展，移动商务的市场前景一片大好，日后将作为重要的经贸方式，在人们的日常生活中起到越来越重要的作用。但移动商务发展是伴随着技术的不断更新的，发展相当迅速，新的技术层出不穷，新的应用服务也日新月异，但政府和立法机构则相对滞后，需要对移动商务的发展规律和趋势有了深入的认识后，才能谨慎地开展立法活动，以促进移动商务更健康的发展。目前，在世界范围内虽然有了联合国贸法会《商务法》及一系列国际统一规则，但涉及的法律不完全是移动商务范畴的法律规范，因此只是起到一定的参考作用。每个国家又存在着不同的经济环境、政治环境、文化环境和法律环境，移动商务的发展状况也不尽相同，相关的法律法规也存在着一定的差异，大部分国家只是提出了一个总的原则，而缺少基础性和专门性的法律法规。由此可见，移动商务的法律问题目前还远未解决，而这一解决最终将取决于各国立法的彻底调整以及有关国际统一规则的最终确立。

（二）移动商务法律还存在大量的问题需要完善

我国目前现行的法律法规，基本上都是基于传统的商务活动建立起来的，对于新兴的移动商务模式缺少法律上的规范，难以适应移动商务的迅速发展。我国尚处于社会主义建设初级阶段，市场经济条件下的法制建设相比于发达国家还有很大的差距，法律法规还相对落后。在移动商务环境下，如何建立一个适应我国国情和法律体系，同时又避免与发达国家的法律法规相冲突的移动商务法律体系，是我国移动商务发展面临的一个重要问题。只有通过健全法律体系，才能为移动商务的发展和创新提供良好的环境，鼓励技术创新，减少知识产权纠纷，维护移动商务企业的切实利益，推动移动商务产业健康、快速的发展。

（三）移动商务立法面临的问题

与日新月异的技术发展和移动商务模式的更新相比，由于法律固有的稳定性和立法认识能力的限制，与移动商务相关的法律显得相对滞后。一方面是法律在一些移动商务带来的新领域里呈现出空白，出现了一些从未出现过的问题，为移动商务的发展带来了一定的阻碍；另一方面是传统法律与移动商务行为并不协调，以往相对健全的法律体系无法完全适应新的商务环境。这使商家无法预见自己行为的法律后果，对既得利益缺少安全保障，同时，那些不协调的法律有可能直接阻碍移动商务的发展。

法律障碍当然主要通过法律手段解决，技术障碍和信用障碍的解决主要依靠技术和市场的完善，但是在技术和市场的完善与发展不能即刻解决自身问题的时候，通过制定相关的法律加以规范与保障，也可以在一定程度上促进技术进步与弥补信用的不足，可见立法保障无论是从短期还是长远考虑都是非常有必要的。但移动商务立法有其特有的困难因素：

（1）由于移动商务的无国界性，越来越要求移动商务立法的国际一致性，这就面临着各国社会制度、政治状况、经济发展程度、现行法律法规、文化传统等社会实际情况之间的协调问题。不同国家的发展状况不同，意味着对法律的需求以及法律的尺度也不尽相同，因此，国际一致性的标准对于移动商务而言难以推行和落实。

（2）移动通信技术的突飞猛进、日新月异，更新换代的速度常常以月计，而立法程序相对较慢，往往落后于技术的发展，这使移动商务实际运营当中出现的一些现象和行为难以去寻求法律的解决，企业和消费者的利益难以得到很好的保护。

（3）目前，与经济生活密切相关的主要法律，如《消费者权益保护法》、《合同法》、《公司法》等都建立在传统的有形商业之上，与无形的"网络经济"并不完全适用。

（4）从世界范围来看，移动商务在体系、组织、模式、法律、管理和技术等各个方面都尚未完全成熟，特别是技术的发展尚不足以控制网上的一切交易行为，移动商务尚处于不断发展变化之中，新的应用和技术层出不穷，这也给立法造成了较大的困难。

**本章案例**

手机病毒案例

手机病毒是一种以手机为攻击目标的电脑病毒。它以手机为感染对象，以手机网络和计算机网络为平台，通过发送病毒短信等形式，对手机进行攻击，从而造成手机状态异常。

世界上第一个手机病毒"VBS.Timofonica"于 2000 年 6 月在西班牙出现，该病毒通过运营商 Telefonica 的移动系统向该系统内的任意用户发送骂人的短消息，因此当时该短消息充其量也只能算是恶作剧而已。2004 年 12 月，国内首例手机病毒"Caribe"在上海被发现，据专家分析，"Caribe"其实就是 2003 年 6 月由国际病毒组织 29A 发布的首例概念性手机病毒"卡比尔"，由于病毒发作后在手机屏幕上出现 Caribe 字样，因此也称为 Caribe 病毒。该病毒能够运行在装有 SymbianOSSeries 60 操作系统的智能手机上，主要通过蓝牙设备传播。

手机病毒目前主要通过以下三种途径进行攻击造成危害：

一是攻击手机本身系统，主要是以"病毒短信"的方式发起攻击。

二是通过信息传播感染其他手机，对手机主机造成破坏。手机病毒"Caribe"也即"卡比尔"即是典型。据发现该病毒的上海市民张先生描述，当时他发现接连收到七八条图标类似于拼图游戏的文件，以为是游戏，便将其运行，运行后发现没有任何内容，于是就随手将文件删除。但当他再次打开手机时，手机屏幕就出现 Caribe 字样。由于感染病毒的手机在不停地发送搜索信号，导致手机电池很快消耗殆尽。病毒一旦扫描到同样带有蓝牙功能的手机，便将自身复制发送给对方。"卡比尔"能通过手机的蓝牙设备传播，使染毒的蓝牙手机通过无线方式搜索并传染其他蓝牙手机。

三是攻击和控制"网关"，向手机发送垃圾信息，致使网络运行瘫痪。侵袭手机的病毒除了可能会自动启动电话录音功能、自动拨打电话、删除手机上的资料，甚至还可能会"制造"出金额庞大的电话账单。

手机在运行过程中，除了硬件设备以外，还需要上层软件的支持。这些上层软件一般是由 Java、C++等语言开发出来的，是嵌入式操作系统（把操作系统固化在了芯片中），这就相当于一部小型电脑，因此，肯定会有受到恶意代码攻击的可能。而目前的短信并不只是简单的文本内容，包括手机铃声、图片等信息，都需要手机操作系统"翻译"以后再使用，目前的恶意短信就是利用了这个特点，编制出针对某种手机操作系统的漏洞的短信内容，攻击手机。如果编制者的水平足够高，对手机的底层操作系统足够熟悉，他们甚至可以编出毁掉手机芯片的病毒，使手机彻底报废。在此，手机病毒传播将是一个必然的趋势，也会愈演愈烈。

不同手机厂商开发工具也不同，手机的上层软件也就不一样，这就像是 Windows 系统和 Linux 系统之间的关系，因此恶意短信就无法跨手机完成攻击。这也是为什么目前只有少数几款手机会被攻击的原因。因为绝大多数手机目前尚不支持外来软件的运行，因此，这些短信病毒目前还没有发现具有传染特性，只是单纯地一对一实施攻击。

手机病毒必须具备两个基本的条件才能传播和发作，首先移动服务商要提供数据传输功能，而且手机需要支持 Java 等高级程序写入功能。现在凡是具有上网及下载等功能的手机都满足上面的条件，而普通非上网手机则少有感染的机会。

尽管有人认为智能手机是手机病毒攻击的主要目标，国内智能手机用户还为数不多，手机病毒不会产生太大的影响，然而随着移动通信领域各种增值服务的推出，尤其是 3G 时代即将到来，具有丰富应用和功能的手机必将成为市场的主流，这势必会成为手机病毒的温床。

资料来源：笔者根据互联网资料整理。

问题讨论：

1. 你或者身边的朋友有遭遇过手机病毒的经历吗？它构成了怎样的危害？
2. 结合案例和本章内容，谈谈你对移动终端安全的看法。

本章小结

移动商务所用的终端设备主要包括个人数字助理 PDA、智能手机、平板电脑、便携式计算机、GPS 导航设备等。尽管移动商务为人们带来了许多便利，但随着移动设备功能的不断增加，移动终端的安全问题也引起了越来越广泛的关注。

移动终端目前主要面临四类安全问题：一是加密和认证难以使用：尽管移动终端具有较强的便捷性和移动性，但其计算能力和存储能力都十分有限，电池续航能力也相对较弱，这就限制了复杂加密程序在移动终端上的应用，从而使移动终端加密和认证技术难以实现。二是 SIM 卡识别易被复制：手机 SIM 卡是移动商务中身份识别的重要标志，而其他身份识别技术还尚不健全，因此，一旦 SIM 卡被恶意复制，用户的个人身份和信息很容易被泄露和假冒，为犯罪分子利用这样的漏洞实施诈骗留了很大余地。三是移动终端容易丢失或被盗：目前移动终端，尤其是智能电话等已经悄然成为人们日常生活中不可或缺的工具，中国有 74% 的成年用户遭受过手机丢失或被盗之苦，但只有 45% 的用户会设置手机密码保护。四是用户对移动终端安全的保护意识欠缺。一些用户认为设置密码很麻烦，也认为丢失或者中毒一类的事情发生的概率较小。

另外是无线基础设施的保护问题，包括 WAP GAP 安全问题、WLAN 安全问题、蓝牙无线个人网安全问题三个主要方面。在移动商务安全技术方面，主要是采用 WLAN 安全体系、MAC 物理地址访问控制、WEP 加密和服务区别号 SSID 安全机制。

移动商务发展过程中会遇到一些法律问题。一是隐私安全问题：在移动商务活动汇总，消费者通过无线网络和移动终端进行商品或服务的消费，在这一过程中，不可避免地要披露自己的个人信息，例如手机号码、身份证号、邮箱地址、地理位置等，这些个人的隐私信息被一些不法商家利用，给消费者带来很大的困扰。二是交易安全问题：伴随着移动商务产生的移动支付，因其随时、随地和便捷的特性给人们的生活带来了极大的便利，也为人们提出了新的法律课题，交易安全已经上升到了法律层面。三是知识产权问题：移动商务环境下的知识产权保护现状不容乐观。一些公司发布的非常创收的软件，在发布之后很快被破解，在其他手机网站上都可以免费下载，这给移动商务企业带来了很大挑战。由于中国手机不像电脑是标准化的，手机终端差异非常大，品牌和规格都不一样，所以手机软件用技术手段进行反盗版，目前还有一些难度。

因此，移动商务的发展需要法律的保护。移动商务法律还存在大量的问题需要完善。我国目前现行的法律法规，基本上都是基于传统的商务活动建立起来的，对于新兴的移动商务模式缺少法律上的规范，难以适应移动商务的迅速发展。此外，与日新月异的技术发展和移动商务模式的更新相比，由于法律固有的稳定性和立法认识能力的限制，与移动商务相关的法律显得相对滞后。

本章复习题

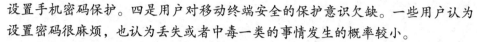

1. 简要阐述移动商务面临的安全问题。
2. 举例说明移动终端的安全问题。
3. 举例说明无线基础设施的安全问题。
4. 阐述 WLAN 安全体系的基本内容。
5. 阐述 WPKI 无线公开密钥体系的基本内容。
6. 论述移动商务发展的三类法律问题。
7. 阐述移动商务法律体系的建设情况。
8. 阐述移动商务法律保护的重要意义。

参考文献

［1］陈潇. 移动博客——全新的手机娱乐［J］. 互联网天地，2006（2）.

［2］凌鸿，曾凤焕. 移动技术对直面客户电子商务模式的影响［J］. 商业时代，2006（35）.

［3］赵晓华. 现代通信技术基础［M］. 北京：北京工业大学出版社，2006.

［4］王有为，胥正川，杨庆. 移动商务原理与应用［M］. 北京：清华大学出版社，2006.

［5］道格拉斯·拉蒙. 移动商务的营销趋势和策略［M］. 北京：机械工业出版社，2002.

［6］黄伟. 论移动商务应用［J］. 重庆邮电学报（社会科学版），2007（1）.

［7］蒋海波，吴云飞，金怀玉. 移动商务的特点与发展对策研究［J］. 江苏商论，2004（3）.

［8］沈明刚. 移动支付业务现状及发展初探［J］. 当代通信，2006（14）.

［9］石滨. 移动商务的价值链及盈利模式分析［J］. 商场现代化，2005（1）.

［10］宋刚，李明升. 移动政务推动公共管理与服务创新［J］. 办公自动化，2006（9）.

［11］覃正，刘大光，曹昌军. 浅谈影响我国移动商务发展的主要因素［J］. 软科学，2003（6）.

［12］杰克林·伊斯顿. 你的无线未来：用移动商务赢得新客户［M］. 北京：中信出版社，2002.

［13］Geoffrey Elliott，Nigel Phillips. 移动商务与无线计算系统［M］. 北京：高等教育出版社，2006.

［14］北京联通大力推广"医疗新时空"［EB/OL］. 2007-11-20，http：//www.ccido m.com/cnews/20071120/14851.htm.

［15］王敏. 电子商务环境下供应链管理的发展——移动供应链管理［J］. 办公自动化，2006（9）.

[16] 王涛. Sybase 同步技术的移动商务解决方案——上海光明乳业移动商务应用 [D]. 武汉理工大学，2005.

[17] 辛伟. 浅析移动视频业务 [J]. 移动通信，2005（6）.

[18] 弗雷德里克·纽厄尔，凯瑟琳·纽厄尔·莱蒙. 无线营销 [M]. 北京：华夏出版社，2003.

[19] 丹麦铁路系统利用 IBM 技术实现无线 [EB/OL]. 2003-08-13，http://www.sina.com.cn/it2/133922of58.shtml.

[20] 黄静. 2007 年上半年中国手机市场盘点与趋势分析 [J]. 电子商务，2007（9）.

[21] 魏巍凌. Sybase 医疗保健业移动计算解决方案 [B]. 中国计算机报，2007-12-10.

[22] 王燕，高玉飞. 电子商务的价值链与商务模式研究 [J]. 物流科技，2006（9）.

[23] 李婧. 移动电子商务与中国电子商务的跨越式发展 [J]. 甘肃行政部实习报，2005（2）.

[24] 贾凤菊. 浅谈二维码在移动电子商务中的应用 [J]. 电子商务，2007（9）.

[25] 袁雨飞，王有为，胥正川等. 移动商务 [M]. 北京：清华大学出版社，2006.

[26] Kapil Reina 等. 移动商务安全实用指南 [M]. 北京：清华大学出版社，2003.

[27] 赵干辅. 我国移动电子商务的价值链研究 [D]. 北京邮电大学硕士论文，2006.

[28] 周朝民，石峰. 移动商务的模式架构和发展对策 [J]. 上海管理科学，2003（6）.

[29] 徐勇. 短信移动商务技术在中小企业信息化中的应用 [J]. 企业技术开发，2006（4）.

[30] Geoffrey Elliott，Nigel Phillips. 移动商务与无线计算系统 [M]. 北京：高等教育出版社，2006.

[31] 杨学成等. 企业电子商务管理 [M]. 北京：经济管理出版社，2010.

[32] 杨学成，李纯青，郝辽刚. 网络营销 [M]. 北京：中国人民大学出版社，2011.

[33] 吴健. 电子商务物流管理 [M]. 北京：清华大学出版社，2009.

[34] 刘萍. 电子商务物流 [M]. 北京：电子工业出版社，2010.

[35] 张灵莹.电子商务视角企业战略管理 [M].北京：社会科学文献出版社，2005.

[36] 赵卫东，黄丽华.电子商务模式 [M].上海：复旦大学出版社，2006.

[37] 张德干等.移动多媒体技术及应用 [M].北京：国防大学出版社，2006.

[38] IBM 无线电子商务解决方案亚洲巡展中国站 [EB/OL].搜狐 IT 频道，2003-08-15，http：//it.soho.com/50/60/article212156650.shtml.

[39] 彼得·G.W.基恩，罗恩·麦金托什.自由经济——无线世界移动商务优势 [M].北京：机械工业出版社，2002.

[40] 贺松.新一代的电子商务——移动电子商务 [J].现代机械，2006（12）.

[41] 欧盟.《电子签名统一框架指令》介绍.好律师网，http：//www.haola-wyer.com/article/view-6422.html.

[42] HP 企业移动解决方案 [EB/OL].2003-03-05，计世网，http：//cio.ccw.com.cn/solution/htm.

[43] Peter G.W.Keen，Ron Mackintoosh.The Treedom Economy：Gaining the M-commerce in the Era of the Wireless Internet [M]. Mc Graw-Hiu Companies，Inc，2001.

[44] 中兴网络有限公司.Sybase 零售制造业移动商务解决方案 [EB/OL].2007-12-12，http://solution.chinabyte.com/25/7711525.shtml.

[45] 黄建康.企业电子商务管理与战略 [M].南京：东南大学出版社，2004.

[46] 易先平，陈波.信息化的产物——虚拟企业的运营模式分析 [J].商业研究，2001（12）.

[47] 胡桃，吕廷杰，尹涛.电子商务及其在电信行业中的应用 [M].浙江：浙江大学出版社，2006.

[48] 刘保华.给 Wi-Fi 一个理由 [B].中国计算机报，2007-10-15.

[49] 柳进.手机电视最大的对手是自己 [B].中国计算机报，2007-12-10.

[50] 丁乃鹏.移动商务中的客户关系管理技术 [J].情报杂志，2006（5）.

[51] 朱海松.无线营销——第五媒体的互动适应性 [M].广东：广东经济出版社，2006.

[52] 瑞威·克拉克特，玛利亚·罗宾逊.移动商务——移动经济时代的竞争法则 [M].北京：中国社会科学出版社，2003.

[53] 罗宾斯.管理学 [M].北京：中国人民大学出版社，2004.

[54] 菲利普·科特勒.市场营销 [M].北京：中国人民大学出版社，2009.